JN294545

城 仁士 編著
Joh Hitoshi

do forから
do withへ

高齢者の発達と支援

ナカニシヤ出版

刊行のことば

　本書は，2005年6月1日に出版され，多くの福祉関係や一般読者の皆様からご好評をいただいてまいりました『高齢者の発達を支援する環境づくり』の改訂版です。初版は，老人介護施設がその地域と一体となって，利用者本位・住民主体の介護サービスを創出し，高齢者の主体的発達を支援していく環境づくりの指針を得ることを目的として，1) 社会システム論，2) 医療システム論，3) 生活環境論，4) 自立支援福祉サービスの4つの側面から総合的にアプローチし，個人の尊厳にもとづくケアの実現に向けてのケアサービスのあり方をそれぞれ提案いたしました。また，高齢者の生活への意欲や認知症に遅延効果があるとされる環境づくりの工夫を生活環境学的に整理し，「高齢者の発達を支援する環境づくり」という独自の視点から学術的提言も行いました。

　この改訂版では，皆様からの反響の大きかった高齢者の発達という我々独自の考え方をさらに詳しく解説するとともに，内容的に少し古くなった点を改め，新たに温度環境，骨の強さと力，転倒の発生要因とその予防という，身体機能システムからのアプローチを加えて，全体で5つのアプローチに再構成しました。

　本書には，日本学術振興会の平成20年度科学研究費補助金による基盤研究(B)「高齢者の主体的で生き生きとした発達を支援する環境づくりへの発達環境学的接近」(研究代表者　城仁士　課題番号：20300235) の助成を受けて実施された研究会での講演内容が一部収録されていることを申し添えておきます。

　改訂に際し，全国社会福祉施設経営者協議会・会長高岡國士氏および社会福祉法人成光苑の前田一彦氏と藤原義明氏には研究会の実施や調査協力など，終始暖かくご指導・ご支援をいただきました。ここに記して心より感謝します。

　最後になりましたが，改訂の編集の労をおとりいただいたナカニシヤ出版宍倉様に感謝します。ありがとうございました。

平成21年1月
執筆者代表　城　仁士

目　次

刊行のことば　*i*

第1章 高齢者の発達を支援する環境づくり..................1
　はじめに　*1*
　　第1節　第1のパラダイムシフト　*2*
　　第2節　第2のパラダイムシフト（発達概念の見直し）　*5*
　　第3節　発達の源泉としての環境移行　*8*
　　第4節　5つのアプローチ　*11*

第2章　社会システム論的アプローチ..................15
　はじめに　*15*
　　第1節　コミュニケーション労働としての福祉労働とその様式　*21*
　　第2節　介護保険下での高齢者福祉と自治体の役割　*45*

第3章　医療システム論的アプローチ..................65
　はじめに　*65*
　　第1節　住民による住民のための住民の地域医療　*66*
　　第2節　住民主体の地域医療　*87*

第4章　生活環境論的アプローチ..................101
　はじめに　*101*
　　第1節　高齢者を支援する衣環境の設計　*106*

第2節　食の安全を考えながら食生活を楽しむ　*117*

　第3節　高齢者福祉住宅の環境条件　*133*

第5章　身体機能システムからのアプローチ ………………………… *151*

　はじめに　*151*

　第1節　転倒の発生要因とその予防―身体運動科学の観点から―　*152*

　第2節　骨の強さと力について考える　*164*

　第3節　生理学的適応から見た高齢者の温度環境　*178*

第6章　自立支援福祉サービスからのアプローチ ……………………… *191*

　はじめに　*191*

　第1節　高齢者の発達を支援する地域一体型老人介護施設とは　*191*

　第2節　デンマークの高齢者福祉最前線―「脱・施設」と「早めの引っ越し」から見えてくるもの―　*208*

第7章　高齢者の主体的発達とこれからの自立支援サービスの方向 ……………………………………………………………………… *237*

　第1章　do for から do with へ　*237*

　第2章　生活の質とその評価　*238*

　第3章　これからの福祉サービスのあり方　*241*

　人名・事項索引　*247*

　執筆者紹介　*255*

1

高齢者の発達を支援する環境づくり

はじめに

　団塊世代が定年を迎え，これからの高齢社会の主流となっていきます。戦後の高度経済成長を支えてきた団塊世代は，確実にこれまでの高齢者像とは異なります。団塊世代の高齢者意識に関するさまざまな調査が行われていますが，その調査結果の共通の特徴として，
1) 「高齢者」と呼ばれることを嫌う。
2) 実際の年齢より自分は若いと思っている（特に女性）。
3) 人と同じであることを嫌う。
4) 世間で思われている以上にIT（インターネット・携帯電話など）を利用している。

というのです。つまり，これまでの「受け身で」,「非活動的で」,「健康でない」という'お年寄り'のイメージから大きく異なるライフスタイルを持つ大集団が形成され始めようとしています。

　以上のような背景から，今までの高齢者イメージを払拭するような積極的で主体的なライフスタイルを志向するアクティブシニアとして，さまざまな呼称が用いられています。そのいくつかを紹介しましょう。

　「新現役」：定年などで第一線からは退くが，それまで培ってきた経験や知識・技術を，社会に役だてたいと考えている。同じ考えをもつ仲間で互いに協力しネットワークをつくりながら，新たに現役と同じような活動をしようという意味を込めて「新現役」と呼ばれています。

「パワードエイジ」：豊かな人生経験のもとに，他の世代にはない貴重な力を付与された人々と言う意味で「Powered age（パワードエイジ）People」と呼ぶ。豊かな社会経験と広い人脈，判断力，それに加えて新たな自由な時間など，若い世代には持てない能力と環境，資源，資産を持つことからこう呼ばれています。

「ゴールデンエイジ」："いつも輝いて生きよう"という希望に満ちた世代を意味する言葉として用いられています。

「サードエイジ」：子ども時代を「ファーストエイジ」，働く時代を「セカンドエイジ」，退職して自分のための時間，お金，智慧を使いエンジョイする時期を「サードエイジ」とし，人生の黄金期を過ごす人々という意味です。

このように，これからの高齢者は受け身的で非活動的で不健康というイメージではなくまさにアクティブでいつまでも輝きを失わない人生をエンジョイする人々なのです。

高齢者の発達を支援する環境づくりの話に入る前に，これまでの心理学の根幹となる2つの基本パラダイムを再考しつつ，それに変わる新しいパラダイムを紹介します。そしてその2つの新しいパラダイムにもとづいて，高齢者の発達を支援する環境のあり方について，いくつかの提言ができたらと思います。

新たなパラダイムの第1は，【人の心は個人の身体内部にあるのではなく，むしろ環境側にある】というものです。私自身が被災し，被災現場の中で強烈に体験した事実にもとづくものです。すなわち，【生活環境が壊れることによって我々のこころが壊れる（障害が生じ正常に機能しなくなる）】という実体験です。また，震災直後から1年間にわたって追跡調査した災害ストレス研究（城，1996）の結果を踏まえた知見にもとづいています。

第1節　第1のパラダイムシフト

1. こころはどこにあるのか

驚くことに，この問いは心理学にとってまさに学問的基盤であるはずなのに，学界ではこれまで真剣に議論されてこなかった問題です。しかも未だに実証されていません。いやむしろ実証できないといった方がいいのかもしれません。

「こころはわれわれの身体の中にある」，あるいは「こころを現象させる大脳が身体内部にあるのだから，当然こころも身体内部にある」といった常識が邪魔をして，真剣な議論の対象にならないまま今日まできたからでしょうか。

しかし，こころのありかは脳のありかではありません。脳が働きかけるその場所に「こころのありか」があると考えられます。結論から先に言うと，脳は自身の身体も含めた外部環境に働きかけます。脳そのものに働きかけることはあり得ません。脳は身体の痛みは検出できますが，脳それ自身の痛みを検出できないことと同じです。

脳の基本的機能は【対象化】です。外部環境であれ，イメージであれ言語であれ，全てそれらを操作・加工の対象としています。すなわち自分の行為や考えを【対象化】し，その対象にさらに操作を加える点が他の動物と決定的に違うのです。この対象化こそが，心のありかを探る決定的な論拠となります。脳が操作・加工できるということは，その対象が身体を含めた外部にあることを意味します。脳内にあるとされてきたイメージも自由に思い浮かべること（対象化）ができるとなれば，やはり外部にあることになりましょう。よって，我々のこころは環境側にあるのです。身体内部にあるように感じるのはイメージが前頭部に限りなく近い眼前のスクリーンに表象されるためと考えられます。

従来の心理学は，個人を「心を内蔵した肉体」とみなし，個人の心理を内界，身体外部に存在する環境を外界として区別してきました。しかしわれわれは，個人が外部環境に対して働きかけるという個人発の心理の考え方を捨て，個人とそれを取り巻く生活環境は同時的・相即的に機能し，まさに一体となっていることを新しい研究パラダイムとしたいのです。

この心理学の一般常識である「個人＝心を内蔵した肉体」説の矛盾については少し難解なので，哲学者の廣松渉（2005）の意識の存立構造を読まれることをお薦めします。

次に，こころは外部環境と同時的・相即的に存在するとするならば，それは一体どのようなもの（実体）として存在するのだろうかという新たな問いがすぐに発生します。

2. こころの実体は集合性である

　これも結論から言うと，人の心理は集合性であり，その集合性は生活環境と相即的，同時的なものであるという集合性理論（杉万，1996）の立場に立つことになります。人間の心理と生活環境との関係はいわば，相撲と土俵の関係に例えることができます。相撲（2人の力士と行司という3人の集合体による認知行動パターン）は，土俵という環境がなければ成立しません。一方相撲がとられることによって土俵はたえず変化していきます。さらに変化した土俵によって再び相撲そのものが影響を受けることになります。この土俵と相撲の総体が持つ全体的な性質のことを「集合性」といいます。集合性は人やモノとの間でやり取りされる社会的規範にもとづくコミュニケーション活動そのものであり，これがこころの実体なのです。

3. 集合性理論の3つの命題

　集合性理論によれば，人はモノや人との集合性すなわちネットワークの中ではじめて個人としての基盤を持つことができます。集合性理論は，人の心理（意識と行動）と生活環境との関係について，次の3つの命題にもとづいています。

1) 人の心理は，その人の生活環境と活動（モノや人とのコミュニケーション活動）の中に埋め込まれている。
2) よって，こころをその人自身（特に身体内部）に求めるのではなく，その人の生活環境と活動の中に求めるべきである。
3) 以上のことから，生活環境のアメニティを高めるには，モノ的環境の改善だけでなく，人的環境（ヒューマンネットワーク）作りが不可欠である。

　集合性理論の考え方にたてば，こころの問題は個人の中ではなく，その人が暮らす生活環境の中にこそ存在することがわかります。その人が生活環境の中でモノや人とどのような集合性を作り上げているのかを理解しなければなりません（自覚的に発見しないとわからないので埋め込まれていると表現しているのです）。そのためには，その人の生活世界に浸り，その人の集合性がどのように構築されているのかをじっくり観察するアプローチ以外にはないといえま

す。もういちど確認しておきましょう。こころをその人自身に求めるのではなく，その人の生活環境と活動の中に求めるべきなのです。

第2節　第2のパラダイムシフト（発達概念の見直し）

　心理学では一般に発達を，「誕生し，成長・成熟していき，そして死に至るまでの一連のプロセス」であると捉え，人間の生涯を見通した概念規定であることがわかります。しかし現実は，多くの発達研究は成長するという前提の中で行われてきたように思います。なぜならば，発達は死に至るまでとはいえ，成長を研究対象としてきた乳幼児心理学，児童心理学，青年心理学などの研究分野が長い間主流であったからです。これらの分野からすると，発達は，発育し完全な形態（完態）に近づくことが目標となるので，成人期以降の発達，特に老齢期は機能の減退や衰退という形で表現されることになります。

1. 生涯発達心理学の登場

　このような発達研究の流れに異を唱えたのがバルテスら（1980）です。従来の発達研究に比べて非常に長いライフスパンの中で発達を捉え，特に老年期の社会的適応性をその中に位置づけ，生涯発達心理学の重要性を説きました。すなわち，老年期の社会的適応性に影響する要因として，1）標準的な年齢段階的な影響力，2）標準的な歴史段階的な影響力，3）非標準的な生活上のできごとの影響力の3つを取りあげ，成人期以降は個人的できごとの影響力が最も大きくなるという発達モデルを示しました。そして，単純な年齢的変化としての発達理論ではなく多元論的発達理論を提唱し，現代心理学に大きな足跡を残したのでした。しかし，この理論をもってしても人生の終末期ではどうしても喪失体験が多くなり，やはりここでも衰退のイメージがつきまとってしまうのです。

2. 人間―環境の関係更新（アップデート）

　それではわれわれの新しい発達の捉え方とはどのようなものなのでしょうか。それは，【発達とは，新しい環境との関係性（集合性）を獲得する為に主

体と環境の関係性を更新していくプロセスである】と捉えるものです。いつまでも更新していく，絶えず脱皮し続ける，そういう意味です。

　人生の終末期であっても関係性を更新する活動を継続していれば衰退とは捉えません。例えば，ある人が事故や病気あるいは加齢によって機能障害となり身体的自由が奪われたとします。しかしその人は，自由が奪われたその新しい環境の中で生活していかなければいけないのです。そこで，残された機能を使って失われた機能を補おうとするでしょう。右手の機能を左手でカバーしたり，手指の機能を口で実現するといったことです。これらのことはリハビリテーションなどで日常的に行っているものです。われわれの見方からすれば，「リハビリテーションはまさに人の発達を支援し，実現することである」と言い換えることができるのです。

　このようにわれわれは，発達を次々と新しい環境に遭遇しつつ，その人と新しい環境との関係性を獲得し直す連続的な作業と定義するのです。この新しい環境との出会いを心理学では「環境移行」と呼んでいます。典型は災害です。住み慣れた生活環境が破壊される。破壊された生活環境によって人々は大きな心身的ダメージを受けます。しかし，災害でなくても小さな環境移行は日常的にも起こっています。例えば，自宅から病院に引っ越すとか，大切な配偶者が亡くなるとかです。この「環境移行」については次で取り上げますが，そういう環境移行における，主体と環境の関係性をダイナミックに更新することを発達と呼ぼうと考えたのです。

3. 主体的な発達を遂げる存在としての高齢者

　人と新しい環境との関係更新活動過程を発達とみなすので，老化過程であっても，新しい環境での関係更新は全て発達と考えてもいいことになります。ですから高齢者であっても受け身ではなく主体的な発達を遂げる存在なのです。逆に子どもであっても新しい環境との関係更新をしようと努力しなければ，発達しないということになるのです。

　それでは，人間－環境の関係性をどのような場でどのように更新していくのでしょうか。

　われわれは，前節で述べたように，こころの実体としての集合性にそれを求

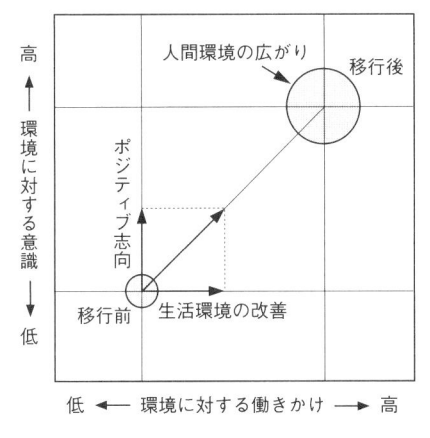

第2節 第2のパラダイムシフト（発達概念の見直し）

図1-1 環境移行での人間－環境の関係更新活動

めようと思います。人と人，人とモノがお互いにコミュニケーションし合う場，すなわち生活環境そのものとその中で展開されるコミュニケーション活動の中に更新の場を設定します。

人間と生活環境との関係を説明するために，図1-1を見てください。縦軸の環境に対する意識とは，その環境で遠慮なく生活できるか，特定の場所への愛着，周辺をよく知っているかなど，生活環境との心理的な結びつきの程度を示すものです。横軸の環境に対する働きかけとは，新しい住居に表札，絵，写真をかける，花を植える，散歩や地域活動へ参加するなど，移行後の環境への能動的な関与行動の程度を示す指標です。また，円の大きさで示す人的環境の広がりは，家族，近所，友人，趣味の会などでのつき合いの広がりを示しています。

図1-1によれば，人は急激な生活環境の変化により，心理的結びつき（縦軸）の低下と同時に生活環境に対する関与行動（横軸）も低下することがわかります。また同時に，そこをスタート地点として，人的環境（ヒューマンネットワーク）の力を借りながら，生活環境の改善とポジティブ志向の良き循環の中で，人間―環境の新しい関係性を獲得していく様子が描かれています。以上のことから，環境移行による人と環境との関係更新活動過程を発達と捉え直すならば，

環境移行を誘導しているヒューマンネットワークこそが発達を引き起こし，発達を支える源泉であることがあらためて明確になってきます。

第3節　発達の源泉としての環境移行

1. 環境移行とは

　第2節では，次々と新しい環境に遭遇しつつ，その人と新しい環境との関係性を獲得し直す連続的な作業を発達と定義しました。この新しい環境との出会いを心理学では「環境移行」と呼び，環境移行を契機として主体と環境の関係性をダイナミックに更新することを発達とみなしたわけです。ここではこの環境移行について少し詳しくふれてみたいと思います。

　外山（1996）は環境移行を，「生活拠点の移動による環境の喪失と獲得」と定義しています。人は自らの好みや身体的特性に合わせて，住まいに手を入れたり，生活用品を取捨選択する中で「住みこなし」をしていきます。この「住みこなし」が進んでくると，住み手にとって環境はことさら意識されなくなってきます。暗闇の中でも照明スイッチの位置や家具の配置がわかる，といったこともこの「住みこなし」の一例であり，毎日の生活で繰り返された経験による学習の成果です。これは住まいや住環境の中に埋め込まれている集合性を獲得できたことを示す一側面であり，近隣の住環境や人間関係についても同様なことがいえます。普段の生活の中で積み重ねられた人間関係や周囲の地理に関する知識も，普段の生活で意識されることは少ないといえます。これらの環境は獲得することで「見えなくなっている」のです。しかし自身の身体機能の変化によって環境との関係が変わると普段「見えなくなっている」環境を強烈に意識したり，新たな環境の中に入ることによって従来慣れ親しんできた環境のディテールが蘇ってきたりします。このような環境の喪失と獲得を環境移行（生活拠点移動）と呼ぶのです。

　ワップナーと山本（1991）は，人間と人間を取り巻く環境を不可分一体のものとして捉える person-in-environment という視点から，その環境の物理的側面，対人的側面，社会文化的側面において従来用いてきた相互交流の様式が通用しないような変化を「危機的人間-環境移行」としました。このような危機的状

況におかれると，住み手には大きな困難が伴います。環境移行の中でも特に高齢期の環境移行は適応に大きな困難を伴うといえます。新しい環境に入ることにより，今まで築き上げてきた「環境との関係」を一から作り直す必要に迫られるからです。

2. 環境移行の型

実際，移行時にどのような変化が現れるかは，個人の状況により大きく異なります。高橋（1991）は環境移行の型を次の3つに分けています。すなわち，1）組織・集団の変化：人生移行の過程で現れる所属組織の変化です。高齢者を例にすると，定年退職や，配偶者の死亡によるひとり暮らしがこれにあたります。2）建物・施設の変化：部分的あるいは全体的な物理的環境の変化です。住宅の新築・改築がこれにあたります。3）場所・地理の変化：2つの変化に付随して生じる生活・行動の地理的な場所の変化です。通常，住む場所が変わっても建物の構造が変わらないことは稀であり，地理的移動に他の変化も合わせて起こることが多いといえます。人々はライフサイクルの各段階において様々な組織・集団に所属し，特定の建物や施設を利用して多様な活動を行い，それぞれ特定の地域で生活している，という三重の環境に包まれています。そして移行の起こる可能性には，Ⅰ）各環境が単独に変化する一次的移行，Ⅱ）2つの環境が変化する二次的移行，Ⅲ）3つの環境が変化する三次的移行があります。一般的に，移行の次元が上がれば環境変化後の獲得過程に問題が生じることが多いといわれています。

3.「規則の落差」と「空間の落差」

山本・城（2008）は，高齢者が「終の棲家」としての施設という新しい環境になじみ，自らの環境を獲得するためには何が必要なのかを探るために，環境移行の視点から施設環境への適応と施設に対する愛着（Place Attachment）との関連を検討しました。中でも，特別養護老人ホーム入居者に施設生活に関するインタビュー調査を行い，具体的な生活行為の中から適応に関連する要因の検討を試みているのでその一部を紹介します。

インタビューで最も回答の多かった「生活に対する不満」は，外出・移動の

抑制や洗濯などの生活行為の制限など，施設における「生活規則」による束縛が原因であることがわかりました。高齢者の従来の地域での生活にも規則は存在しますが，基本的にはルールであり，成立手続きに自分自身が何らかの関わりをもっていることが多いのです。特に家事や生活時間など家庭内の規則については，自らの生活リズムに即した内容を，自分や家族との関係の中で決定してきたのです。しかし「施設における規則」は，管理者側・介護者側が一方的に定め，遵守を求めてくるものが一般的なのです。居室に持ち込む所持物，外出，外泊の届出，生活時間や行動範囲に関する規則など，施設生活に伴う規則は多岐にわたります。こうして自宅での生活と施設生活との間の「規則の落差」により，高齢者はそれまで続けてきた数々の生活習慣を断念し，生活の『個性』と『主体性』を失っていく姿が浮かび上がってきました。

　さらに施設という巨大空間も入居者のストレスとなることもわかりました。自宅での生活と比較すると施設生活の生活空間は非常にスケールが大きいといえます。施設全体の大きさだけでなく，例えば，通常の住宅の台所・ダイニングと施設の食堂はスケールが大きく違うのです。さらに，施設建築の特徴として，非常に繰り返しの多い平面パターンがあげられます。特に，廊下に沿って同じ大きさの部屋が並ぶパターンが，上下数階にわたり続いている病院のような構造が多いのです。この「空間の落差」についても，規則と同じく入居者の側に選択権はありません。これは外山（1996）が指摘する「環境移行前後の環境の近似性・連続性」に対応し，この要因が適応に強い影響をもっていると考えられています。

　以上のように，山本・城（2008）の調査から明らかになった施設環境の問題は，入居者の『主体性』が発揮される場が欠如しているという点です。近年，このような反省から，個の尊厳を守ることのできる個室やユニットケア，あるいは10人弱の少人数で家庭的雰囲気の中で暮らすグループホーム（小規模特別養護老人ホーム）が広まっています。しかしながら，この種の施設は金銭的負担が大きく，個室の数も不足しているのでなかなか入居できないという厳しい現実があることも忘れてはなりません。

第4節 5つのアプローチ

　本書で紹介する5つのアプローチの概要を紹介すると以下のようになります。
　1．社会システム論的アプローチ（二宮厚美）
　高齢者の発達と自立支援に向けた社会システムを検討するため主に次の二点について論じています。
　第1は，高齢者の自立・発達を福祉諸制度に生かす視点にたって，そもそも高齢者の発達とはいかなることを意味するのかを，高齢期の生活実態に即して検討しています。ここでは，高齢期の人間の能力をどのように把握するか，その新たな視点を提起しています。
　第2は，高齢者の自立・発達支援の具体的制度として，現代日本の介護保険制度をとりあげ，その改革の課題を考えます。介護保険制度を医療保険やその他の福祉制度と比較しつつ，その改革の方向について検討し，介護保険下での高齢者福祉と自治体の役割について提言しました。
　2．医療システム論的アプローチ（杉万俊夫）
　無医地区となった過疎地域，小野郷地区（京都市北区）において，「住民が主体となって診療所を設立，運営する」という新しい地域医療システムを，医師との共同によって構築しつつ，その経緯と問題点を，グループ・ダイナミックスの立場から検討していきます。高齢化が著しく，保守的な権力構造が残存する中で，いかにして「医療を軸とする地域活性化」を実現するか，という実践的取り組みを紹介します。
　3．生活環境論的アプローチ（青木　務・井上真理・白杉直子）
　地域一体型老人施設の生活環境づくりを支援することを主眼とし，介護者や利用者の家族，スタッフの負担を少しでも軽減できる方法について検討しています。具体的には，衣・食・住を基本とした生活環境論的なアプローチにより，この問題を，ハードとソフトの両面から検討すること被介護者のみならず介護者，利用者の家族，スタッフのストレスを軽減するハード面とソフト面の機能を衣環境学，食環境学，住環境学から分析・評価しています。
　まず衣環境学からは，高齢者の身体的・生理的特徴からみた着心地のよい被

服の条件を示し，高齢者の心身やこれからの社会文化に対応する衣服設計の提案をします。また，紙オムツの工夫や高機能なテキスタイルによって元気な高齢者をサポートできる可能性についても触れます。

次に食環境学からは，食の安全を考えながら食生活を楽しむことを提案します。食の安全が脅かされている現在，食の安全に関するリスクコミニュケーションを正しくとらえ，食のリスクを下げる食行動の視点を提案し，最後に高齢期の健康を考えながら食生活を楽しむいくつかの具体例を紹介しています。

第3に，住環境学の立場から高齢者福祉住宅の環境条件として，高齢者に配慮した住宅の形式，高齢者にとっての快適環境とは，高齢者に配慮した部屋別留意点についてまとめています。

4．身体機能システムからのアプローチ（近藤德彦・岡田修一・矢野澄雄）

まず最初に，社会的な問題となっている転倒の発生要因とその予防について身体運動科学の観点からわかりやすく解説します。転倒の危険性を事前に予測し，転倒を予防することは高齢者のQOLの維持・向上に関連しているからです。

続いて骨粗鬆症や骨の強度に関係が深いとされる骨密度，骨強度指標と年齢との関係，運動の効果と骨自身の機能的適応力との関係などをバイオメカニクスから説明します。

そして第3に，「温度環境」ついて考えてみます。この温度環境は，高齢者にとって重要な分野です。温度特性は，衣生活や住生活とも密接に関係しているからです。高齢者の生体機能を視野に入れた空調環境を考える必要性を指摘します。

5．自立支援福祉サービスからのアプローチ（城　仁士・松岡洋子）

われわれの考える地域一体型老人介護施設での福祉サービス機能の基本枠組みについて説明し，サービスの体系性についての1つの試案を提示します。さらに大阪府と京都府下の老人福祉施設の協力を得て，現在実施されている福祉サービスの実態調査を紹介します。そして提示した福祉サービスの体系性に照らし合わせた時，どのようなサービスが不足し今後必要になってくるのかを指摘します。

次に，デンマークでの福祉サービスの最前線について松岡氏から紹介しても

らいます。また，その先進的な取り組みから，今後の日本の高齢者福祉環境や施設介護サービスのあり方について，未来ビジョンに参考になる視点をまとめます。

最後に「do for から do with へ」というこの本のコンセプトを念頭において，われわれが研究対象とした地域一体型の高齢者介護施設とそのサービスの今後のあり方について 5 つの提言をしたいと思います。

【参考文献】
城　仁士ほか（編著）1996　心理学者が見た阪神大震災―こころのケアとボランティア　ナカニシヤ出版
廣松　渉　2005　新哲学入門　岩波書店
杉万俊夫　1996　震災に思う心理学者の陥穽　城　仁士ほか（編者）心理学者が見た阪神大震災―こころのケアとボランティア　ナカニシヤ出版
Baltes, P. B., Reese, H. W., & Lipsett, L. P.　1980　Life-span developmental psychology. *Annal Review of Psychology*, **31**, 65-110.
城　仁士（編著）2005　高齢者の発達を支援する環境づくり　ナカニシヤ出版
Baltes, P. B., Reese, H. W., & Lipsett, L. P.　1980　Life-span developmental psychology. *Annal Review of Psychology*, **31**, 65-110.
外山　義　1996　高齢者の住生活活動　中島義明・大野隆造（編）すまう：住行動の心理学　朝倉書房
高橋鷹志　1991　建築・都市環境における移行　山本多喜司・大野隆造（編）人生移行の発達心理学　北大路書房
山本多喜司・ワップナー，S.　1991　人生移行の発達心理学　北大路書房
山本麻衣・城　仁士　2008　高齢者福祉施設入居者の施設への愛着の構造と形成　神戸大学大学院人間発達環境学研究科研究紀要　**2**（1），133-141.

2

社会システム論的アプローチ

はじめに

　高齢者の発達と自立支援に向けた社会システムを検討する本章では，主に次の2点について考えていきたいと思います。

　第1は，高齢者の自立・発達を福祉諸制度に生かす視点にたって，そもそも高齢者の発達とはいかなることを意味するのかを，高齢期の生活実態に即して検討することです。ここでは，高齢期の人間の能力をどのように把握するか，その新たな視点が求められます。

　第2は，高齢者の自立・発達支援の具体的制度として，現代日本の介護保険制度をとりあげ，その改革の課題を考えてみることです。介護保険も発足後，8年目を迎えることになり，その見直しが急がれています。そこで，介護保険制度を医療保険やその他の福祉制度と比較しつつ，その改革の方向について検討することが求められています。

　以下では，本論に先立って，これらの論点のポイントをあらかじめ述べておくことにします。

1. 高齢者の福祉と発達に関する論点

　高齢者の発達支援を考えていく場合，その社会システムに問われる課題は，大きくいうと，2つにわかれる。まず第1は，年金に代表される所得保障のシステムである。市場社会では，人間の生活のほとんど大半は商品によって担われるために，それを入手するための所得保障が不可欠である。第2は，要介護

老人に典型を見るように，生活＝発達を支える介護労働およびその諸手段の保障である。ここでは，高齢期の生活に不可欠な医療・介護・看護等を一括して社会サービスと呼んでおくと，高齢者の発達支援には社会サービス保障が不可欠となる。このうち，本章では主に後者の社会サービスのあり方を検討し，介護労働等を通じた高齢者の発達保障をいかなる方向で構築すればよいか，という点を検討する。その概要は以下のとおりである。

　介護等の社会サービス労働の特徴は，何よりも，コミュニケーションを媒介にして人間に働きかけるという点に求められる。この場合のコミュニケーションとは，人間相互が了解・合意する行為のことである。社会サービス労働は，労働者が働きかける相手のニーズ・要望等について了解・合意し，そのニーズの充足に向けて精神的肉体的諸能力を発揮することにほかならない。働きかける側と働きかけられる側との間にコミュニケーションが成立していること，これが社会サービス労働に問われる最大の課題である。ここから，いくつかの重要な論点が導きだされる。

　まず第1は，社会サービス労働では労働主体と対象人格の間に主客逆転の関係が生じることである。まず社会サービス労働の主体は，サービスを提供する相手のニーズを了解しなければならない。介護等の社会サービスを要求する主体はその対象人格にある。つまり，必要な社会サービスを発信する主体はサービスの受け手である高齢者等の側にある。社会サービス労働の主体は労働者自身であるが，社会サービスをコミュニケーションの視点から見た場合には，ニーズの発信主体はサービスの受け手である高齢者の対象人格になるのである。労働の客体である高齢者がコミュニケーションの過程では主体に転化すること，これが社会サービス労働において起こる主客逆転である。

　第2は，社会サービス労働の過程で起こる主客逆転の関係は，高齢者の能力に関する新たな視点を切り開くことである。高齢者が介護・看護等のニーズを発信するということは，そこにニーズを抱く潜在的能力があるということを意味する。例えば，要介護者が体の清拭を求めるニーズを持つということは，快適な生存を求める人間的な能力の1つにほかならない。人間的な生活欲求・ニーズを抱くということは，人間に固有の能力の1つと考えなければならない。これは人間的生存を享受する能力だから，ここでは享受能力と呼んでおく。

人間的生存を享受しようとする能力は，例えば，故郷料理を食べたい，車椅子の散歩で風景を味わいたい，風呂に入って垢を落としたい，ヘルパーと世間話を楽しみたい，といった具合に多岐にわたる。これらの享受能力の豊かさは，ほかならぬ生活の豊かさの源泉となるものにほかならない。なぜなら，人間的生存を享受することこそは，生活の豊かさの指標になるはずだからである。この点は，第1節で見るように，98年度ノーベル賞経済学部門の受賞者A・センが特に力説したところであった。

　第3は，享受能力に注目すると，高齢者の発達可能性について，新たな見方が開かれることである。なぜなら，通常の発達論では，人間の積極的能動的諸能力の発達，例えば学習能力や労働能力，創造能力，運動能力等が問題にされてきたのに対して，享受能力に着眼すると，受動的ではあるが，人間らしい生活には肝心の固有の諸能力に視野が開かれるからである。一言でいって，それは自然と社会の営みを享受する能力であるから，これは人生が閉じるまで生き続ける力である。具体的な事例をあげると，人間は年を取るにつれて，走るとか跳ぶとか泳ぐという能力の点では徐々に衰えざるをえないが，他人が走り跳び泳ぐ姿を鑑賞し，享受する力は必ずしも衰退しない。また，陶器や家具，衣料品等を生産する労働能力は衰退するにしても，陶器や家具を愛しむ能力は必ずしも衰えない。さらに，子どもを育てる能力は衰えるとしても，成長する子どもの姿を喜び楽しみ，評価する力は萎縮するとはかぎらない。自然環境や文化財を享受する能力についても，これと同様のことがいえるだろう。

　高齢者の発達支援という場合の能力とは，かかる享受能力のことをさすのである。この享受能力は，高齢期を迎えて，それ以前の若い時代よりもさらに発達する可能性を秘めている。その端的な例は，孫の成長ぶりをその親以上に楽しみ，評価する高齢者の力に見ることができる。そのほか，芸術作品にふれて，年を取れば取るほど，それを深く味わい，丁寧に評価する力を発揮するという場合にも，高齢者ならではの享受能力の所在を見ることができるだろう。

　第4は，発達保障・支援労働とは享受能力をひきだす労働にほかならない，ということである。例えば，介護労働は上で見た高齢者の潜在的享受能力を顕在化することである。高齢者の介護ニーズとは，高齢者自身による生活を享受しようとする能力から生まれる。この享受能力に働きかけ，それを開花するこ

とこそが，まず介護労働に問われる第1の課題だといわなければならない。

そこで，第5に，社会サービス労働とその受け手の関係を再度コミュニケーションの視点から見直し，先述の主客逆転の関係に目を向けるとすれば，サービスの受け手の側の享受能力は，社会サービス労働そのものを享受する能力にほかならない，ということである。これは，例えば子どもの教育過程でも起こることである。なぜなら，子どもの発達は教師の教育労働を享受するところから生まれるものだからである。

以上のように，社会サービス労働の特質をコミュニケーションの視点から評価するとき，介護労働の今後のあり方を高齢者の発達・自立支援労働として社会内に適切に位置づけ，またその労働をとりまく社会環境の改善の方策が考えられるということになるだろう。これが高齢者の発達・自立支援を社会システムの面から考えるときの基礎的視点である。この視点は，本章第1節で生かされるはずである。

2. 介護保険の特質と将来の課題

介護保険は，もともとは介護福祉についても医療と同様の社会保険制度をという触れ込みで設けられた制度であった。実際に，形のうえでは，介護保険は医療保険に並ぶ第2の社会保険制度として創設された。だが，その内容において，当初から，介護保険と医療保険にはきわめて重要な違いが存在した。

詳しくは，第2節で説明するが，2つの社会保険の違いは，これまでの社会保障論の系譜に即していうと，現物給付と現金給付の違いにあった。医療保険は，よく知られているように，現物給付の原則にたったものである。日本の医療保険は，保険が給付するものを療養とか手術といった具合に指定し，被保険者である患者に対して，医療サービスの現物を給付するという原則にそって制度化されたものである。だが，介護保険には，在宅介護サービス費だとか施設介護サービス費といった介護費用の一部給付，すなわち現金給付の原則を採用している。子細に見ると，介護保険は現金給付を採用していないところ，例えば家族による介護に対する現金補填を認めておらず，100％現金給付の形にはなっていないところがあるが，基本は現金給付の形態のもとに置かれているといってよい。一般には，これらの現物給付と現金給付の差異にそれほど大きな

注目がはらわれなかったが，実は，ここには見逃せないシステム転換の意味が秘められている。

両者の違いは，現金給付が所得保障の一形態であるのに対して，現物給付は社会サービス労働そのものの保障という点にある。従来の老人福祉は，保育や障害者福祉と同じ措置制度のもとに置かれ，そこでは，高齢者の介護に必要な社会サービス労働が現物の形で公的に保障されるという形をとっていた。介護保険は，これを転換し，6段階に区分され認定された要介護度に応じて，その9割の費用が給付されるとした。だから，これは介護サービスの現物給付ではなく，一種の費用補償制度として出発したものである。この費用補償制度は，後に障害者福祉の分野にも取り入れられ，障害者福祉の支援費制度として拡大適用されるに至った。この点は，介護・福祉の社会システムの転換として，大いに注目されなければならない点である。

というのは，介護費用補償ないし現金給付という考え方のもとでは，介護等の社会サービス労働に現物給付のときとは異なる影響が生まれるからである。現物給付のときには，介護労働そのものは，基本的に介護労働者自身の裁量に委ねられていた。それは，医療の現場が医師の裁量に委ねられていたのとあたかも同じである。だが，現金給付のもとでは，介護サービスは，その利用者と提供者の間の契約に基づく。そのかぎりで，契約の自由が働くために，サービスの受給者に選択の自由が保障される。それは契約制度のメリットであるといってよい。だが同時に，現金給付を背後に持った市場型契約制度のもとでは，社会サービス労働は一般のサービス労働と同じ需給関係，取引関係のもとに置かれる。問題なのは，社会サービス労働が一般のサービス市場と同じ契約関係に委ねられて，本来の課題を達成しうるかどうかにある。

一般のサービス市場で売買関係が成立するのは，取引対象であるサービスそのものの内容が，その他の商品と同じように，あらかじめ予見可能，つまり一定の定型性をもって確かめられている場合である。これは，サービスが定型化されているケース，つまりサービス労働がある程度マニュアル化されていて，その利用者が利用以前に予測・予見可能な場合にはあてはまる。介護サービスにも，ある部分，この条件があてはまることは認めなければならない。なぜなら，介護労働は一定部分についてマニュアル化でき，定型化しうる側面がある

からである。

　問題はここから先にある。社会サービス労働が，先に確かめたように，供給サイドと受給サイドとのコミュニケーション関係を媒介にして成立するものであるとすれば，そこには，定型化できないサービス労働の部分が含まれざるをえない。それは，学校教師が生徒の教育にあたる場合，全ての子どもに機械的に適用できる定型化された教育をもって接することが不可能なことと同じである。コミュニケーションは，いかなる場合であっても，個性的であり，定型化しえない部分を含むものである。簡単にいうと，コミュニケーションを労働方法とする社会サービス労働は，当事者同士がその場で共同でつくりあげるものであって，定型化されたサービスの売買に解消できないところがあるわけである。ここにこそ，社会サービス労働の専門性や知的熟練を発揮する場があるといわなければならない。

　現物給付の原則にたった医療保険では，いまなお，医師や看護師の労働にこの非定型的コミュニケーション労働の性格が残されている。介護保険の現金給付は，このコミュニケーション労働に不可欠な非定型的共同作業部分を省略する作用を持ち込むのである。これが，介護保険下の社会サービス労働の最大の難点であるといってよい。

　実際に，介護保険のもとでは，多くの介護労働，すなわちホームヘルパー等の労働が定型化，限定化，効率化のもとに置かれていて，要介護老人との間のコミュニケーションに基づく労働の性格を稀薄化しつつある。高齢者の自立・発達支援の社会システムを検討する際には，このコミュニケーションを媒介にした社会サービス労働の特質に目を向け，それをシステムの上で存分に生かす方策が考えられなければならない。当面，その改革の視点，つまり社会システム改革の政策的視点の主要なものをあげておくと以下の3点に要約される。

　まず第1は，コミュニケーションを媒介・方法にした社会サービス労働者の労働環境・条件，処遇等を介護保険制度等の社会システム内にビルトインすることである。これは，障害者福祉が介護保険と同じ現金給付型のものに置かれたいま，高齢者福祉にかぎらず，福祉システム一般に問われる課題である。第2は，コミュニケーションを媒介・方法にした社会サービス労働に固有の知的熟練，専門性を福祉施設や地域社会の中に蓄積する方策，例えば雇用の継続的

保障のあり方を検討することである。熟練のストックは精神的・肉体的スキルのいずれであれ，継続的・安定的雇用保障を抜きに語ることはできない。第3は，知的熟練を発揮する条件，すなわち professional freedom の保障のあり方を検討することである。コミュニケーションに基づく労働は現場における裁量権の保障が必要であり，これを高齢化社会の中の福祉にどう保障していくかが，社会システムづくりに肝要となる。

　以上，以下の第1・第2節の内容と重複するところがありますが，要するに，社会サービス労働の特質とその発揮の仕方，これを将来社会の福祉と発達支援労働に生かすという視点から今後の社会システムを構想しなければならないということ，この点を確かめて，本論に入っていくことにします。

第1節　コミュニケーション労働としての福祉労働とその様式

1. 発達支援の視点

　本節では，コミュニケーションという概念に注目して，高齢者を中心とする将来の福祉のあり方について検討を加えます。後で，政策や制度上のあり方についてはふれますが，全体としては福祉や介護をどういう角度から問題にしなければならないのか，主にその接近方向，あるいは基本的なアプローチをどのように設定すればよいのか，この点を中心に話を展開していきたいと思います。高齢者の発達支援という言葉は，我田引水ではなくなかなか良いネーミングでして，そのわけは現在，介護保険の構想を出発点にして，90年代の半ば以降，厚生省などが発達支援ではなく，自立支援という言葉にまとめて使っているからです。私たちはあえて発達支援という言葉を使っているわけですが，そうすると自立支援よりも発達支援の方が優れているということを論証しなければならなくなります。本節では最後に，自立概念よりも発達支援の方が，概念的，理論的，政策的に高齢化社会にふさわしいということを結論的に導き出したいと思いますが，あらかじめ一言だけこの点にかかわっていっておくと，高齢者の福祉というのは，実は自立を支援する領域にとどまらない課題だという点があります。

福祉現場の方々に話を聞けばすぐわかると思いますが，福祉は当事者の人格と生活をまるごと受け入れ，そこに必要な支援を送る点がまず肝心で，無理して自立にひきよせる必要はないのです。さらにその場合，高齢者の潜在的諸能力をひきだすことが，いわばその人の自己実現ということになります。だから，自立という課題の前にまずは潜在的能力の発揮，顕在化が問われます。そういう意味で，発達を支え保障するという視点が重要になるわけです。ここではさしあたり，この点を念頭に置いて，話を進めていくことにします。

2. 発達概念と発達支援労働の原点
(1) A・センの潜在能力概念

発達支援という場合，まず明らかにしておかなければならないことは，発達という言葉をどの次元で理解するかということです。私は，1998年度のノーベル賞経済学者アマルティア・センが設定した発達，彼の用語を使うとcapabilityという英語，日本語では「潜在能力」と訳されている発達という概念が，ここでの出発点にふさわしいと考えています。センの潜在能力の意味は，端的にいうと人間的な諸機能（functions）を自由に選択して組み合わせ実現する能力ということです。そこでまず問題になるのは，人間的諸機能とは何なのかということにあります。これは，例えば健康に生きるとか，病気にかからないで生活できるということをさします。より平易に述べると，おいしいものをおいしく食べられるだとか，あるいはぐっすり眠れるといった人間の基本的な生命活動のあり方，つまり人間が持ち合わせている根源的な諸能力に近い概念にあたります。

これは人類の1人ひとりが，まさに「個体発生は系統発生を繰り返す」の歴史を通じて，自己の体内に持ち合わせた根源的能力，語弊をおそれずにいえば人類属性的機能だ，といって過言ではありません。人間としての共通の能力＝機能として，だれもが普遍的に保有している力を意味するわけです。センは，こうした諸能力を自由な選択のもとで組み合わせ，外に向かって発揮する可能性のことを潜在能力（capability）と呼び，その実現・発揮された状態にwell-beingがある，としました。この意味での福祉はwelfareという場合の福祉よりも，より広い意味での福祉として捉えられることになります。

この概念を出発点として，センの場合，これからの福祉はどうなければならないか，あるいは発展途上国の開発のあり方の基準として，また公共政策が出発する際の基準として発達概念が追究されることになっているわけです。この意味で，私たちにとってもこれは非常に重要な概念として位置づけられます。つまり，セン的意味での発達概念を前提に話を進めることが，日本の福祉だとか高齢化社会のあり方を考える際，適切な出発点になるのではないかと思います。

(2) 生命の再生産を担う二種類の労働

そこで，まず前段の話として，そうしたwell-beingを達成するためには，何が必要となるのかということを考えてみることにします。私の専攻は経済学ですから，しばらく人間の発達を担う労働という側面に注目しながら，話を進めていきたいと思います。

人間の諸活動や労働，広義には人間の生命活動といったわれわれの生存なり，生命活動を維持する労働は，理論的には大きく2つにわかれます。簡単にいうと，物づくりと呼ばれているものが1つ，もう1つは人を相手にした目に見えないサービス労働です。もちろん両者は，しばしば一体となって遂行されます。例えば，後にふれるように，食事を提供するといった給食労働は，物をつくると同時に，いわゆるケータリングのサービスも提供していますので，両者が重なって遂行される労働になります。

さしあたり人間の労働を2つに大別すると，第1番目の労働は物質的な富の再生産にかかわる労働となります。これを労働過程で見ると，3つの要素にわけられます。つまり労働，労働手段，労働対象の3つです。例えば農家の仕事であれば，お百姓さんの労働そのものが第1番目の要素にあたります。それから田畑を耕す鍬や鋤などの農機具，これは労働手段です。農家の場合には，労働対象が田畑といった大地になりますので，労働対象は自然的な空間ということになります。この三要素の結合の結果，労働生産物が産み出されるわけです。これが，一連の労働過程になります。

大工さんであれば，鑿，鋸，鉋を労働手段とし，板なら板に働きかけ，1つの建築物をつくりあげる。テイラーであれば，鋏といった道具を使い，布に働

きかけ衣服をつくることになります。労働一般はこうした三要素によって捉えられます。この物質的富の生産・再生産は，人間が自然の一部として生命の再生産を行っていく際，人類にとって永続的な労働となります。言葉をかえていうと，これは生命を維持するための物質代謝労働として，永遠の営みです。そして，これが，通常私たちが経済や社会を考える際，製造業や農業といった物質的な富を生産する労働としてイメージしている数多い労働の特徴点です。

ところがいま1つ，物に働きかけ物質的な富をつくりだす労働とは違って，直接に人間を対象としたサービス労働があります。これも，物質代謝労働と同様に，例えば教師ですと，教育労働という1つの主体的営みが存在して，教科書やビデオ，地図，実験器具といった教育労働手段を通じて，子どもたちという労働対象，すなわち人間に働きかける。それを通じて生産される産物は何かといいますと，これが人間の発達ということになるわけです。人格や能力の諸側面にわたる発達ということになる。このプロセスは，医者がメスや聴診器を使い，人間の体に働きかけて，人間の健康を維持していく場合にも見られることです。医療労働の場合は，人間の生命力の発達を意味しますから，これも先ほどのcapabilityの発達を担う労働ということになります。

デザイナーであれば，彼らは1つの物を相手にしているのですが，直接的には各種の道具を使いつつ，究極のところでは労働対象である人間に働きかけている。その際デザイナーが働きかけるときの人間，つまり容姿や体型といった対象と，医者が働きかけるときの対象である人間の身体とは違いがあるのですが，総じて述べるならば，物ではなく人間に働きかけるという点において共通しています。医師や看護師，ケースワーカーが人間を相手にした発達保障労働であることは比較的見やすいわけですが，サービス業といわれている床屋さんの場合はどうか，彼らは人間の身体の一部である頭髪に働きかけるわけですが，そうした彼らでさえも，何らかの美的な感覚などの能力をひきだしていると見ることが可能です。

この意味において，人間を相手にする労働は，物質代謝労働と比較してみますと精神代謝労働ということになります。この精神代謝概念は，哲学者尾関周二氏が提唱した言葉です。これは，非常に良い言葉だと思います。私はこの概念を借用して，人間が自然の中で各種の自然的諸関係に働きかけながら，生命

の再生産をしていくときの労働を物質的代謝労働として位置づけ，人間が人間に働きかけ，何らかの作用を呼び起こす労働を精神代謝労働として一括することが可能だと思っています。そこで，ここでは発達保障労働を精神代謝労働と名づけておきたいと思います。

さて，この2つのタイプの労働を比較しますと，まず対象が違うということがあげられます。一方の対象は自然，またはその加工物であり，他方は人間自身ということになります。この違いに着眼すると，精神代謝労働は，働きかける側と働きかけられる側の関係，つまり人間関係の中で進行することがわかります。人間関係の中では，一般に，相互のコミュニケーションが成立せざるをえません。このコミュニケーションが介在するということ，そしてコミュニケーションをプロセスとして労働が進行するという点に，精神代謝労働の最大の特質が見出せます。もちろん，物を対象とする際にも，例えばお百姓さんが稲を相手に，それを擬人化して稲がささやいているようだとか，旋盤工が鉄をたたく際に，鉄が鳴くといった擬人的，擬制的コミュニケーションが問題にされることがありますが，これは本来のコミュニケーションではありません。

要するに，労働を2つに大別しますと，物質代謝型の労働と精神代謝型の労働にわかれる。そこで，私たちが問題にする福祉の仕事は，後者のタイプになり，その最大の特徴は働きかける側と働きかけられる側との間にコミュニケーションが働く。これらが，私の議論の出発点になるわけです。

(3) 人間の発達を担う物質代謝と精神代謝

その際，いくつかの留意点をあげておきます。まず1つ目は，物質代謝の性質です。これは人間が自然に働きかけて自らの生命の再生産をはかるときの労働，すなわち先程のA・セン的な意味での発達に必要な物を自然から摂取し活用すると同時に，不要になった物を自然に返すという循環の過程です。これは，人類誕生から今日に至るまで一貫して続けられてきた生命活動です。この物質代謝の過程で，私たちがどのような能力を発達させるかというと，端的にいって労働と消費の能力を発達させていくわけです。自らの働きかけを通じて自然を加工・活用するといった広い意味での労働能力と，おいしい物をつくりそれを味わうといった生産物を利用する消費の能力を発達させることになるわけで

す。この領域は，私たちの衣食住にかかわるので，比較的理解しやすいと思います。消費能力は，換言すると，モノを享受する能力ですから，享受・評価能力にかかわってくるものです。労働能力も自然的素材やその属性を受けとめ，活用するという意味では，自然的諸条件に対する人間の享受能力である，とみなすことができます。

　もう1つは精神代謝ですが，これは人間が人間に働きかける教育に見られるように，相手の発達を担うと同時に，教師が自らも発達する過程になるわけです。あるいは，子どもの発達を通して，自分の教育的能力を発達させるといいかえることも可能かもしれません。また，介護であれば，老人を介護して，彼らの生きがいをひきだすと同時に，それを通じて介護者は自分の働きがいという1つの評価能力を発達させる，ということになります。ここでは介護労働者の側でも，働きがいを伴うような様々な感性や理性が発達しているわけです。この意味で，精神代謝過程も人間を発達させる諸力をひきだしていると捉えることができます。

　これら両者はしばしば結びついています。例えば，給食労働では，調理員さんが子どもたちの食べる姿とか子どもたちが給食をおいしく食べる様子を想像しながら，食材を加工している。そのために，これは調理するという点においては物質代謝的な労働なのですが，同時にその向こう側に子どもたちの健康であるとか，子どもたちの食文化を担うという点において人間を相手にする精神代謝的の労働ともなります。また，建築士や大工さんであっても客のニーズに応えて，住み心地のよい住まいをつくるというときには，直接には木材という建材に働きかけているのですが，同時に住み手のニーズに応えて，つくっているわけですから，精神代謝型の労働も含むことになるわけです。

　なぜ，この両者が結びつくかというと，そのわけは物をつくるときにも，それを利用する側が個性的ニーズにあふれている場合があるためです。これが大量生産で，だれが使うかはわからないといった使い手の側の姿が一切見えない場合には，あまり精神代謝が起こらない。だが，調理であれば食事をする相手，デザイナーであれば衣装を着る人，建築家であればその住み手といったぐあいに，ニーズの発信が個性的な場合には，仕事は常にサービスを受ける側との間にコミュニケーションがなければ，上手くはかどるとはいえないために，精神

代謝と物質代謝はしばしば連動することになるわけです。これは介護においても非常に大切な論点になります。

家事援助型の介護をするときには，個別的ニーズに対応しなければなりませんから料理，洗濯，掃除のいずれをするにしても，物を相手にすると同時に要介護老人の個性的ニーズに対応しなければならないわけです。この場合には，物質代謝と精神代謝の両者は不可分に結びついています。

それともう1つは，これら2つのタイプの労働と，人間の根源的な人間らしさという点にかかわって，人類の起源に遡ってみると，両者が究極的なところ結びつきあっているという点があります。この点を確かめておくことは，今後，福祉の理論的精緻化を行っていく際には重要です。話が少し横道にそれることになりますが，この点にしばらく目を向けておくことにします。

（4）労働と言葉を起源にする人間らしさ

周知のように猿から人間になるときのきっかけ，つまり動物と人間の違いの所在に関する社会科学の通説は2つあります。

まず第1は，いかなる動物であろうと，人間以外も作業は行うのですが，人間の行う固有の作業は道具をつくる労働にあるということです。猿は近くで拾ってきた棒を道具にすることはできますが，木の実の採取のために棒きれをあらかじめ加工して用意しておくということはできません。道具というのは，それを使う作業に先立ってつくられるという点にポイントがあります。いまここで獲物が存在しないときに，あらかじめをそれを手にいれるための鏃や斧のような道具をつくる，これが人間にはできるわけです。最近オランウータンやゴリラの研究が進んでいますが，こういう「いまここ」を離れた想定のうえでの道具の加工はできないそうです。そういう意味で人間の道具をつくる労働が，人類史的な起源において重要視されなければいけない。これが1つ目です。

繰り返していうと，道具を製作する作業は，旧石器の鏃をつくる場合にも，いまここには魚や獣は見えない状態のもとで，進行します。やがて魚や獣に出くわすであろうということを前もって想像するから，道具がつくられる。いま，ここに獣がいるから石を投げてやろうとしたときに発見する石は道具とは呼べないわけで，あらかじめ前もってそのときのために用意されているというのが，

道具づくりの要点です。つまり，将来起こるであろうということがあらかじめ想定されているということが前提になっています。将来があらかじめ読みとられているということ，この点が人間の人間たるゆえんになるわけで，これが道具づくりの意味になります。これを一言でいうと，「結果の精神的な先取り」の力を意味しています。

　よくいわれる比喩ですが，どんなに下手な大工であろうと，すばらしい蜜蜂の巣づくりに優る。そのわけは，ミツバチはあらかじめ六角形の密集した巣をつくってやろうとしてつくってるわけではないからです。その意味で，私が日曜大工で下手な犬小屋をつくるにしても，蜜蜂より優れている。少なくとも，私はあらかじめこういう物をつくるということを想定して作業を進めている。ここが人間の人間たるゆえんです。こうした特徴，つまり労働に基づいて将来を予測し，将来起こるであろうことを精神的に先取りして，物事を考えるという点が動物にはない人間の決定的な指標です。頭脳でいうと，前頭葉が発達するとか，様々な人間的感性とか意欲等が出てくるとかの前頭連合野の特性が生まれる。人間の持ち合わせている様々な文化といったものはここに由来するわけです。

　そうすると，あらかじめ将来が表象として浮かべられているためには，何が必要かという問題が生まれてきます。結論をいうと，それには言語が必要なのです。例えば，兎に出くわすとき，鹿に出くわすとき，単なる名前でもいいから，言葉を抜きに人間がそれらを事前に思い浮かべることができるかといえば，それはできない。言葉がないと，具体的なものを頭の中で表象したり，目に見えない将来を想定することはできない。そこで，人間と他の動物を区別する第2の決定的要因は言葉であるということになります。そこで，労働と言語の2つが動物と人間を決定的にわける指標だというのが，人間の文化などを考えていく際の社会科学上の通説となっていくわけです。

　例えば，あらかじめ絵本を見せ首の長い動物のことをキリンと呼ぶのだと子どもに教えたうえで動物園につれていって，現物のキリンを見せる。その場合には，子どもは絵本と本物が同一のものなのだということを認識できる。そのためにはキリンという言葉が必要なのです。その言葉を知らないまま，あるいは教えないでおくと，幼い子どもは絵本のキリンと現物のキリンが同一の物で

あるとは認識できない。これは，言語によって物事を把握し，また表象できるという人間に固有の力を示しています。道具づくりのために色んな物事を浮かべる，表象する，このためには言語が必要なわけです。

そうすると，こんどは言葉はどこからきたのかが問題となってきます。つまり，人間はどのようにして言葉を獲得したのかが，論争の的となるわけです。これには2つの説があります。1つは，聖書ではないのですが，はじめに言葉ありきで，要するに労働と結びついて，例えば獲物を獲得するにも，魚といった名前が必要となる。物事をつかむためには言葉がなくては，把握できませんから，生きていく労働の必要性から出てきたんだという労働起源説が1つの有力な説です。もう1つは，言葉に近いものを猿たちも持っているわけですから，つまり非言語的コミュニケーションである身振り言語，様々な動作であるとか，音節にはわかれていない叫びといった非言語的コミュニケーションがありますから，それが言語的コミュニケーションに転化したという説です。この非言語的コミュニケーションを起源として言語が生まれたんだという説と，労働の必要から何か物事をつかむ必要性がでてきて言語が生まれてきたんだという説と，大づかみにいって2つある。この論争はいまのところ決着はついていないようです。しかし，いずれにしろ論理的には，道具づくりの労働と言語とは同時発生的関係にならざるをえない，と私は思います。人間的な道具をつくる労働は表象抜きには成立しないわけですから，それを可能にするのが言語ですから，論理上は両者は同時発生とならざるをえないわけです。これが出発点となります。

なぜ，これらのことが重要かといいますと，人間の発達や能力を考えていくときに，まずは物質的な富を生産する労働，つまり道具づくりを起源にする労働の能力が問題になる。それから人間と人間の間の固有のコミュニケーションは，言語に基づく。そこで，人間が人間らしく生きていくときの道具製作労働と言語の2つを出発点にすると，両方から物質代謝労働と精神代謝労働というのが出てきますから，2つの労働が視野に入って，現代の私たちの諸活動の両側面を捉えることができるわけです。

高齢者の生活や福祉を考えていく際も，抽象化していうと，労働の世界とコミュニケーションの世界の2つ，物質代謝と精神代謝の世界，この2つから考

えていかなければならないと思います。これは、話を適用していきますと教育労働や医療労働、保育労働などの人間の発達を担う労働に適用可能な理論となります。

3. 福祉の労働過程とその専門性
（1）福祉労働過程の三要素とコミュニケーション

　福祉労働の内容を考える際に、ここで注目したいのは、コミュニケーションの概念で、これがどのような位置づけになるのかを次にとりあげてみます。福祉の仕事や営みが、いったいどういう構成をとっているかというと、そこには他の仕事と同様に、福祉の活動や労働そのものと、そのとき用いる様々な手段があります。福祉にも車椅子や補聴器といった道具や器具などの様々な手段がある。また先に述べた労働過程の三要素をあてはめてみると、その労働対象としては、介護では高齢者、保育であれば子どもを対象とみなすことが可能です。その際、その仕事の特徴、つまり福祉労働の専門性はどこから見ることができるのか。これは3つあります。これを以下に順を追って見ていくことにします。

　専門性を明らかにしていくためにまず必要な点は、人間は何かをするときには必ず手段を使います。経済学では、物的な諸手段、特に労働手段の体系のことを、原材料などの労働対象と区別して技術といいます。これは技能とかノウハウ、熟練といったものから区別されます。

　ついでにふれておくと、経済学の歴史には、戦前から国際的に有名な技術論争があります。これは技術とは何かという本質規定をめぐる論争です。1つは、労働手段の体系説です。もう1つは、自然法則を意識的に適用する点に技術の本質を見ようという説です。労働手段体系説と法則の意識的適用説、この両者が、論争しあってきたわけです。体系説というのは明快で、私たちが使う労働手段の1つの体系を基本にして技術をつかみます。労働手段の使い方、利用方法、手業などは技術ではなく技能、つまりテクノロジーではなくて、クラフトやアート、スキルといったもので、両者は厳密に区別していかなければいけないとするわけです。私は基本的にこの見解を支持しています。その理由は様々な法則を意識的に適用する、これを技術としますと各人の技とか知恵、工夫が

全て技術となってしまって，そのために，どこまでが機械や道具の力で，どこまでが人間の工夫・熟練なのかが区別されなくなってしまう。技能や熟練といったものは労働の内容をさしているので，道具や機械といった人間の外部に客観化されたものとは区別しなければいけない。そうしなければ，技能や熟練を通じて人間が発達するという領域が見えてこなくなってしまうと思います。そこで，技術の体系と技能というものを区別してかかった方がよいということになるわけです。

さて，こうした労働手段は福祉の場合，同じ技術といっても，福祉のための器具や道具は他の道具とは区別される固有の性質を持ちます。これは，福祉の視点から見た固有の技術を発展させなければならないということになってくるわけです。この課題は，福祉のための住まいづくり，家事援助や身体介護の技術，車椅子に代表される移動技術など，まさに高齢者の発達支援という視点にたってこれから大いに取り組んでいかなければならない課題になります。

もう1つは，労働の中身にかかわる方法が問題になります。つまり，道具や器具を用いて働きかける方法です。これは，人間に対して働きかけますから，先にも述べたように，必ずコミュニケーションが働きます。例えば教育を例にとってみると，英会話の教師であれば，英会話のテープやビデオという道具，すなわち教育的技術を使って，子どもたちに教えるのですが，その際，教師はどのようなプログラムで教えるのか，つまずいた子どもにどうアドバイスするのかという工夫は，教育の技術ではなくて技能にあたります。これは，子どもに対するアドバイスであるとか指導の方法ですから，子どもと教師の間のコミュニケーションが媒介となってくる。したがって，労働方法としては教育や看護の仕事はコミュニケーション労働といってよいような固有のノウハウを必要とするわけです。

医者もこういう意味では，患者を相手にする場合，医療労働はコミュニケーション労働となります。ところが，医者が心臓手術をするという場合には，これは身体の1つの器官としての心臓という（患者というよりも）患部に働きかけるわけですから，コミュニケーション労働の側面は薄くなります。だが患者と向き合って診察・治療するときには，患者がどういう状態にあるのか，どのような生活をしたらよいかという処方が問題になるので，この場合にはコミュ

ニケーション労働となります。そのため，同じサービス労働であっても，対象が何によるかによって医療や看護や介護といった違いが出てくるわけですけれども，さしあたり第2の労働方法上の特徴としてはコミュニケーション的性質に着目しなければなりません。

　3番目は，労働の目的は何か，テーマは何かという論点です。福祉の場合，これは生存権という人権と発達を保障する労働であると考えられます。同じサービス業であっても，床屋さんが調髪をする場合には，発達保障の一部になってはいますが，ここでは人格の発達というよりは頭髪の一部を相手にしていますから，福祉などとは少し性格が異なってくるわけです。福祉では，人格を相手にした発達支援が課題になる，さらに現代では人間発達は人権として認められていますから，人権保障が課題になります。この点は深くつっこんで議論しなければならないのですが，ここではさしあたり発達＝人権保障という労働目的に福祉労働の第3の特質を見出すことができる，という点をおさえておくことにします。

　こうした3つの特徴の中でも，ここでより立ち入って注目したいのは労働方法としてコミュニケーションという点です。この点に福祉の仕事の最大の特質を見出せるのではないか，この視点から見ると，コミュニケーションとは何を意味するのかということにいま少し立ち入って目を向けておく必要があります。

(2) 了解・合意のためのコミュニケーション的理性

　この問題の出発点としてとりあげたいのが，目下のところコミュニケーション論の世界最高峰に位置するハーバーマスのコミュニケーション的理性です。これが，大きな手がかりを与えてくれると思います。彼の理論は，相当に込み入っていて，難解きわまるのですが，簡単にいいますと人間と人間が対話的コミュニケーションを取り結ぶとき，話が通じるためには3つの前提条件が双方に必要なのだという点にあります。それを充足していなければ，およそコミュニケーションは成り立たないという3つの理性的世界，これがあるというわけです。これが福祉労働にとってどんな意味を持つかについては，後で説明するとして，まずこのコミュニケーション的理性をおさえておくことにします。

第1は，問題が真理かどうかを基準にして判断する場合に問われる理性です。事柄の真理が問われる場合には，科学的真理性を問題にするような，あるいはそれに依拠して，議論が進められるようなコミュニケーションの世界がある。例えば，明日台風が来るだろうとか，この十年間に近畿で地震が起こるだろうかといった議論をしているときに，私は地震が嫌いだとか，台風は嫌だといっただだをこねるような話題を持ち込んでも対話は成立しません。つまり，話題・関心が真理かどうかという基準に基づいて議論なり，相互の了解が獲得されるためには，真理性という基準にそったコミュニケーション的世界が構築されなければならない。

　それから第2に，例えば交通安全とか学校自治といったルールにかかわる議論があります。真理が問題ではなく，ここではルールなどが社会的に妥当性を持つかどうかが問題になります。昔，阪急バスに乗っていたころ，車内で「道路は正しくわたりましょう」というアナウンスがありましたが，これは，おかしな言い方で，道路の横断は正しいかどうかというよりも，安全性から見て妥当かどうかが問題なのであって，厳密な言い方をすると，正しい道路の歩き方などというのはおかしな表現です。ここでは，社会的に見て妥当かどうか，安全にかなっているかというのが基準であるはずです。1つのルールを判断するときのコミュニケーションでは，当該社会にある価値やルールに対して，双方の了解が成立しなければならないわけですが，そのためには，価値やルールに対して社会的妥当性を持っているかどうか，これが問題になります。

　例えば，いま急速に携帯電話が普及していますが，その電磁波が人体に有害か無害かは科学的真理命題にかかわる判断ですが，電車の中で携帯電話を使っていいかどうかは，社会的な妥当性の議論になります。両者は違ったレベルの議論であって，有用性にかかわる携帯電話の役立ちの話と，電車や公共施設の中で使用していいかという議論は一応別ものです。有用だからどこで使ってもよいということにはならないのです。

　第3に，対話の中では私は気分が爽快だとか，憂鬱で仕方がないといった自己表現の世界があります。こういうコミュニケーションでは，適切かつ誠実に本当の気持ちが表現されているか，自分の思いや主張がそのまま適切な形で表現され，相手に伝達されるかどうか，これが問題になります。真意とか真実の

思いといったものが適切に，またもっとも誠実に相手に伝わる形で表現され，それが了解されるかどうか，逆に，聞く側としてはきちんと誠意を読みとることができるかどうか，これがここでの問題となります。これは真実性ないし誠実性を基準にしたコミュニケーション的理性と呼ばれるものです。

一見すると，これは人間の感性・感情の世界の問題と思われるかもしれませんが，ハーバーマスはこれも含めてコミュニケーション的理性としました。卑俗な例をあげていうと，私が誰かに対して肩が凝っているので，マッサージをしてほしいと述べるとしましょう。このときに，こういう問題が出てくるわけです。頼まれた相手の立場からすれば，肩が凝っているというのは本当かどうかというレベルの判断に直面する。さらに，私の肩が凝っているからといって，果たして自分はマッサージをしなければならない立場にあるのかどうか，この第2の価値判断が問われます。最後に，肩が凝っているというけれども，実は凝っているのではなくて，相手が親切かどうかを試すためにわざと言っているのではないか，という疑いもでてくる。つまり，肩が凝っているというのは実態を誠実に吐露しているわけではなくて，別のねらいがあってそういうことを言っている場合もある。この場合には，私は人間的誠実さに欠ける，または真実を語っているわけではないということになります。

こうしたことは，他にもしばしばあります。来年は豚の値段が上がるから，養豚の数を増やしましょうねといわれた場合，来年値段が上がるのは本当なのかという事実に照らして正しいかどうかというレベルで判断しなければならない。それから，値段が上がるから，養豚の数を増やしなさいというのは，実は値段が上がるというのは嘘で，その情報を流すことを通じて豚の数を増やしたいという裏の目的を実現するために，そういう情報を流しているという場合もある。さらに豚の増産が社会的に妥当かどうかという問題もある。このように，人間が対話的コミュニケーションの世界に入っていくときには，単純な命題であっても，双方が了解・合意しあうには判断のための基準，そして判断するための理性が必要になるわけです。一定の理性的世界を共有しないと対話は成立しません。相互の了解・合意のための3つの基準をごちゃまぜにしたりすると，コミュニケーションは成立不能となります。そこで，さしあたり，これら3つの理性の世界がコミュニケーション的理性の世界といわれているわけです。

(3) コミュニケーション労働としての発達支援労働

さてなぜ，これらの点が福祉で重要になるかというと，まず福祉の仕事はコミュニケーションを通じて働きかけるわけですから，福祉労働はコミュニケーション的理性に則したものでなければならない。ここでコミュニケーションとは，再度繰り返していうと，人と人とが相互に了解・合意するということです。これまで説明してきたことは，この相互了解・合意に必要な能力がコミュニケーション的理性である，ということです。

そこでまず確認しておかなければならない点は，福祉の労働はコミュニケーションという相互了解行為というのが前提にならないと仕事にならない，ということです。これは，教育・保育労働と共通しています。働きかける側と働きかけられる側が，双方互いに了解・合意しあって，保育・教育・福祉というものは進行するものです。例えば，保育・教育労働は子どもの保育・教育ニーズを了解し，保育士・教師と子どもとの間の合意に基づいて進められます。高齢者の介護労働でも，介護ニーズを了解・合意してヘルパーは老人に働きかけるわけで，了解・合意を外すと，介護にはなりません。

これが一定の作物や洋服をつくるという場合であれば，ある目的をあらかじめ表象して，それを実現する仕事ですが，ここでは作業の対象としての材料などとの間には厳密な意味でのコミュニケーションはなくてもかまいません。コミュニケーションというのは何かをつくりだすのではなく，人間と人間が了解合意することですから，物との間には成立せず，人間相互の間にのみ成立するものです。相互に了解するということが，コミュニケーションの目的でもあれば，プロセス，世界でもあるわけです。福祉がコミュニケーションであるとすれば，働きかける労働者とサービスを受ける要介護老人の間の相互了解・合意が出発点にすわっていなければなりません。そうでなければ，コミュニケーション労働にならないからです。

ここに1つの重要な結論がでてきます。福祉労働者は，労働者としては主体なのですが，コミュニケーションのプロセスとして福祉を見ると，主体は逆に老人の側になるわけです。なぜなら，最初に福祉ニーズを発信し，発達支援に何が必要かということを提示するのは老人の方だからです。学校の教育だと，教育労働の主体は教師ですが，教育・発達ニーズを発信するのは子どもですか

ら、コミュニケーションのプロセスから見ると客体である老人や子どもが逆に主体となるわけです。

　医療労働においてインフォームドコンセント（同意に基づく治療）が問題となるのはなぜかというと，患者が医療の主人公であって，医者が勝手に診断して判断を下すということにはならないからです。まずは，病があり，苦しいというのは患者ですから，彼らが医療プロセスでは最初の主体，主人公になる。そのうえで，それを了解合意したうえで治療に当たるときの主体は医者です。この両方を見ておかないと，医療や福祉労働がコミュニケーション労働だという意味がはっきりしません。ところが，現場ではしばしば，相互了解・合意の前提が成立せず，うまくいかないことがあります。だからいま，先程の3つの理性を生かしたコミュニケーション労働のあり方を問う必要があります。

　最初の科学的真理かどうかが問題になるときに，課題になるのは，福祉の現場では相手の状態を科学的に認識し，正確に把握したうえで，もっとも適切な技術的合理性を持った働きかけをしなければなりません。これを誤ると，相手のニーズを正確に受けとめて，対応したということにはなりません。器具や道具類の選択も，技術的法則性に則ったもの，合理性に照らした適切さが必要になるのですが，これを誤ると介護労働にならなくなります。このように，まずは，技術的合理性の世界が，コミュニケーションでは問われ，これを充足するときに初めて福祉労働者は専門家ということになります。一言でいえば，福祉ニーズを科学的に捉え，それに応答・対応するということです。

　それから2番目は，当該社会の価値や権利保障といった課題が問われるわけです。例えば，ホームヘルパーが各家庭を訪問します。その際，いま問題となっていることの1つに，要介護老人がペットを飼う権利があるのかどうか，あるいは植木を育てるといったことを認めるのかどうかということがある。つまり，ヘルパーが訪問したときに植木に水をやったり，ペットに餌をやったりすることまで，生活援助なり介護に含まれると考えてよいのか，現代日本ではよほどの例外を除いて，それらはヘルパーの仕事からは外されています。スウェーデンやデンマークでは，これらは人間の文化的生存権の一部として認められています。だが，現在の日本の介護保険では認められていません。この問題は社会的な価値判断の問題です。人権などに照らして，どこまでを人間らしい生

活として認めるのか，これが社会的規範上の妥当性の問題として問われてくるわけです。

　障害者の職場では，その昔，トイレに行かせるのに裸でもかまわないといったことがありましたが，現代では，人格的尊厳に対する侵害となります。いま，知的障害者同士の同棲生活をどこまで認めるのかという問題が起こっていますが，これは技術的に合理的かとか正当性があるかどうかではなく，社会的な価値判断の問題です。こういう人権や社会規範のうえで，相互に了解・合意しあう判断の領域があります。簡単にいって，福祉労働者は民主主義的人権を保障するという観点から，その仕事のあり方が問われるということ，人権＝発達保障の視点から現場で適切な判断をしていかなければならないということ，こういう専門性が問われてくるわけです。これが２つ目です。

　３番目は，先ほど本音や真実のところでのコミュニケーションが問われることにふれましたが，これは手っ取り早くいうと，ヒューマニズムの問題，いわゆる人間的ふれあいや共感の問題です。介護が本音のところの人間的ふれあいになっているかどうか，ということです。

　昔，豊田商事事件で１人暮らしの老人の家に接近しては，えらく世話をやいて，金の延べ棒を売りまくったという話がありましたが，いまだって「振り込め詐欺」の多発に見るように，こういう詐欺事件が後を絶っていない。虎の子の預金をまきあげたり，株に投資させるために，１人暮らしの老人に近づいていく。表面的な親切や笑顔の裏に別の下心が隠されている。そこまでいかなくても，営利目的の介護の場合には，見せかけの親切の裏に別の目的が潜んでいる。これは，人間的真実・誠実さを問うコミュニケーションとは違う，それゆえ本来の福祉労働とはまったく異なるものとなるわけです。だが，これに類似したことが日本の介護保険のもとでも起こりえます。例えば，福祉が完全にビジネスになってしまえば，それはにこにこ笑ったとしても，それはいわゆる通常のサービス業の作り笑いと同じことになるわけですから，本当の意味でコミュニケーションで問われる人間的誠実さが，表現されたとはいいがたいわけです。

　以上のようなわけで，コミュニケーションの視点，またコミュニケーション的理性を基準にして福祉労働のあり方を考えることは，その専門性を深めると

いう意味を持ってきます。これらの基準に照らして本来のホームヘルパーやケアワーカーの専門性を問うていかなければならないのです。ところが現在，ケアマネージャーやホームヘルパーの資格を問うときの研修や教科書などで，コミュニケーション的理性を充足するところに，福祉の重要な専門性があるのだということが適切に解説されているとはいえません。だからこそ，いま，高齢者福祉を発達支援の視点から見つめなおし，同時にその社会システムを構想していく際には，コミュニケーションの持つ意味を福祉労働の中に探っていくことから始めなければならない，そういう意味で，以上のようなコミュニケーション労働としての福祉の諸側面をここでは検討してきたわけです。

4. 発達支援労働から見た介護のあり方

最後に，これまでに見てきたコミュニケーション視点の福祉観がなぜ現代日本で重要なのかという点について，いくつか現状に照らして指摘しておきたいと思います。

(1) 介護労働の限定化・定型化・効率化

介護保険が実施されてから，もう5年目を迎えようとしていますが，この間の経験で明らかになりつつある問題は，福祉施設や在宅介護のケアワークに即していうと，3点ばかりに要約できるのではないか，と考えられます。大ざっぱにいいますと，それは介護労働の限定化と定型化と効率化，この3つです。実は，これらの問題点は，すでに見たコミュニケーション労働としての福祉の視点が現場に生かされていない，ということを物語っています。そこで，福祉労働の再生のために，これらの問題点にいま少し説明を加えておくことにします。

まず第1は，介護保険があくまで保険原理の適用に基づいていること，これが問題の背景にあります。保険原理というのは，要介護状態になってから初めて適用されるために，その前段階の例えば認知症予防に向けた支援や介護は保険原理からすると排除せざるをえないのです。介護保険5年目の見直しでは，要介護状態への予防活動，例えば筋肉トレーニングとか栄養指導といった支援活動が取り入れられようとしていますが，ここでも，それはあくまでその他の

支援・介護活動の限定化と抱き合わせという構想になっています。

　つまり，介護保険の保険原理や財政的制約を前提にして，支給される介護労働が限定的，制約つきのものになっていること，この問題があるわけです。介護保険では，まず要介護認定の段階から，介護サービスの守備範囲や適用が非常に狭いところに絞られるという問題点があります。例えば要介護度の認定にかかわる問題があります。周知のとおり要介護度は6段階にわけられているのですが，要介護度1では月約16万5千円くらい使えるようになっており，要介護度5では35万5千円くらいまで月々サービスが受けられるという形になっています。だが，これは同時に介護内容を限定化する役割を持ちます。この制限によって，介護の不十分さが出てきています。時間についても同様です。ホームヘルパー身体介護は1時間につき基本料金4020円と決まっています。その範囲の中で仕事をやらなければならないといった限定があるわけです。

　次に，この裏返しになりますが，ヘルパーが派遣された場合，介護労働が定型化されざるをえない，という問題も発生しています。ヘルパーは30分とか1時間といった時間帯の中で，様々な仕事をしなければいけないわけですから，個々の作業がマニュアル化され，時間単位にパッケージ化されるということになります。介護労働がマニュアル化される部分を持つこと自体は否定できないし，私もマニュアルの有効性はそれとして認めるのですが，実際の介護ではそうはいかない領域があります。コミュニケーションにもマニュアル化できるものとできないものがあります。人に接したり，挨拶したり，入浴や寝返りの介助等のときに，こうした方がいいというマニュアル化される部分があるにはあるのですが，これだけでは限界があります。これは，すでに繰り返し強調してきたように，福祉がコミュニケーションという相互了解・合意のもとで進められなければならないからです。

　第3に，企業がヘルパーを1時間4020円で派遣することになると，効率が追求されるために，コストダウンのあおりを受けて1時間あたりヘルパーに支払う金額は，よくても1000から1500円くらいという相場になります。一般のパート労働市場と同程度の扱いになっているわけです。ヘルパーを低賃金で不安定な雇用状態におくと，人間味あふれる介護を要求しても，それは先の言葉でいえば，人間的誠実さを基準にしたコミュニケーション労働を期待する方が

おかしいということにならざるをえません。なぜなら，肝心の介護労働者そのものを人間らしく扱っていないのだから，そこに温かい介護を要求する方がおかしいからです。

介護保険では，老人を訪問して，相談にのったり，ケアプランを立てるケアマネージャー制度が設けられました。ケアマネージャーに支払われる金額は，1人のケアプランにつき約8000円ですから，基準とされている月50人の老人を相手に働くと，40万円の報酬ということになるわけです。これがほぼ上限です。ところが，ケアマネージャーはそこから各種費用をまかなわなければならないのです。それどころか，月50人を相手にケアマネージメントをすることはほとんど不可能で，実際には20人もこなせばいいところという実態が明るみにされています。本来の仕事であるケアプランの作成以外の事務処理その他の雑用が実に多い，という実態があります。かぎられた報酬のもとで，それらの煩雑な作業をこなそうとすると，そこに効率化の圧力が働いて，コミュニケーション労働としての介護労働の側面がそぎ落とされてしまうという結果になるわけです。

(2) 介護労働の視点から見た社会システムの政策的諸帰結

以上のような現実と，先にふれたコミュニケーション視点とを重ねて，これからの福祉のあり方を考えてみると，さしあたりその社会システム構築において考えておくべき3つの政策的帰結がでてきます。

1つ目は介護に必要な専門的な判断はその現場で保障されなければならないということです。介護の仕事は定型化された部分だけではありませんから，現場における専門性の発揮，労働の裁量権が保障されなければいけない。これは教育・研究労働者と同じで，福祉の個々の現場でも労働者1人ひとりに専門家としての自由な判断が必要になります。その際の基準として考えられるのが，いわばシビル・オプティマムという理念です。

シビル・オプティマムというのは，さしあたり「市民生活の最適保障」とでも訳したらよいと思います。福祉では，これまでナショナル・ミニマムとかシビル・ミニマムというのが基準とされてきました。国民に対して，ここまでは最低限保障するというミニマム概念が基準だったのですが，これを現場に生か

すと，介護や教育，保育はミニマム概念だけでは十分ではありません。1人ひとりの人間の状態に即してもっともふさわしいとか，適切であるというオプティマムという概念を使う必要があります。もちろん，念のためにいうと，シビル・オプティマムというのはナショナル・ミニマムと対立する概念ではありません。むしろナショナル・ミニマムが前提になったうえで成立する概念だといった方がよいでしょう。

　私自身の経験に即していうと，先の阪神大震災時に福祉調査を進めていたときに，このオプティマム概念に行き当たったのですが，福祉は平常からこのシビル・オプティマム，市民生活の最適保障という思想を確立しておく必要があると思います。これを担うのが現場での福祉労働者の自由な裁量権になると思います。なぜなら，コミュニケーション労働としての福祉労働は，現場でのサービス受給者との具体的・個別的な相互了解・合意にそって進められなければならないからです。これが，1つの政策的帰結です。

　2つ目は，すでに述べたようにコミュニケーション労働は言語的および非言語的コミュニケーションを含みます。介護や教育では，身体表現，身振り・手振りといったコミュニケーションを伴いますから，これら両方を含む知的な熟練というものが保障されなければいけないわけです。この保障は，OJT型の研修，経験による修得でなければなりません。つまり，現場の経験を通じて熟練は身につけるしかないわけです。定型的コミュニケーションは，教科書や研修で身につけることができるかもしれませんが，現場の判断に必要な知的熟練は経験の中の蓄積を前提にしないと成立しません。そのためには，安定的な雇用が絶対不可欠となります。

　パートタイマー型の使い捨て労働では，この知的熟練のストックは不可能です。例えば寝返りがうてない老人のところに行って，何とか寝返りをうたせるということでも，布団の上での場合とベットの上の場合，またベットが壁にくっついているのか，壁との間に隙間があるのか，また老人の筋肉の力がどれくらい残っているのか，こうした条件を全て考慮しないと，もっとも適切な寝返りの援助はできないわけです。家事援助である調理1つとってもそうで，相手とする老人の食文化，健康状態に対する正確な把握と応答を必要とします。比較的単純な作業1つとっても，それは機械的にはできないので，住まいの状況

や相手の状況に照らして，1つひとつの援助をしなければ，その人にふさわしい介護とはいえないわけです。これを保障するには，安定的・継続的な雇用が必要です。

　最後に，いわゆる福祉では，コミュニケーションの発信者は，介護を受ける老人の側にあるわけですから，彼らにボイス（voice）の権利を保障しなければいけない。福祉そのものに，当事者が積極的にコミットするということです。これが，相互了解のためには不可欠の条件となってきます。

　これまで，選択の自由という場合，2つの選択が指摘されてきました。人間が選択を行う際，例えば，訪問してくるヘルパーに対して，老人が自分の要望を自らの声で伝え，自らの欲求を満足させる，これがボイス（voice）の選択です。もう1つは，ヘルパーの交代を要求する，これはイグジット（exit）の選択と呼ばれるのですが，出口に向かって別の選択をする，1つのやり方ではなく別のやり方を選ぶという権利です。A・ハーシュマンの指摘以来，これら2つの選択の権利があるとされてきたのですが，市場の中では，通常後者の権利が頻繁に行使されます。例えば，ダイエーがだめならジャスコに向かうというのがイグジットの選択です。市場における選択の自由というのは，これにあたります。ところが，人間はもう1つ重要なボイスの選択権があるわけです。

　例えばある学校の先生が気に入らなかったら，市場の選択権ではこの教師とは別れて，クラスを変えてもらったり，学校を変わったりするわけですが，教育そのものを改善してもらいたいと声をあげ，教育や条件を切り替えるという選択の方法，つまりボイスの選択はここにはありません。学校教育や保育，介護は地域と結びついていますから，つまり一定の地域の中の必需的サービスになっていますから，ときにはあれこれと選択する自由も必要ではあるものの，その前にコミュニケーションを通じたボイスの権利をより積極的に保障することが不可欠です。周知のように，現代日本では小学校の校区の選択が広まりつつありますが，これをやるとこの学校は嫌だから，別の学校に変わることのできる子どもは救われますけども，そうはいかない子どもは救われないという不公平がでてきます。東京のある区では，周りから札付きの問題児と見られる6年生が近くの中学校に行くということが決まったもので，大半の子どもが別の中学校に逃げ出してしまい，2割ぐらいの子どもしかその学校に行かなくなっ

たということが話題になっています。こうしたことを念頭に置くと，選択の自由で，逃げることのできる子どもはいいんだけども，逃げたからといって問題は全て解決したとはいえない。だから，イグジットの権利とボイスの権利は2つ必要なのですが，福祉や教育といった地域と結びついた分野では，当面，よりボイスの権利を徹底する必要があるというのが，政策的な帰結となるわけです。

要するに，高齢化社会の中の福祉や介護をもう1度コミュニケーションという視点から洗い直すことを通じて，高齢者や障害者に必要とされている福祉の概念が膨らむのじゃないかということと，それにふさわしい社会の環境やシステムづくりが出てくるのではないかということです。

5. 発達支援と享受能力

この小論では，冒頭に，高齢者の発達支援という言葉は，政府筋が主張する自立支援よりは非常に優れている，もしくはそれにプラスした新しい視点を導くのではないかということを指摘しました。小論で検討してきたことをふまえて，最後に，この指摘の意味をやや理論的にまとめておきたいと思います。

発達支援という場合に，小論では，発達概念をさしあたりA・センの潜在能力論をてがかりにして把握することを出発点にすえました。センの潜在能力とは，人間の持つ基本的諸機能を選択的に組み合わせて実現する能力のことをさすものでした。この場合，重要なことは，センの立論は「財貨と潜在能力の関係」を基本にして進められたものだ，という点にあります。すなわち，潜在能力アプローチというのは，主に「モノと人との関係」における人間の発達を問題にする視点に立脚するものでした。例えば，自然環境の中で健康に生きる，病気にならない，おいしく食事をとる，五感に根ざす感性を伸び伸びと発揮する，といった潜在能力の実現は，小論の言葉でいえば，主として人間と自然の物質代謝に根ざす発達を物語るものでした。

だが，人間の生活は自然との物質代謝の場面だけではなく，人と人との精神代謝の過程を通じて営まれるものです。これを小論では，人間が人間になったときの原点である「労働と言語」の二側面から確かめてきました。そこでは，人間に固有な精神代謝が言語的コミュニケーションの世界にある，という点を

見てきました。発達概念に即していうと、人間の発達は物質代謝と精神代謝との両面を通じて進行するが、後者では、精神代謝を媒介するコミュニケーションが発達の舞台になる、ということです。

ところが、センの潜在能力アプローチでは、このコミュニケーションに基づく人間の発達過程は十分に解明されたとはいえない点があります。実際には、人と人とのふれあいや交流、討論、交渉などを通じた人間の発達が問題にされてはいるのですが、コミュニケーションに基づく人間発達が正面からとりあげられているとはいえないわけです。そこで小論では、この点の不足を補うために、ハーバマスのコミュニケーション的理性をとりあげ、コミュニケーションがその理性を発達させる世界を切り開くという点に着眼してきました。いわばセン的潜在能力アプローチとハーバーマス的コミュニケーション論とを交錯させ、接合する形で発達概念を検討した、ということになります。

介護・福祉労働は、小論で説明してきたとおり、「モノと人との関係」というよりも「人と人との関係」を中心にしたコミュニケーションの世界に属することです。「モノと人の関係」に立脚する労働を物質代謝労働と呼べば、「人と人の関係」に立脚する精神代謝労働はコミュニケーション労働といいかえることができます。福祉労働はこのコミュニケーション労働の一典型を物語るものでした。

問題なのは、センが直接に問題にした物質代謝労働と、コミュニケーションに担われた精神代謝労働との双方が、発達概念とどうかかわるのかという点にあります。つまり、「労働と言語」に起因する物質代謝と精神代謝の両世界において、人間の潜在能力の発達・発揮はどのような意味において捉えられるのか、これが問題になります。

この問題に答えるときのキーワードは「享受能力」にある、というのが小論のさしあたりの結論です。物質代謝では自然的諸条件を人間が享受する、精神代謝では人間の働きかけを享受する、この力のことを「享受能力」とします。享受能力とは、対自然、対人間の両面において諸個人が発揮する能力のことです。ひらたくいうと、私たちは自然の恵みを享受して生存・発達し、他者の力を享受して人生を謳歌しているわけです。

これを福祉にあてはめると、福祉サービスの受給者は、福祉労働者とのコミ

ュニケーションの中でその働きかけを享受して生活している、ということになります。子どもたちは保育士や教師の働きかけを享受し、年老いた者は介護労働者の働きかけを享受して生活する。これを逆に見ると、子どもや老人は教育・福祉労働を享受する能力を発揮して生活している、ということになるわけです。

このような享受能力に着眼すれば、高齢者の介護・福祉の現場は、高齢者の享受能力発揮の場である、と捉えることができます。したがって、高齢者福祉とは、その享受能力の発達・発揮の保障にある、だから、介護労働は発達支援労働というにふさわしい、という結論が導きだされます。「発達支援としての高齢者福祉」というのは、かかる意味において、享受能力概念を媒介にすると理解しやすい、これが本節のまとめです。

第2節　介護保険下での高齢者福祉と自治体の役割

1. 21世紀の福祉と自治体

　2000年度からの介護保険の実施によって、高齢者福祉に対する自治体の役割は、従来の措置制度のもとでのそれから大きく変化することになりました。福祉にかかわる自治体の役割には、現状では老人福祉、障害者福祉、児童福祉の3つのウエイトが高いが、介護保険によってまず老人福祉の分野が変わり、続く2000年の社会福祉事業法および障害者関連諸法が改正の結果、2003年度から障害者福祉に支援費制度が導入され、障害者福祉に対する自治体の関与が大きく変化することになったわけです。

　2005年度には、当初から介護保険の見直しが予定されていたために、それに合わせて、2004年には障害者支援費制度の介護保険のもとへの統合、それに伴う介護保険の根本的再編成構想が浮上することになりました。後に見るように、支援費制度はもともと介護保険と共通した制度設計のもとに発足したために、介護保険下に統合することに、それほどの困難はありません。だが実際には、支援費制度を統合する新介護保険構想は、障害者団体をはじめ、数多くの関係者から強い反発を招いて、先送りされることになりました。さしあたり2005年度には、介護保険と支援費制度はそれぞれ別個に手直しを進め、将来

の統合に備えることになったわけです。08年段階でも，介護保険と障害者福祉の統合案は，プランとしてはのこっているものの，頓挫という状況にあります。

　自治体福祉のいま1つの柱である児童福祉，つまり保育行政の方は高齢者・障害者福祉ほどの変化はみられませんでしたが，08年5月頃から，これまでの保育行政民営化，営利化，市場化の流れの延長線上で，保育制度を介護保険に近いものにあらためる動きが生まれています。その意味から，以下では，介護保険のもとでの高齢者福祉の構造がいかなるものであるのか，という論点に焦点を絞る形で検討しておくことにしたいと思います。この作業は，これからの福祉の社会シテスムのあり方を考えるにあたって避けがたい課題です。

2. 戦後福祉の三原則と社会福祉基礎構造改革
(1) 戦後福祉の出発点としての福祉三原則

　1990年代後半以降の日本では，福祉の基礎構造改革という名前で福祉全般が見直されてきましたが，これは大きくいうと「戦後福祉基礎構造の根本部分の改革」といってよい意味を持っています。改革の焦点は福祉諸サービスの供給構造の転換という点にあります。従来は，福祉諸サービスに対して，「措置制度」の名前で，自治体が供給面において直接責任を負っていました。いわゆる民間活力ではなくて，自治体の側が福祉サービスの供給面において実施責任を果たすという形になっていたわけですが，それが介護保険に見られるように，公的責任の所在は，利用者サイドないし需要者サイドに転換することになったわけです。

　介護保険は，後に立ち返ってみるように，要介護老人に対して，介護サービスの現物を給付するというものではありません。それは，介護サービスの利用にかかる費用の一定割合（9割）を補償する，という原則にたったものです。サービスの現物給付ではなく，その費用を補償する方式，つまり現金給付の一形態である，という点に介護保険の特徴があります。障害者の支援費制度も，その名前自体が物語っているように，障害福祉サービスの現物給付ではなく，その費用に対する支援というのが原則になっているために，これも現金給付の一形態です。したがって，これらの制度のもとでは，自治体は福祉サービスの

供給ではなく，その利用者に対する費用負担の面で責任を負う，という形をとります。この点が，福祉基礎構造改革の主要な特徴となっています。

　供給サイドの責任から需要ないし利用者サイドに対する責任への転換というのが，福祉基礎構造改革の最大のポイントであるとすれば，それはいったい戦後福祉の流れでどういう意味を持っているのか，これをまず検討しておく必要があります。そこで，この転換の意味を考えるために，戦後日本の福祉の構造，公的責任の所在等を確かめておく必要があるので，やや回り道になりますが，そこから説明しておきたいと思います。

　戦後福祉は，終戦の1945年12月末，GHQ（占領軍総司令部）が厚生省に対して戦後福祉のあり方に対して指示するところから始まりました（GHQ「救済並に福祉計画の件」）。日本政府は当時このGHQの指示に対して後ろ向きの姿勢をとりましたが，翌1946年2月にかけてGHQとの間で交渉があって，GHQは「社会救済に関する覚書」を出します。ここで，いわゆる戦後福祉の三原則が確立することになりました。

　三原則の第1は，福祉に対する公的責任の原則です。戦前の社会事業は民間の慈善もしくは博愛事業に依存する形をとってきたのに対して，それを公的責任の領域に置きかえました。第2番目は必要充足の原則です。これは憲法第25条の考え方に重なるわけですが，要するに福祉水準はミゼラブルな状況であってはいけないとする原則です。人間らしい暮らしのためのナショナル・ミニマム保障の原則といいかえてもかまいません。この原則は特に生活保護行政で重視されることになります。第3番目は全国的な公平性の確保です。当時は，特に軍人優先的な施策がかなり残っていたので，これを排除しました。さらに全ての国民に全国どこであろうと，公平性を確保するための機関を設置して，全国民的な公平を図ろうとしたわけです。

　これらの三原則は大体1930年代アメリカのニューディールの経験，教訓を日本に適用したものだというふうにいわれております。アメリカの占領軍の中にはニューディーラーたちがかなり入っていて，彼らはニューディールでやれなかったことを日本において実験，実施しようとする意気込みを持っていました。その意気込みがこの三原則に織り込まれていると見ることができます。そして，これが戦後日本の福祉の出発点になったわけです。

(2) 福祉に対する公的責任の意味

三原則の中身に少し立ち入っていうと，私の解釈では，3つの中でも公的責任の原則が要の地位を占めていたと考えられます。論理的にいうと，福祉の水準が必要十分にしてかつ全国的に公平に確保されるためには，第1番目の公的責任が鍵になるという関係になっています。後ろの2つは第1番目の公的責任があって初めて実現するという関係になっているので，一番大きな課題になるのが公的責任のあり方となるわけです。

当時は公的責任には3つの責任が包括されると考えられていました。実際に，1951年の社会福祉事業法の制定まで，3つの領域にわたる公的責任が事実上公共機関によって担われていたと考えることが可能です。

まず1番目は財政責任，すなわち福祉は全て税金で行うという原則です。それから2番目は，これが非常に重要になるのですが，福祉は公共機関が直接に担い，実施をする。つまり実施責任です。これは要するに公立公営型の福祉施設だとか，給付行政が行わなければならないことを意味します。後に社会福祉法人による民間福祉施設がつくられていきますが，これは1951年の社会福祉事業法制定以降のことです。そこに至るには前史があって，憲法89条の公金支出原則がからんできます。

憲法には，公金を民間の宗教団体やその博愛・慈善団体などに支出してはいけないという規定があります。教育や福祉で民間団体に税金を支出するのは，憲法違反である。そこで最初に問題になったのが，私立学校に対する助成金でした。今日いうところの私学助成を合憲化するためには，何らかの方途を講じなければならない。そこで，学校教育法，私立学校法を制定し，私立の大学や高校等については学校法人という形式を整え，私学をまず公の支配・監督に服する公益法人にしました。公の支配に属する形にしておけば，そこに税金を支出してもかまわないという論理が成立します。福祉分野では，これをいわばなぞる形で，社会福祉法人が設置されることになります。1951年の社会福祉事業法がこの社会福祉法人を認め，それ以降，民間の社会福祉法人がつくられて，ここに助成金が出されることになったわけです。したがって，当初の原則ではもっぱら公共機関に福祉の実施責任があったのですが，1951年以降はその代替的役割を果たす組織として民間の社会福祉法人が認められ，それが福祉を担

っていくことになります。とはいえ、さしあたり公共機関の設立した組織や施設が優先されるという意味では、公的な実施責任は今日まで残っています。これが公的責任の2つ目の意味です。

3番目は組織運営上の責任で、福祉の最低基準を守るという責務をさします。全国的に公平に福祉事業をやっていこうとすると、施設規模や職員配置等に最低基準を設定する必要が生まれます。先ほどの言葉でいうと、ナショナル・ミニマムの基準です。保育士や寮母の配置、また施設面積その他の条件を最低限ここまで達成しなければいけないという運営責任が公共機関に課せられていきます。これが3つ目の公的責任領域を形成しました。

以上のような内容の戦後福祉の構造を根幹のところで変えようというのが、90年代以降の福祉基礎構造改革の意味となっていきます。もっとも財政責任・実施責任・運営責任が全て解体されるというのではなく、原則は一部継承されつつ、同時に福祉三原則を担う具体的な制度構造のあり方が問われるようになった、というのが適切かもしれません。そのときのポイントが、先にも述べたように、福祉サービスの供給つまり実施部面において公的な責任を解除し、全体として利用者に対して補助金を出すという形に公的責任を転換する、という点になるわけです。これが、介護保険以降に起こっている福祉基礎構造改革の主要な内容と見ることができます。

3. 医療保険の論理と介護保険の論理
(1) 現物給付原則に立った医療保険

介護保険は、当初、介護福祉における「措置制度の社会保険方式への転換」と名づけられて導入されました。導入過程では、介護保険は従来の老人福祉を医療保険のようなものに転換し、介護サービスが医療サービスと同じような形で受けられる仕組みに転換するものだ、という評価さえ行われました。だが、介護保険法およびその後の実施過程を見れば明らかなように、介護保険は医療保険と同じものではありません。介護保険の実施後には、この点が明白になってきたので、いまでは誤解する人も少なくなってきましたが、念のため、ここでは両保険を比較してその違いをおさえておくことにします。

医療保険の場合は、保険者つまり健保組合だとか国保、公務員であれば共済

保険といった組織があります。保険者は,仕組みのうえから見ると,病院や診療所といった保険医指定の医療機関から患者である被保険者に必要な医療サービスをまず買い取る形をとります。実態としては,私たち被保険者が患者として病院に行き,直に医療サービスを受け,それを消費するようになっているわけですが,制度のうえでは,保険医の指定を受けた医療機関から保険者が医療サービスを買い取って患者に提供するという形になっているわけです。したがって患者から見ると,自分の受ける医療サービスは保険者から給付されるもの,保険団体から給付される医療サービスを消費することになっています。被保険者である患者が直接医療機関にカネを払って治療や医薬品を買い,それを消費しているというわけではないのです。公務員だった私たちのケースでいうと,各人が属する共済組合が医療機関から医療サービスを買い取って,私たち患者に給付している,という流れになっているわけです。

なぜこういう医療サービスの流れが重要になるかというと,これがいわゆる現物給付の原則を意味するからです。現物給付の原則とは,保険者が医療サービスの現物を被保険者に給付することを意味します。健康保険の法律では,保険者が医師の診療や医薬品,手術といった医療サービスを現物の形で被保険者に支給する,給付するという条文になっています。これは国保であろうと,健保であろうと変わりありません。

そこで,患者である私たち個々人が支払う自己負担分は,実際には病院等の窓口に支払いますが,これは制度的にいうと,医療機関に払うのではなく,保険者に支払う自己負担分と考えなければなりません。例えば,一般のサラリーマンだと,保険者は彼ら被保険者から3割の自己負担を受け取り,残り7割を足して医療機関に診療報酬を支払うことになるわけです。医療機関が窓口で患者から3割の自己負担分を受け取るのは,保険者に代わって受け取っていることになるので,これを「代理受領方式」と呼びます。

(2) 費用補償方式としての介護保険

医療保険と違って,介護保険というのは,上で見てきたような現物給付の原則には立っていません。介護保険で給付されるのは,介護サービスの現物ではなく,介護サービス費用の9割です。ここでは介護保険が適用される指定事業

者と要介護老人が直接に契約を結んで，ホームヘルパーであれば1時間4020円の公定料金でもって介護サービスを老人の側が買い取ることになります。要介護老人の側が基本的に，その費用4020円に対する支払いの責任を負うことになります。介護保険の役割は，老人が支払う費用に対して，要介護度の範囲内の額について，その9割補助を行うことです。私はこれを9割の費用補償方式と形容しているのですが，要するに，介護保険は要介護度のランクに応じて，一定の許容範囲以内の介護費用の9割を被保険者である要介護老人に補償ないし給付する仕組みとなっています。

ただし，実際には，介護保険はその9割の費用を要介護老人に支給するのではなく，介護事業者に支払っています。老人の方は，残り1割を介護事業者に支払うという形で運営されています。この実態だけ見ると，介護保険は医療保険と同じに見えます。だがこれは，医療保険とは異なる意味での代理受領方式が使われているだけの話です。つまり，介護サービスを提供する事業者側が要介護老人当人に代わって9割の費用を介護保険から受け取っているわけです。ただし，これはあくまで代理受領方式を意味するのであって，これによって医療保険とは異なる介護保険の制度的特徴をあいまいにすることはできません。

介護保険法の条文を詳しく読んでみると，法律上介護保険が老人に給付するものはあくまでも介護の費用であり，例えば在宅介護サービス費だとか施設介護サービス費となっています。医療保険の場合は診療や手術という具合に，給付対象は現物とされていて，費用ではないのに対し，介護保険の場合には介護費用を給付する，支給するとなっているのです。介護そのものではなく介護費という一字違いによって，医療保険と介護保険の間には制度上の大きな差異が生まれてくるわけです。

医療や介護のサービス費用を支給する制度は通常現金給付と呼ばれて，現物給付と区別されます。ただ，介護保険の場合にまぎらわしくなるのは，例えば家族が自宅でおじいちゃん，おばあちゃんの世話をして，その介護手当として現金が給付されるかというと，それは現在，原則的に認められていません。ここだけを見ると，介護保険は現金給付になっているとはいえません。にもかかわらず，制度のうえでは費用に対する補助となっているために，現金給付の一形態というふうに理解できます。そこで私は現金給付という言葉を使うと誤解

が生じるので，介護保険の場合には費用補償主義と名づけているわけです。つまり介護にかかった費用の9割を補填する，補償するというのが介護保険の仕組みなのです。

(3) 福祉の措置制度廃止の意味

　以上のような医療保険と介護保険の違いに着眼してみると，介護保険が老人福祉の分野で従来の措置制度に代わって持ち込んだ内容が何であったかが明確になってきます。福祉における措置制度は，医療保険と比較的似た側面があって，現物給付的性格を持っていました。というのは，措置制度のもとでの介護・保育サービスは公共機関（自治体）がサービスの現物を住民に提供することになっていたからです。個々の老人や子どもは介護・保育事業者からサービスを買うのではなく，すなわち買い取り費用の一部を行政から補助してもらう仕組みではなく，公設公営の施設であれ民間の社会福祉法人からの福祉サービスであれ，公的責任のもとでサービスの現物を給付される関係にありました。

　例えば特別養護老人ホームに入っている老人は，確かにいままで特別養護老人ホームの入所利用料を所得段階別に支払っていましたが，これは公設であれ民営であれ特別養護老人ホームに支払われるものではなく，すべて自治体の収入に組み入れられていました。つまり，措置制度のもとでは福祉サービスは買われるものではなく，公的責任のもとで現物が支給されるものだったのです。これは，現在でも，措置制度という言葉は廃止されましたが，保育行政では残っている制度です。保育所に子どもを預ける場合，保育料を支払わなければなりませんが，その保育料は公立であっても私立であっても直接保育園に払われるわけではありません。保育料は全て基本的に当該自治体の一般会計の諸収入に組み入れられます。それは先にふれた保育の公的財政責任が生きているためです。保育所では，その運営にかかる費用は原則的に公的資金でみるという原則が残っているわけです。

　自治体がこれまで担ってきた老人福祉，障害者福祉では，これまで見てきたように，前者は介護保険で，後者は支援費制度で，措置制度が廃止されると同時に，自治体の現物給付原則が退けられてきた，とみなすことができます。当初，2005年度に向けて検討されてきた介護保険と障害者支援費制度の統合構

想は，両方の福祉制度がすでに現金給付型のものに編成されているということ，そこで2つを無理なく一本化できるということ，これらを前提にして浮上してきたものである，と理解できます。そこで，こうした動きが自治体の福祉政策にいかなる意味を持つか，これを次に考えてみることにします。

4. 介護保険下での自治体の公的責任

　医療保険は現物給付，介護保険は現金給付の一形態としての費用補償方式，そして戦後福祉の措置制度は事実上の現物給付であった，というのがこれまでの話の要点です。現代日本で問題なのは，介護保険型費用補償方式の方向に向かって福祉の全体構造が変化しつつある，という点にあります。費用補償方式とは，利用者に対する補助金給付方式といいかえることも可能です。現時点では実現していませんが，介護保険と障害者支援費制度の統合案は，戦後福祉構造の転換をさらに進めるものと捉えられます。このような福祉構造の転換から，自治体の役割にかかわって，いくつかの見逃せない問題点が生まれることになります。この点をここでは見ていくことにします。

　まず，介護保険では介護サービス利用者と介護施設・事業者の間の契約に基づく利用という形に変化することになりました。いわゆる契約型利用方式（直接契約方式ともいう）というものです。これは福祉サービスの供給面から福祉の実施責任を負ってきた公的責任が基本的になくなった，ゆるやかに見ても後退したということを意味します。逆にいうと，社会福祉法人等と自治体との接点が希薄になった，ということでもあります。

　特別養護老人ホームを例にとると，施設経営やサービス提供上必要なことや条件等について，従来であれば，自治体とかけあって，施設運営に対する補助金や改築等のための補助金を獲得できる面がありました。だが，介護保険のもとでは，各民間施設はその利用者との契約に従い，そこから入ってくる収入で独立採算型の経営を営むことになるために，介護サービスの供給面では，いわば施設と自治体の間が制度的には切れてしまうことになったわけです。これは，自治体の援助・支援を受けて民間の福祉施設の水準を高めていく道が途絶えることを意味します。

　次に，自治体の側では，これが一番大きな問題になりますが，例えば従来特

別養護老人ホームを設置・運営していた自治体は特別に税金を注ぎ込んで，特別養護老人ホームを経営する必要はなくなりました。こと老人介護のサービスについて見るかぎり，介護保険の適用以外のサービス，例えば老人保健事業に対する自治体の責任は残っているものの，その他の施設・事業は本人の1割負担と介護保険からの費用補償で支払われる資金で運営すればよいということになったわけです。したがって，公立公営型の施設は基本的に全廃となります。実際に，介護保険の実施後，公立公営の老人福祉施設は，民営化されることはあれ，新たにつくられることがほとんどなくなりました。実際に，財政危機に悩む自治体は，都道府県に介護保険の指定事業者として名乗りをあげることなく，公立公営型の福祉施設・事業から手を引くことになりました。

　ホームヘルパーも従来は公務員として雇用され，介護の現物給付を担う形で各家庭をまわっていましたが，前に述べたように，ホームヘルパーも利用者との契約に基づいて利用料金を稼いでいくことになりましたから，自治体がわざわざホームヘルパーを公務員として雇用して派遣する必要はなくなりました。そこでいまヘルパーが公務員としては総撤退といってよいほどに少なくなってきています。介護保険が適用されない領域や自治体にまだ残された老人保健事業のホームヘルパーは公務員として残っていますが，これは介護サービス事業の本流ではなくなってきているわけです。その意味で，自治体は介護保険を運営はしていますが，自ら直接に介護サービスに従事する必要がなくなったわけです。だが本来は，福祉サービスの供給面において，自治体はもっと積極的にかかわるべきなのではないでしょうか。つまり介護保険任せにするべきではないという論点，これが介護保険実施後，浮かび上がっている1つの課題になっています。

　特に，ケアマネジメントについては，自治体が派遣すべきではないか，という声が強くあがっています。ケアマネージャーは，要介護の認定やケアプランの策定にあたって，介護支援のコーディネーター的役割を果たす専門家です。その費用は介護保険から全額負担されます。したがって，介護保険の運営にあたる自治体が，せめてこのケアマネージャーについては，責任をもって配置し，地域に派遣すべきである，こういう意見が強まっているわけです。

　ともあれ，以上のように，福祉構造改革の最大のポイントは戦後の公的な実

施責任が大幅に後退している点にあります。これは，措置制度に代えて利用者支援費制度が導入された障害者福祉分野でも指摘できることです。福祉サービスに対して，その供給面から自治体が責任を果たすことの重要性は，介護保険のもとで，事実上，混合介護が認められていることからも明らかになってきます。そこで，次にこの点に目を向けておくことにします。

5．福祉基礎構造改革の方向と福祉の二階建て構造化
(1) 所得保障一元化のもとでの二階建て構造

　福祉基礎構造改革の流れは一体どこに向かうことになるのか。さしあたり，ここでは2つの方向をつかんでおくことが重要になります。

　1つは社会サービス全体が所得保障一元化というべき流れに向かっていることです。先にも述べたように，現代日本の福祉は障害者福祉と老人介護，子どもの保育，この3つが大きな領域を形成しています。これらの三大領域が保育分野も含めて，何らかの形で利用者補助金制度に切り替わるという方向に向かいつつある，というのが最近の傾向です。社会保障論ではこの動きを所得保障一元化といってきましたが，これが社会サービスの現物給付原則に取って代わる近年の方向になっているわけです。ちなみに，安倍政権期にあらわれた，公教育におけるバウチャー方式（学校利用券給付方式）は，教育分野におけるこの傾向のあらわれにほかなりません。

　いま，主な社会サービスの領域で一応現物給付原則が残っているのは，医療と保育，そして公教育の分野くらいでしかなくなってきました。医療は社会保険で，保育は措置制度の部分的継承の中で，かろうじて現物給付原則が生きのびています。これが，所得保障ないし費用補償型になると，問題になるのは，どこまで費用の補償がなされるのか，という点になってきます。

　ヘルパーの例でいえば，1時間4020円という身体介護の公定料金で，その9割方の費用は面倒みようというのが介護保険の論理です。1割の自己負担は，受益者負担の考え方にそったものです。つまり，介護サービスの利用量に応じて負担する，という考え方が基本になっているわけです。

　障害者の場合は，06年4月からの障害者自立支援法施行以前の支援費制度では，障害者の所得を考慮して，低所得層については負担減免措置をとる，とい

う応能負担原則が採用されていました。しかし，障害者自立支援法のもとで，これを介護保険と同様に，応益負担原則（サービスの利用に応じた負担）に切り替えることになりました。障害者福祉でも原則一割負担となったわけです。これは，再三ふれてきたように，高齢者と障害者の福祉制度を介護保険のもとに一体化する，という構想によるものでした。

　これらの動きは，まず第1に公的に保障される介護領域を一定の費用範囲内に限定する，という政策を示すものです。介護保険では，要支援から5段階の要介護度までの6段階にわけて（改正介護保険法では7段階），その費用補償の範囲が限定されています。限定はされているがその費用補償がなされる介護サービス，これを建物になぞらえて，仮に一階部分とすれば，それを超えるサービスの利用は全額自己負担です。

　この介護保険の適用範囲を超えたサービスは，二階部分ということになります，つまり，介護保険は第2に，二階建ての福祉構造を予定したわけです。二階部分は，介護保険の範囲外に置かれるために，これは自由契約，自由取引のサービスとなり，一般のサービス市場と同じ扱いになります。障害者福祉でも，2005年度改正によって，支援費支給に上限額を設定することになったために，支援費支給の一階部分と，支給対象外の二階部分にわかれることになりました。

　第3は，一階と二階をつなぐ論理が応益負担原理にある，ということです。一階部分は，すでに見たように，介護保険ではすでにサービスの利用に応じた1割負担原則となっており，支援費制度でも応能負担から応益負担へ切り替えられ，負担能力に応じた負担（応能負担）原則は退けられています。二階部分が応益負担で貫かれることはいうまでもありません。なぜなら，市場原理は受益者負担原則が赤裸々に貫徹する場だからです。

　こうして，所得保障一元化の方向は，応益負担を媒介として，福祉の二階建て化を準備するものであることが，全体として理解できると思いますが，これをもう少し具体的に見ておくことにします。

(2) 自由契約型介護サービスの領域

　介護保険が具体化される過程で，そのあり方を検討した旧厚生省内の審議会において，在宅介護にあたるヘルパーに対する指名料をどう取り扱うかが問題

になったことがあります。指名料というのは，訪問介護にやって来てもらうヘルパーを特定・指名し，そのサービスを受ける場合に支払う付加料金のことです。

ヘルパーにはベテランもいれば新米もおり，介護に熟達している人もいれば，そうでない人もいる。ヘルパー派遣と一口でいっても，その介護水準に違いがあるとすれば，1時間4020円の公定料金を超えて6000円要求したり，6000円支払ったりすることも構わないのではないか，という議論になったわけです。これは，特定のヘルパーを指名して派遣を要請する場合には，バーでホステスさんを指名するときと同じように，指名料のような上乗せ料金を認めてよいのではないか，という議論です。この種の議論は，他にも，名医の評判を持つ医師に手術をお願いするときには，その医者に診療報酬を超える指名料を払ってもいいのではないか，という形でも現れているものです。この場合の指名料は，一階部分をはみだした特別のサービスに対する報酬ということになるので，二階部分にあたります。

いま1つ違う例をとると，要介護度3の老人はおよそ月額26万5千円までは介護保険適用のサービスを利用することができます。自己負担はその1割です。ただし，その老人は，現在のところ，在宅介護でヘルパーのサービスを受ける場合，26万5千円の許容額を超えて，例えば30万円のサービスを受けることが認められています。もちろん，その場合には，許容限度額を超えた3万5千円は全額自己負担となります。在宅介護サービスでは，この二階部分のサービス，すなわち自由契約型サービスの利用は認められています。現在，特別養護老人ホームなどの施設介護には，原則としてこの二階部分のサービスは認められていませんが，今後，これも認められていく可能性があります。

というのは，介護保険の2005年度改正において，施設介護にかかるホテルコスト（居住費）部分の保険適用除外化，つまり自己負担化が進められたからです。いいかえると，介護保険の適用範囲が狭められました。改正介護保険では，ホテルコストは二階部分に移行することになりました。有料老人ホームやグループホームなどのホテルコストは自己負担になっているので，それらと介護施設のイコール・フッティング化（均等条件化）を図る，というのがその根拠・理由とされたのですが，これらの「保険外し」が拡大していくと，いよい

よますます二階部分が広がっていくことになります。ここから，「混合介護」といわれる問題が広がってくることになります。

(3) 混合介護の解禁と医療への波及

混合介護というのは，混合診療から派生してでてきた言葉です。介護保険が適用される介護サービスと保険の適用されない私費負担によるサービス，この2つを混ぜて利用する場合，これを混合介護といいます。医療保険では，社会保険で給付される診療と保険適用除外の診療とを併用する場合，これを混合診療と呼んできました。この混合介護を認めたという点に，医療保険とは異なる介護保険の1つの新しい特徴を見ることができます。

医療保険では，混合診療は原則禁止となっています。これを解禁にするかどうかで，実は，2004年には，政府の規制改革・民間開放推進会議と医療関係者の間で激しい攻防がありました。それまでは，混合診療は原則禁止となっていました。混合診療が原則禁止となるのは，ある意味であたりまえのことです。なぜなら，すでに指摘したように，日本の医療保険は現物給付原則にたっているから，患者が受ける医療サービスはそもそも100パーセント保険が給付するもの，したがって全て保険適用があたりまえということになるからです。そこで，「皆保険体制」というのが，これまでの医療のあり方の大原則になっていました。

ただし，これには従来から例外があって，特定療養費払い制度というのが例外措置として認められてきました。例えば差額ベッドがその代表です。これは選定療養といいますが，特別料金つきの個室療養などで，基本的な入院管理料については医療保険が適用され，上乗せの料金部分については自分で払わなければならない，というものでした。歯科の義歯治療で特別の材料を使った場合，一般的な治療部分は保険がきくけれども，自分で選んだ金属材料を使った場合にはきかない，といったケースがあります。

混合診療がいま1つ例外的に認められていたケースは，先進医療部分です。生殖医療とか臓器移植などがその例にあたります。臓器移植部分の手術は先進医療にあたるので，ここでは特定療養費払い制度が適用されて，例外的に混合診療が認められていたわけです。この先進医療分野の混合診療問題が医療の将

来にかかわって，いま大きな社会的関心事になっています。例えば，ヒトゲノムの解読が進み，遺伝子治療が発展してくると，医療が個別化していきます。ただし，これは非常に高くつきます。そこで医療技術の進歩とともに，先端技術を使った医療をどの程度保険適用にするか，という問題がでてきているわけです。

ただ，先進医療の問題は別として，介護保険のように，広汎な診療分野に混合診療を認めてしまうと，非常にやっかいな問題が生まれてきます。なぜなら，保険適用外の医療では，事実上，カネの力が受診を左右するからです。一連の手術の過程で，保険適用の技術とそうではない技術を併用してかまわないとなると，カネに余裕のない者はまともな医療が受けられない，また医療現場にも大きな混乱が起こります。だから，一般の診療では混合診療は禁止となってきたわけです。

混合診療の例外的措置としての特定療養費払い制度は，06年10月から，保険外併用療養費制度にあらためられました。例外的に認められる混合診療分野として，①先進等の医療技術，未承認医薬品等の「評価療養」，②快適性や利便性等にかかわる「選定療養」の二つが認められるようになりました。例外の範囲が広がって，混合診療が許容されるケースが多くなったということです。しかし，一般の医療ではまだ混合診療は解禁になっていません。

ところが，介護保険では，さしあたり在宅介護で混合介護を認めてしまいました。これは，先に述べた介護の二階建て構造化の帰結として，そうなったものです。いま問題なのは，混合介護を許容した介護保険の構造が医療保険の分野にしのびこもうとしていることです。それは，当面，老人介護と老人医療の論理をつなぐ形で構想されています。その例は，高齢者医療制度を一般の医療保険とは別立てで設置し，老人医療の給付形態を介護保険に類似的なものに再編するという構想に見ることができます。この構想は，経団連や経済同友会等から相次いでうちだされていたものですが，08年4月からの後期高齢者医療制度では，これが一部実現することになりました。

介護保険の論理を老人医療に持ち込む場合に，何が突破口になるか。その有力なものは，医療における定額払い制度の拡大にあるのではないかと考えられます。介護保険では，発足当初，介護報酬は1時間のホームヘルプについて身

体介護では 4020 円，家事援助では 1530 円（現在は生活援助に再編）というぐあいに，定額料金の支払いになっていました。これと違って医療では，診療科目ごとに診療報酬が決まっており，医師に対する支払いは診療ごとにそれらの報酬を合計した出来高払い制度になっています。そこへもし，例えば糖尿病だとか高血圧の患者に対する診療報酬が 1 ヵ月を単位にして，どんな治療をしても定額の報酬しか与えないということにすれば，定額払い制度となって，介護報酬と同じ形になってきます。そうすると，定額払い部分の医療が一階，それ以上のものが二階になって，混合診療が認められやすくなります。

老人の場合には，それ程病状が急速に変化するわけではないので，一定の慢性疾患期の患者さんに対しては，1 ヵ月あたり 1 万円なら 1 万円の定額制で治療するというように，比較的老人医療では定額制になじみやすいといえます。もしこれが拡大していくと，定額でおさまる診療を超えた部分は，保険によっては支払われない医療部分，つまり保険適用外の医療ということになります。定額払いからはみだした部分を自己負担で買い取らなければならないということになれば，混合診療にならざるをえません。これは，医療の二階建て化を意味することになります。そうなると，カネの力によって医療も介護も利用できるサービスに差別や格差が生まれざるをえないことになります。

後期高齢者医療制度では，この定額払い制度が 75 歳以上の老人患者の「後期高齢者診療料」に導入されました。これは糖尿病，高脂血症，高血圧等の慢性疾患を抱える老人患者に対して，たとえばかかりつけ医師が一ヶ月にどんな検査・診断・処置を施そうと，その報酬は一定額(例えば 6000 円)にするという「包括払い制度」に見ることができます。患者は，この「後期高齢者診療料」を超えるサービスを求めれば，自己負担ということにならざるをえません。これを認めてしまえば，二階建ての混合診療になってしまうわけです。

その意味で，介護保険の仕組みは福祉の二階建て化という問題に併せて，医療分野にも大きな影響をもたらすと思われます。介護保険は戦後日本の福祉・医療両分野にわたって戦後構造に重大な転換を迫る画期をつくりだしたわけです。

6. 今後の自治体の役割にふれて

　以上の諸点をふまえて，再度，介護保険のもとでの自治体の役割をまとめると，次のようなことが指摘できます。

　まず第1は，自治体が介護サービスの給付について民間業者任せにするのではなく，実施面において相当の責任を果たす体制を保持していくことです。介護サービスに対する一定の費用補償や利用者補助金方式に安住することなく，介護サービスの質や内容についても，公的責任をまっとうしていくことが今後とも問われる課題である，と考えられます。

　第2は，過去の措置制度が担っていた現物給付的責任を可能なかぎり取り戻すことです。その場合，現物給付の担い手としての介護士やケアマネージャーの現場における裁量権を保障することが重要になります。措置制度のもとでは，在宅介護および施設介護とも，介護労働の裁量権は現場にある程度委ねられていました。措置制度は官僚的な制約が強いという批判はあったにしても，福祉労働そのものは，労働者個々人の判断に依拠することを基本にしてきたわけです。それが可能であったのは，福祉労働者の賃金・労働条件があらかじめ公的資金によって保障されていたからです。だが，介護保険のもとでは，福祉労働者は一定の公定料金を前提にして「自ら稼ぎだす労働者」に変貌しました。そのために，ホームヘルパー等の労働は相手の要介護度，また定額の報酬によって強い制約を受け，また営利企業のもとでは効率が優先されることになり，現場における自由な裁量権を発揮しにくい状況が生まれています。この点については，前節でも見てきました。

　したがって，プロフェショナル・フリーダムとしての現場の裁量権を介護労働者に保障するためには，現行の介護報酬制度を改めなければなりません。まず介護報酬をひきあげなければなりません。ただ，現行の仕組みでは，介護報酬と要介護老人の負担額が直結しているため，介護報酬のひきあげが老人の負担強化に結びつかないようにするためには，介護報酬と本人負担のリンクを断ち切らなければなりません。さらにまた，介護現場の裁量権を高めるためには，要介護の認定による費用補償範囲の限定をもっと緩やかなものにする必要があります。実際に，要介護度1から5までのランクづけは，実際の介護現場では役に立たないという声もあがっています。これらの教訓を生かすべきです。

第3は，在宅介護と施設介護の地域的ネットワークを形成するときに，自治体がそのネットの結節点を担っていかなければならないことです。介護保険のもとで，いま地域には民間企業，NPO，ボランティア等介護にかかわる多様な主体が生まれています。これらの力をネットワークにまとめあげるとき，自治体はその固有の力と責任を果たすことが問われています。介護保険の運営主体である自治体はその責任と同時に，地域の介護ネットワーク全体に対して，その果たすべき役割が問われているといわなければなりません。

【参考文献】
アマルティア・セン，鈴村興太郎訳　1988　福祉の経済学　岩波書店
アマルティア・セン，池本幸生他訳　1999　不平等の再検討　岩波書店
アマルティア・セン，徳永澄憲他訳　2002　経済学の再生　麗澤出版会
浅井春夫　1999　社会福祉基礎構造改革でどうなる日本の福祉　日本評論社
江口隆裕　1996　社会保障の基本原理を考える　有斐閣
G・エスピン-アンデルセン，渡辺雅男・渡辺景子訳　2001　福祉国家の可能性　桜井書店
池上惇　2003　文化と固有価値の経済学　岩波書店
伊藤周平　1997　介護保険　青木書店
伊藤周平　2002　「構造改革」と社会保障　萌文社
伊藤周平　2003　社会福祉のゆくえを読む　大月書店
ユルゲン・ハーバーマス　1985　河上倫逸他訳　コミュニケーション的行為の理論 上・中・下　未来社
岸田孝史　1998　措置制度と介護保険　萌文社
北場勉　2000　戦後社会保障の形成　中央法規
中西啓史・篠崎次男・石川満　2000　介護保険と住民運動　新日本出版社
日本社会保障法学会（編）　2001　社会保障法第4巻 医療保障法・介護保障法　法律文化社
二木立　2001　21世紀初頭の医療と介護　勁草書房
二宮厚美　1994　生きがいの構造と人間発達　旬報社
二宮厚美　1999　自治体の公共性と民間委託　自治体研究社
二宮厚美　2002　日本経済の危機と新福祉国家への道　新日本出版社
二宮厚美　2003　構造改革と保育のゆくえ　青木書店
尾関周二　2002　増補改訂版 言語的コミュニケーションと労働の弁証法　大月書店
尾関周二　2000　環境と情報の人間学　青木書店
里見賢治・二木立・伊東敬文　1996　公的介護保険に異議あり　ミネルヴァ書房
鈴村興太郎・後藤玲子　2001　アマルティア・セン　実教出版
植田章・垣内国光・加藤蘭子（編）　2002　社会福祉労働の専門性と現実　かもがわ出

版
全国福祉保育労働組合（編）　2002　いま伝えたい，福祉で働くこと　こうち書房

3

医療システム論的アプローチ

はじめに

　高齢者を支援する環境をつくるにあたって，医療は欠くことのできない要素です。医療は，高齢者にかぎらず，乳幼児，児童・青少年，通常の成人にとっても重要ですが，とりわけ高齢者の場合には，必要とされる医療サービスの量が大きいのみならず，医療の質の面で独特の配慮が必要です。

　高齢者の場合，急性疾患もさることながら，慢性疾患が大きなウエートを占めます。持病とつきあいながら日常生活を送り，定期的に診察を受け，必要に応じて治療を受けるという高齢者は数多くいます。そのような高齢者は，慣れ親しんだ地域社会の中で生活しています。多くの高齢者は，できることならば，施設での生活よりも，住み慣れた自宅，コミュニティでの生活を望んでいます。

　高齢者が住み慣れたコミュニティで生活を続けるには，家族の介護のもとにあることが望ましいでしょう。しかし，核家族化，少子化が進行した現代社会では，同居する子ども，あるいは，スープの冷めぬ距離に住む子どもの世話を期待できるのは，むしろ恵まれたケースです。実際，独居の高齢者，あるいは，高齢者夫婦の一方が他方を介護する，いわゆる老老介護も珍しくありません。

　家族の介護力が低下している状況で，ビジネスベースのサービス以外に頼ることのできるのは，（広い意味での）コミュニティしかありません。コミュニティには，NPOやボランティア団体も含まれます。これらの団体や地域コミュニティで，いかにして高齢者を支援する環境をつくっていくか。本章では，

このテーマをとりあげます。

　視点を変えると，コミュニティの崩壊が嘆かれる今日，高齢者を支援するコミュニティづくりは，コミュニティを再生し活性化するきっかけにもなるでしょう。いかに介護保険のような社会制度だけが充実しても，それだけで高齢者が生きがいのある生活を送れるわけではありません。生きがいのある生活には，顔の見える人間関係，ぬくもりのある人間関係が欠かせません。その意味で，本章で紹介する高齢者のための活動は，高齢者支援を軸とする地域活性化の活動でもあるのです。

第1節　住民による住民のための住民の地域医療

1. もう一度，お医者さんに来てほしい

　京都新聞（2001年2月23日）に載った1つの記事が，2人の医師の目をとらえました。その記事は，京都市の北端にある小野郷地区，小野郷小学校の5，6年生7人が取り組んだ総合学習「小野郷の明日を創る」について報じていました。6年生が入学したころは35人だった児童数は，17人に半減していました——このままでは学校もなくなってしまう。子どもたちは，約190戸を一軒一軒訪ね，小野郷の昔と今，そして，将来について話を聞きました。学習発表会では，自らの地域への熱い思い，活性化に向けての提言を発信したのです——「これで終わりではなく，これが始まりです」と発表を結びました。

　総合学習の前年には，長年，小野郷の医療に携わってきた医師が亡くなり，無医地区になっていました。京都市街部の病院に行くには，山道を車で40〜50分走らねばなりません。救急患者はヘリコプターで搬送しなければなりません。決して医療サービスが受けられないわけではありません。しかし，小野郷という地域，住民の暮らし，患者の家族のことを熟知した医師がいた頃のことが忘れられません。「もう一度，お医者さんに来てほしい」，子どもたちはアピールしたのです。

　子どもたちの声が，2人の医師をとらえたのは偶然ではありませんでした。実は，2人の医師は，直接，間接に1つの運動に連なっていたのです。

第1節　住民による住民のための住民の地域医療

子どもたちの声が2人の医師をとらえた

2. 原点としての西陣

　その運動の舞台は，終戦直後の京都市西陣でした。貧困のどん底で，医者にかかりたくてもかかれない住民が立ち上がり，それに共感する医師たちとスクラムを組み，「住民による住民のための住民の地域医療」を築いていった運動でした。

　小野郷が，その後どうなったかを述べる前に，ぜひ，西陣で展開された運動を紹介しておきたいと思います。この西陣の運動こそ，次節で述べる小野郷の運動の原点になるからです。

　私が西陣の運動を知ったのは，その運動の中心人物であった早川一光医師との偶然の出会いがあったからです。

　1995年2月のことでした。「大学院博士課程への編入希望者がいるので，面接の副査をお願いします。ちょっとお歳の方なのですが——」ある教官から，こんな依頼の電話がありました。依頼を了承した私に，数日後，その受験生が

提出した著書数冊が届けられました ── 「わらじ医者　京日記：ボケを看つめて」,「畳の上で大往生」など．京都では，いや，全国的にも，結構名の通った医師でした．

　面接の当日，その受験生は，私を含む3人の面接官に対して,「今までの自分の来りこし道を，もう一度，学問的に見つめなおしたい」と訴えました．主査と，もう1人の副査が質問しました．私は，面接官としては不適切なコメントかもしれないとは思いつつも，「先生，はたして，先生よりもはるかに若い学生と机を並べることが，本当に必要なんですか．大学院なぞに籍を置かずとも，息の合う研究者を見つけて，すぐにでも，その目的に向かって着手するという道もあるのではないですか？」と尋ねました．

　主査の判断，そして，2名の副査の同意をもって，その受験生は不合格となりました．合格発表（彼にとっては，不合格発表）の日，私は，その受験生に電話をしました．ちょうど，私の父と同じ歳でした．「先生，どうなるかわかりませんが，一度，2人で話をしませんか」──「どうなるかわかりませんが」というのは，単なる前置きではなく，本当にそうでした．「じゃ，私に2時間ください，私の来りこし道を話します」．これが，早川一光医師との出会いでした．

　それ以来，2人の忙しいスケジュールをぬうようにして，毎月1回，3時間の研究会を続けました．早川先生と私だけの，さしの研究会です．2人と黒板だけ．一方が，板書をしながら自分の考えを話す．その板書の上に板書を重ねながら，もう一方が話す．時間がとれないときには，早朝7時から始めました．終わりは，いつも硬い握手でした．

　先生の「ぜひ」という言葉に，西陣の往診に同行させていただきました．彼は，往診でまわる高齢者を，ジジ，ババと呼びます ──私には，先生も，十分ジジなのですが．あるババがいいました,「先生，わて，もう，なんもすることできまへんのや」「いや，それでいい，おばあさんは，苦労して，何人も息子や娘を育てたやないか．今度は，息子や娘に，いろいろしてもらう番や．おばあさんは，ここにいるだけでいいんや」．そのババの目は，涙で光っていました．私には専門的なことはわかりませんが，そのババは，一度，入院して精密検査を受けた方がいいようでした．「おばあさん，一回入院して，徹底的

に調べてもらうか？」「いや，わて，病院には入りとうないんです」「そうか，わかった，それでいい」。

　あるジジとババは，細長い長屋の，陽のほとんどささない家に住んでいました。西陣織の織機がある部屋の隣の一部屋だけでした。隣の家の塀まで数十センチしかない縁側は，一面，工事用のブルーのビニールシートでおおわれていました。また，ただでさえ狭い入り口には，老夫婦にはおよそ不似合いな大きなバイクがでんと置かれ，出入り口を遮断していました。「大家さんが代替わりして，ここを出ていってくれと言われてるんです。でも，私たち，ずっとここに住んできた。もう40年以上も。ここに住みたいんです」「そうか，何かあったら，すぐ電話しいや。いい弁護士さんもおるからな」── いつしか，先生の聴診器は耳から離れていました。

　先生がジジとは呼ばない（というより，そう呼べない）老人もいました。その老人は，杖をつきながら客間に現れ，ソファーに座りました。私に，自らの人生を支えた思想について，かくしゃくと語ってくれました。しかし，その老人は，排泄のコントロールが意のままにならなくなっていたのです。自著「安楽に死にたい」にサインをして，謹呈してくださいました。老人と早川先生との間には，往診のたびに，一冊の小さなノートが行き来していました──2人の対話が，それぞれの肉筆で綴られていました。ノートの最初のページには，「早川君，君が主治医であってくれることを，私は誇りに思う」と記してありました。その老人，松田道雄先生は，それから約半年後にこの世を去りました。

　路地に出ると，小春日和でした。先生の患者であるジジが，車椅子でひなたぼっこをしていました。「イヨッ」，先生が手を上げて挨拶すると，「あー，先生」，何ともいえない笑顔が返ってきました。「ほな，診よか」。何と，路上で診察が始まりました。「西陣全体が病院，堀川病院は診察室，患者の自宅がベッド，道は廊下なんです」──研究会で何度か聞いた，このセリフの意味がわかったような気がしました。

　「住民による住民のための住民の医療」は，早川先生の口癖でした。この「住民による住民のための住民の医療」が，戦後，西陣の貧困の中で誕生し，住民と医療関係者のスクラムによって育まれたことを知りました。しかし，こ

のスローガンは，言葉としては一応理解できても，現在の医療とは，あまりにかけ離れています。現在，医療が論じられる場合に，このスローガンのような視点から論じられることはほとんどありません。また，そのほとんどないことが問題視されることもほとんどありません。普通に考えれば，医療とは，「医療機関による患者のための医療」のことであり，「患者のための」医療が行われているかどうかが問題とされます。「医療機関による患者のための患者の医療」，これが普通の感覚です。

しかし，高齢社会に入ったいま，「住民」という視点が必要になりつつあります。日本社会は，約15年後の2020年には，4人に1人が65歳以上という高齢社会になります。また，現時点（2004年）においても，65歳以上人口は20％を占め，すでに30％以上に達している地域も少なくありません。

大多数の高齢者は，自らの人生の終わりを，病院ではなく，自宅で迎えたいと希望しています。しかし，その希望を満たすのは容易ではありません。核家族化によって，家族の介護力は落ちるところまで落ちています。夫婦2人きりで，高齢の妻や夫が，同じく高齢のつれあいを介護している例は，どこにでも見られます。独居老人もたくさんいます。

2000年4月から，介護保険制度がスタートしました。高齢者福祉の現場にも市場原理が導入され，従来の「公から与えられる福祉サービス」から「選択する福祉サービス」への変化が唱えられています。スタートしたばかりの制度に不備があるのは避けられないし，不備が早急に改善されねばならないのは当然です。しかし，いかに介護保険制度の不備が是正されたとしても，民間事業者の参入と保険制度の導入だけで，本当に，安心できる老後が保証されるのでしょうか。いかに，良質のサービスが，適正な価格で，かつ十分提供されようとも，ビジネスは，しょせん，ビジネスではないでしょうか——また，そこがビジネスの長所でもあるでしょう。家族ならではの気づかい，向こう三軒両隣ならではの気づかいを，ビジネスが代替しきってしまうことはありえないでしょう。

また，そもそも，保険制度は，たとえ財政上の運営が滞りなく行われたとしても，いわば「無関心の中の連帯」です。保険に加入し，しかるべき保険金を納めていれば，困ったときには必ず助けてくれる。しかも，保険の加入者であ

れば，わけ隔てなく助けられる。その意味では，保険は，強固な連帯のシステムといえます。しかし，同時に，その連帯は，徹底した相互無関心の中の連帯です。加入者同士に面識がある必要など，さらさらありません。むしろ，お互いの面識，お互いのつきあいなど余計ですらある——加入者同士のつきあいを加入条件にする保険など，だれが入るでしょう。つまり，保険制度とは，顔の見えない人同士の無関心の中にこそ成立する連帯システムなのです。

そのような保険制度——介護保険制度——によって，高齢者福祉を実現する，これに異存はありません。しかし，同時に，高齢者介護が，介護される人と介護する人の間の顔の見える関係，いいかえれば，双方の強い相互関心の中で行われる営みであることを忘れてはならないでしょう。無関心の中の連帯システム——介護保険制度——は必要だとしても，それと併せて，相互関心（暖かい気づかい）の中の連帯システムも必要です。しかし，家族介護という連帯システムに，多くを期待することはできません。

だとすれば，高齢者介護を軸とした地域づくりに取り組むことが，改めてクローズアップされてきます。いかにして，高齢者にやさしい地域（コミュニティ）をつくっていくか，より直截にいえば，高齢者が安心して暮らせる地域，安心してボケられる地域を，いかにしてつくっていくかというテーマが突きつけられているのです。このテーマに取り組もうとすれば，住民はもちろん，医療関係者，福祉関係者を欠かすわけにはいきません。住民と医療・福祉関係者のスクラム，さらにいえば，両者が同じ目線に立ったうえでのスクラムが必要になるのです。

しかし，住民と医療・福祉関係者が同じ目線に立つというのは，「言うはやすし行うは難し」です。とりわけ，住民と医者の関係は，そうです。考えてみれば，医者と病人の関係は，実に，非対称な関係です。病人は，助かるためには，煮るなり，焼くなり，切るなり，全てを医者の手にゆだねます。医者は，その期待に応えるべく，全力を尽くします——非対称な関係は当然の前提です。病気になったときの，この非対称な関係は，病気でないときの医者（あるいは，医療）への無関心と裏腹です。神にもすがりたい病気のときには，非対称な関係もやむをえないが，何も好き好んで，常日頃から，そんな非対称な関係にかかわりたくない。そう思うのは当然のことでしょう。

私自身，住民と医者が，同じ目線に立って，「住民による住民のための住民の医療」をつくるなど，言葉ではわかっても，およそ非現実的なことと思っていました。しかし，その実例があったのです。京都市西陣において約半世紀にわたって展開されてきた地域医療があったのです。それは，高齢者医療を軸とした地域づくりを考えるうえでの貴重な先駆的事例だと思ってました。その地域医療は，単に，地域を直視する医療関係者によってのみ行われたものではありません。それは，文字どおり，住民と医療関係者が対等な目線に立って展開してきた住民運動でした。その住民運動は，終戦直後の貧困の真っ只中で開始されました。その住民運動の歴史は，現在，高齢者医療を軸とする地域づくりを構想するうえで，重要な示唆を与えてくれると思われました。

　しかし，早川先生の話を聞くうちに，その半世紀にわたって構築されてきた地域医療が，実は，いま，存亡の危機に瀕していることがわかりました。住民運動を支えた住民自身にも，高齢化の波が押し寄せていました。医療費削減の中，病院内部でも，住民よりも経営，採算を重視する勢力が多数を占めつつありました。もはや，真剣に住民運動を支えようとする人は，西陣という地域でも，堀川病院という病院の中でも，少数派になりつつありました。

　いま，書きとめておかねば，半世紀にわたる住民運動の記録，そして，現在必要とされている「住民のための住民による住民の医療」に向けての貴重なメッセージが雲散霧消になってしまうかもしれない。私も，早川先生も，そう思いました。1996年から98年にかけて，私と3名の学生が，足しげく西陣を訪れ，半世紀にわたる住民運動の当事者から話を聞きました。また，手書き，タイプ打ちの膨大な資料も見せていただきました。うれしかったのは，当事者の話の中に，ぜひ，自分たちの足跡を多くの人に発信してほしいという思いがにじみ出ていたことでした。そして，その熱い思いが，私たちのエネルギーになりました。

　以下の50年史は，そこに登場する，ほぼ全員の声に基づいて執筆したものです。もちろん，原稿を何度も読んでいただき，コメントを聞いては改稿しました。まさに，住民運動を担ってきた人たちとの合作でした。1998年夏，脱稿。

3. 西陣健康会の半世紀

以下，西陣の運動を，5つの時期にわけて紹介していきましょう。

(1) 1950年代——医療にかかれない人々に医療を——

「西陣」とは，京都市の北西部，上京区と北区の，南は丸太町通，北は上賀茂，東は烏丸通，西は西大路通に囲まれた地域をさします。その名称は，応仁の乱のとき，西軍の陣地が置かれたことに由来しています。いまでも，古い家並みが残り，西陣織で知られる地域です。西陣織は，いまでも地域の主要産業です。1997年度の出荷額は1,400億円。直接，間接の西陣織関連就業者は約4万人にのぼります（西陣織工業組合，1997）。

京都は空襲こそまぬがれましたが，戦後の生活は，日本の他の地域と同様，貧困のどん底にありました。戦争中，奢侈禁止令のもとに，織機は全て供出を強いられました。終戦後，数ヵ月にして，機の音が聞こえるようにはなりましたが，贅沢品である西陣織が売れるような状況ではありませんでした。

西陣織の絢爛豪華さに比べて，それを織る現場は，あまりにも暗くて，狭い——1950年代までの劣悪な労働環境を，これから紹介する住民運動の中心人物の1人である医師，竹澤徳敬は，次のように描写しています。

> 「西陣織に直接関係する機工は26,693人，そのうち労組員は僅か4.5％，未組織労働者は74.6％もあり，20.9％が家族労働者で占められている，単身住込労働者は9％，熊本，宮崎，石川，丹後などの農村機業地から集められた若い人たちである。（中略）大部分が家内手工として働いているのであるが，京都の特徴である露路の長屋で，土間に織機を据えて働いており，1，2台の機をおいて家族ぐるみの労働をする。出来高賃金で，1台で1ヵ月3万－4万までの収入がある。
> 　出来高払いであるので，これを労働時間に直すと時間賃金は低くなり，力織機の工員となる方が賃高となるので，最近はこのような手織は減少し，力織機と手織は7:3の割合になった。
> 　しかし，昔から手織でやってきた人たちは，老いては若い時の半分も稼げないが，さりとて若い人に伍し力織に変わることも困難である。生産の近代化は熟練労働者を単純労働者につきおとすのであるが，西陣にも，この現象は始まっているのである。
> 　手織する家々は古く，暗く湿けている。天井の低い家では「埋め機（ばた）」といって，地面を掘って機をすえるので，踏木をふむ足は冷える。このような

場所で一定の姿勢で働きつづけるから，神経痛，ロイマ，胃腸障碍など慢性病に冒されやすい。
　ある日，私を訪ねてきた老人があった。親しげに私の名を呼ぶが，老け衰えた顔からその記憶を辿って行くまでに10分間もかかった。付属小学の同級生であった彼は，40年手機で働きつづけ身体をすり減らしたのであった。
　「家内と細々と同じ仕事をやっているが，身体がもういかん」と呟いたが，専門を変えることも，力織機の工員になることもできないのである。
　「今度こそ機を変えたいと思います」と言う，入院している老人は，専門の手織で，脊椎の疾患で仕事を変えなければならぬと何度も主治医から言われていたが，結局はその仕事だけでしか生活できないので止めるわけにゆかないのである。」(竹澤，1961-64)

　一方，終戦直後の食うにこと欠く社会にあって，社会の矛盾を直視し，社会運動に身を投じた人も少なくありませんでした。彼らの多くは，共産党員，その同調者，あるいは，より広く社会主義思想に共鳴した人々でした。当時の思想的状況について，前述の医師は，松田道雄[注1]との対談の中で，次のように回想しています。

　　松田「戦後になる寸前というのは，戦争中に精神的な不自由を感じていた人たちは，なにか，こう，共産党に同調するというような点がありましたね。」
　　竹澤「確かにそういう傾向がありましたね。僕なんかは，思想的にどうこうというほど，さほど深くは考えていなかったんですけどね。まあ，正義感ちゅうたらあつかましいかもしれませんけど，なにかこう行動せざるを得んというね，そんな気持ちがあったんです。当時，アメリカからはもちろんのこと，日本の権力にもやられて，弾圧されたでしょう。
　　それと同時にね，一方では，松田先生はどうお考えかわかりませんが，私の場合，運動している人たちを見るとね，日本共産党とはなにかしら，完全に同一になれない資質を反面に感じるんです。ちょっと異質なんですね。また運動のやりかたにしても，同調できないことがあったりしましてね。いまから考えれば，僕らは，まあ，自由主義者だという，ただそれだけのことではなかったかと思っているんです。」(竹澤・松田，1976)

　このような状況の中で，西陣を含む上京区[注2]において，「上京生活を守る会」が，零細業者を中心とする住民によって結成されました。そのきっかけは，シャウプ税制による過酷な徴税でした。税の取り立ては，西陣の零細業者に重く

のしかかりました。税を払えぬ者に対して、税務署は、子どもの三輪車までトラックにのせて持ち去りました。住民は、活動家の指導のもとに団結して、重税反対闘争に立ち上がり、「上京生活を守る会」を結成したのです。税務署のトラックが来ると、金だらいやバケツをたたいて追い返したといいます。

　住民の健康も、悲惨な状態にありました。当時は、健康保険もありません。過酷な労働と貧しい生活で病に倒れても、医療にかかれない住民が数多くいました。第一、出来高払いの仕事を続けるには、病気や栄養失調になっても、病に倒れることすら許されなかったのです。赤痢や結核などの伝染病もしばしば流行していました。

　このような状況の中で、住民たちは、レッドパージで大学を追われた若い医師たちとともに、お金がなくてもかかれる「自分たちの診療所」をつくっていきました。当時、京都府立医大の民主化運動を進めようとしていた、何人かの若い医学生が放校処分になりました。また、教授の中からも大学を追われる者が出ました。大学を追われた若い医者は、住民とともに、また、当時の共産党の活動の一環として、診療所づくりを目指しました。住民は、なけなしの財布をはたいて、5円、10円を持ち寄り、35,000円の基金を集めました。

　こうして1950年につくられた診療所は、近くにある白峯神宮の名をとって「白峯診療所」と名づけられました。織屋の工場の一角を借り、医師2人、看護婦1人、事務1人でのスタートでした。その医師、早川一光に共鳴する若い医者たちが、それに加わりました。前出の竹澤、松田もこれをバックアップしました。事務職にも、思想を同じくする者が加わりました。設備も整っていない診療所に、「上京生活を守る会」の会員たちが長椅子や机を持ち寄りました。往診に出る医師のカバンや自転車、靴までが寄付されました。こうして、「上京生活を守る会」を中心とする住民と医療関係者によって、「住民による住民のための住民の医療」が始まりました。ちなみに、同年、上京区には、白峯診療所の他に、3つの診療所が「上京生活を守る会」と共産党によってつくられています。

　診療所のスタッフは、毎日、午前と夜間は外来患者の診療、午後は地域の世話人の案内で路地から路地を歩きました。患者の家に踏み込んでの医療と看護でした。急患は大抵、往診しなければなりません。自転車か徒歩で駆けつけま

左から理事長・神戸善一，所長・早川一光，事務長・橋本信三

した。診療ばかりではありません。貧しい家庭には，お金がなくても医者にかかれるよう，医療扶助の申請を指導し，手助けしました。

　また，医師，看護婦，事務職員は，毎晩のように地域の家に出かけて，「医療懇談会」を開きました。その医療懇談会で，医師は，劣悪な生活環境の中でいかにして身を守るかを指導，看護婦は住民の血圧を計り，事務職員は医療扶助の制度について指導しました。また，医療懇談会の延長として，診療所の職員は，勤務時間外に，住民にマッチ箱を配り，検便運動を行いました。それによって，共同便所を介して伝染病が広がるのを，未然に防ごうとしたのです。

　診療所の職員も，多くの住民と同様，貧困のどん底にありました。医師でさえ医療保護を受けざるをえない状態でした。職員の家族は，パン売りなどのアルバイト収入を加えて，何とか生計を立てました。質屋通いも珍しいことではありませんでした。

　住民側も，これに応えて医療扶助の獲得運動を進めようと，学区ごとに「健康を守る会」を次々と結成しました。仮に，往診は，医者と看護婦が無償でするにしても，診療所の運営費用は，住民の医療費に頼らざるをえません。しかし，住民が医療費を払うには，医療扶助（具体的には医療券）が不可欠です。住民が1人で民生安定所にかけあっても，なかなか相手にしてくれません。「健康を守る会」は，医療扶助を集団で勝ちとる，生活闘争のための組織でもあったのです。

　白峯診療所を運営するための理事会は，住民300人の出資者から8人，診療

1950年9月，住民は自分たちの診療所をつくった

所側の職員から7人を理事に選んで構成されました。意図的に住民代表を1人多くしたのは，住民優先の運営方式をとるためでした。この住民優位の理事会構成は，その後の堀川病院理事会にも引き継がれました。

　1953年には，1日の外来患者が180人を超えるようになりました。診療内容も，内科，外科，産婦人科，皮膚科，歯科とひろがり，職員は総勢20数人になりました。しかし，増加しつづける患者に対して，設備の限界により，十分な医療を施せなくなりました。

　診療所は，薬の購入や職員の給料の支払いにも苦労するような状態でしたが，「もう少し病院らしい病室に入りたい」「ちゃんと手術ができる設備がほしい」といった要望が住民の間に高まりました。その中で，理事会は，病院建設による医療内容の充実を決断したのです。1957年，病院設立準備会が発足。準備委員長には，前述の竹澤德敬が就任しました。工事費1,500万円のうち300万円は地域住民の募金でまかない，病院建設に着手しました。「先生，病院つくりはるんやて」と，自らの葬式で近所の人に迷惑をかけぬよう貯めてきた葬式の費用30万円を，たんすの奥から出して寄付した独居老人もいたそうです。

　1958年，堀川病院（医療法人西陣健康会）がオープンしました。564平方メートルの敷地に，鉄筋コンクリート3階建，22床。内科，外科，皮膚科，耳鼻咽喉科，眼科，産婦人科，歯科の7科があり，基準給食の認可をとって入院患者を受け入れました。手術室が完備され，本格的な外科，産婦人科，耳鼻科の

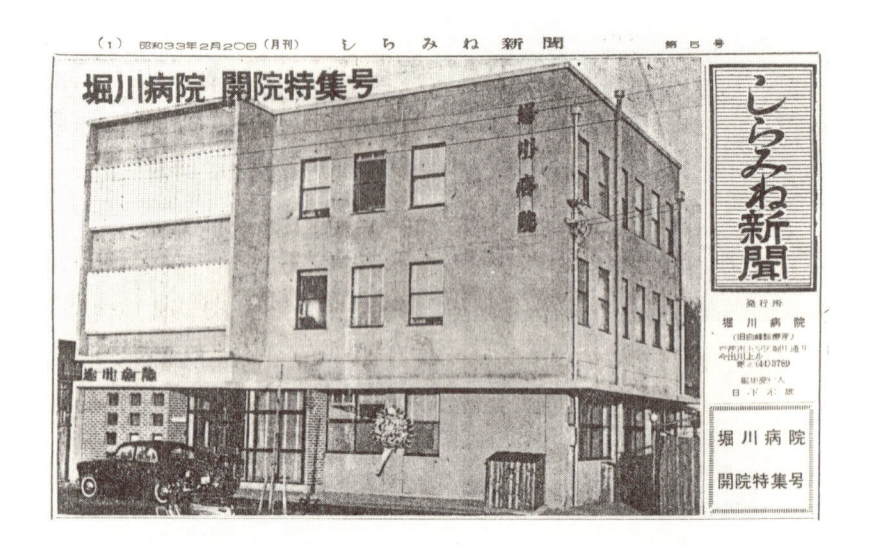

堀川病院の開院を報じた「しらみね新聞」(1958年2月20日発行)

手術が行われるようになりました。「住民本位」の医療理念は引き継がれ、職員40人が、外来の診療をはじめ、入院の看護、往診や夜間診療にも対応しました。理事長、院長に竹澤、副院長に早川（前白峯診療所長）が就任しました。副理事長には地域代表として神戸善一（前白峯診療所理事長）が就任しました。

(2) 1960年代—自分たちの健康は自分たちで守る—

こうして設立された堀川病院は、住民本位の医療という精神を貫きつつ、1960年代、次々と施設を拡充していきました。これに対して、住民は、「堀川病院助成会」（後の西陣健康会）を結成し、資金面の援助を行いました。また、住民は、経済的援助のみならず、病院スタッフとともに、数々の患者会や家族会の活動を開始し、文字どおり、「自分たちの健康は自分たちで守る」住民運動を展開していきました。

ここで、この時期以後の住民運動が共産党の影響から離れ、独自の運動となったことを述べておかねばなりません。当然のことながら、共産党は党勢、党

員の拡大を目指します。しかし，堀川病院の職員にとっては，あくまで住民本位の医療を貫いていくことが，何にもまして重要でした。両者の波長には，次第に食い違いが生じるようになりました。堀川病院の職員にとっては，共産党内部の路線対立にまきこまれるのは，決して望むところではありませんでした。1961年，早川は共産党を離脱。これを機に，西陣の住民運動は独自の道を歩むことになります。

　まず，この時期における，住民の病院に対する資金援助について紹介しておきましょう。堀川病院は，22床でスタートした1958年，すぐに55床へ増床，1960年には3階建を4階建に増築，1962年には112床へ増床し[注3]，1966年には北分院（51床）を開設しました。また，住民がなるべく身近なところで，医療を受けることができるように，3つの学区に診療所を開設しました。これらの施設拡充を資金的に援助するために，1958年に結成された住民組織が「堀川病院助成会」でした。

　堀川病院助成会の母体は，病院建設時に募金をした約300人の住民でした。その後，会員数は急激に増加，1980年には，4,500人ほどを数えるようになりました。その組織は，15人の会員に1人の支部委員を置くというものでした。1959年の名簿には，8つの支部（小学校区に相当）ごとに，5〜12名の支部委員が掲載されています。病院の理事会の過半数を構成する地域理事は，これら支部委員の中から選出されました（堀川助成会，1959）。

　ここで，住民組織「堀川病院助成会」と病院組織「医療法人西陣健康会」の組織上の関係を見ておきましょう（図3-1）。堀川病院助成会の組織は，小学校区ごとに置かれた支部委員会によって地域に根を張り，福祉厚生部，婦人部，長寿会連合会等を通じて，個別の活動を行うようになっています。各支部委員会は，病院側の診療所と密接な関係を持っていました。前述のように，病院組織の理事会の構成は，地域理事（評議員から選出）と院内理事が8：7というように住民代表優位の構成となっており，副理事長のうち1名は，地域理事から出すことになっていました。しかも，病院側の最高意思決定機関（出資社員総会）の諮問機関である評議員会は，各支部から選出された38名で構成されました。助成会の本部委員会は，地域理事と評議員で構成されるため，「住民組織の本部委員会＝病院組織の評議員＋地域理事」という等式が成り立ち，両

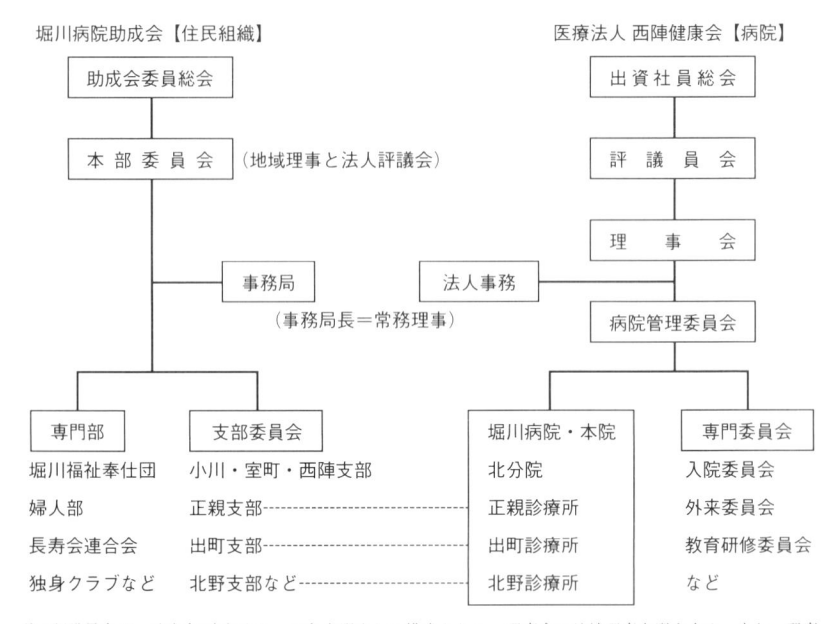

80　第3章　医療システム論的アプローチ

```
堀川病院助成会【住民組織】                          医療法人 西陣健康会【病院】

      助成会委員総会                                出資社員総会
           │                                          │
      本部委員会　（地域理事と法人評議会）              評議員会
           │                                          │
           │                                          理事会
           ├──────事務局──────法人事務──────┤
                 （事務局長＝常務理事）                病院管理委員会
           │                                          │
    ┌──────┬──────┐                    ┌──────┬──────┐
 専門部   支部委員会                    堀川病院・本院   専門委員会
 堀川福祉奉仕団  小川・室町・西陣支部       北分院         入院委員会
 婦人部     正親支部──────────────正親診療所       外来委員会
 長寿会連合会  出町支部──────────────出町診療所       教育研修委員会
 独身クラブなど 北野支部など────────────北野診療所       など
```

注：評議員会は，助成会9支部から，38名を選出して構成される。理事会の地域理事を選出する。また，理事会は，地域理事8名，院内理事7名によって構成される。副理事長2名のうち，1名は地域理事から選出される。

図3-1　住民組織と病院のつながり（1958年－1980年11月まで）

組織の意思決定が住民主導で行われるようになっていました。また，日常的な両組織のパイプ役として，病院側の常務理事（法人事務担当）を兼ね助成会事務局長が置かれました。

　堀川病院助成会による資金援助の仕組みとして，助成積立金制度（1960年），設備拡充資金借入制度（1962年），病院への出資社員制度（1967年）がつくられていきました。助成積立金制度は，1ヵ月100円以上で3年満期の定額積立て（年利4分6厘）であり，支援者のすそ野を広げることに重きが置かれました。1962年には積立金の総額が1,000万円を超えました。設備資金借入制度は1口1万円であり，少数ながら多額の援助を得ることが目的でした。出資社員制度は1口3,000円の出資者を病院（医療法人）の社員とする制度でした。年1回の社員総会が開かれました。

　次に，病院スタッフと住民が協力して始めた患者会，家族会の活動に目を転

じましょう。このような活動の大きなきっかけになったのは，1960年，谷口政春医師が診療所の1つで始めた「高血圧教室」でした。住民の中には，夏場，鉄なべで塩からく炊きためたナスだけをおかずにして，飯をかきこみ，機を織り続けるなど，塩分の取りすぎからくる高血圧症が多数見られました。高血圧教室は，単なる教養のための教室などではなく，厳しい生活環境の中で，住民が自分の体を自分で守るための運動だったのです。

当初，谷口医師と33人の患者で始めた運動は「長寿会」と呼ばれるようになり，たちまち12地区850人の運動に広がりました。前述のように，それまでの「健康を守る会」の住民運動には，医療扶助獲得のための生活闘争という面が顕著でしたが，長寿会活動の広がりを機に，各種の患者会や家族会の活動を中心とするものに変化していきました（竹澤，谷口ら，1970；谷口，1959）。

長寿会に続いて，1966～68年の間に，「ガンをなくする会」，「つづれ会」（糖尿病患者の会），「半歩でもの会」（脳卒中患者が半歩でも歩けるようになることを目標とする会）などの患者会・家族会がつくられました。また，その後には，「こまくさの会」（喘息患者の会，1977年），「あゆみの会」（透析患者の会，1987年），「心臓友の会」（心臓病患者の会，1988年）もつくられています。これらのグループ活動には，患者やその家族はもちろん，病院スタッフが積極的に参加しました。「つづれ会」と「半歩でもの会」の発足について，当時の保健婦は，次のように紹介しています。ちなみに，病院における保健婦の採用（1963年）も，住民に密着した医療・保健活動を行うためでした。

「昭和40年（1965年）末，糖尿病患者が増加の傾向にあった。特に慢性疾患の中でも，糖尿病はいつ終わるともなく続くインシュリン注射や薬を毎日続け，食事の制限をしなければならない。これは根気と忍耐のいることである。このような苦痛やわずらわしさを患者が乗りこえて，楽しい生活をするにはどうしたらよいかを考えていたK看護婦は，"インシュリンの話"という一冊の本に感激し，H看護婦とともに勉強を始め，ちょうど糖尿病グループ指導に興味をもち，その活動に賛同してくれた医師・栄養士・医事の参加を得て，数か月の準備期間を経て，やがて1967年9月糖尿病患者友の会（名称つづれ会）が発足したのである。

同じ頃，在宅患者の中で多くを占める脳卒中患者が，体の自由を奪われて，

寝床の中から天井ばかりを見続けて生活するさまを見，その患者から，「治るでしょうか」「どうしたらいいでしょうか」と問われ，「もう一度歩いてみたい」と言われて，ただ「おだいじに」とその家を辞することのできなくなったT看護婦が，「なんとかしましょう！放ってはおけない」と，在宅医療を続けてきた医師とともに，卒中患者の生活復帰，社会復帰を目標にして患者会を組織し，1968年1月発足したのが"半歩でもの会"である。」

「半歩でもの会」は，年に1度，歩けるようになった人を表彰する会を開きました。そして，その歩けるようになった人が，歩けない人のリハビリを援助しました。

以上のような経済的援助や，患者会，家族会の活動に見られる住民と病院との協力関係は，同時に，両者の緊張関係と表裏一体でした。住民たちは，自分たちの病院に対して，不満や要望をぶつけることを躊躇しませんでした。

そのような緊張した関係は，1964年の往診廃止についての議論にも表れています。当時，往診に対する保険点数は著しく低く，昼夜を分かたず往診に応じるための医者を確保することは困難でした。そこで，病院側は，往診の廃止を提案したのです。しかし，住民側は，これに反対。住民代表理事が過半数を占める理事会で，往診の継続が決定されました。ただし，往診距離に応じて，あるいは，急患の場合には，タクシー代相当額を住民が負担することになりました。

(3) 1970年代—高齢者医療の先駆け—

医療スタッフと住民が一体となった運動は，住民に迫りくる新しい問題に対しても，一早く対応していくことを可能にしました。すなわち，住民の高齢化という問題です。「医師が往診に行く家のおばあさんを，最近見かけなくなった。その理由を尋ねたところ，おばあさんは別室に閉じ込められ，壁に糞便を塗り付けていた。あるいは，「健康を守る会」のリクレーションの席上，ある仲間が亡くなったとの話が出た。しかし，ごく親しかった人さえ，それを知らなかった」。このようなできごとが珍しくなくなったのです。これでいいのか，明日はわが身だ，何とか助け合えないものか，と新しい運動が始まりました。その高齢化への対応は，次に述べるように，他の地域に約10年先駆け，1970年頃に開始されました。

名コンビと言われた竹澤徳敬院長（右）と早川一光副院長（左）（撮影　岩下　守）

　堀川病院が国際老年学会会議のフィールドになったことを契機に，1972年，「老人問題研究会」が発足しました。この研究会には，堀川病院のスタッフ，西陣の住民5〜10人，医学生約10人，後に高齢者医療の全国的権威者となる数名の医師が参加しました。研究会では，長期入院患者であった高齢者20〜30名について徹底した事例研究が行われました。その事例研究を通じて，高齢者の長期入院は，生活機能の低下につながり，社会復帰を困難にし，家庭での老人の座を失わせるなどの弊害が指摘されました。高齢者は，入院医療が必要となれば早く入院し，良くなれば早く退院して在宅で医療・看護を継続する在宅療養が望ましいという結論が得られました。そして，在宅医療，訪問看護という基本方針が定まりました。

　こうして，1973年，間欠入院と訪問看護の制度が実施されました。すなわち，早期入院・早期退院をすすめる間欠入院制度をとる一方，訪問看護と往診によって在宅医療を行うことにしたのです。1974年には，在宅患者の訪問看護，往診，住民からの相談等を専門に担当する看護部門「居宅療養部」が設置されました。住民サイドでは，1975年，居宅療養患者家族会がつくられました。

　これらの在宅医療のための往診に対する保険点数は著しく低かったし，訪問看護に至っては，当時，医療保険の点数にはカウントされませんでした。つまり，住民の立場に立って，赤字を覚悟のうえで行われたのです。しかし，その

赤字は，社会的入院（疾患上の必要性がほとんどないにもかかわらず，在宅療養ができないために続ける入院）を減少させ，病床の回転率を上げることで補填することができました。また，社会的入院の減少によって，急患の入院を断らずにすむようになり，住民のニーズにも応えることができるようになりました。さらには，本当に必要な医療をやりたいという病院スタッフの要望にも応えることができるようになりました。

　高齢者のための在宅医療に対しても，住民は，資金と自らの活動をもって参加しました。資金面では，病院の社員出資を増大させることによって貢献しました。住民からの資金は，在宅医療の赤字を埋め，病院の施設をさらに充実（特に，1976年の第4次増改築で，新本館8階建てを建築）するのに不可欠でした。

　また，住民自らの活動として特筆すべきは，1979年に発足した「堀川福祉奉仕団」です。1977年，堀川病院助成会の専門部の1つ，福祉厚生部が，地域福祉活動として，独居高齢者の昼食会と健康講座，および，寝たきり老人におむつを贈る運動を開始しました。予想していた3倍，120人もの独居高齢者が参加しました。参加した独居高齢者たちは，これらの活動を続けていこうと，「独身クラブ」を結成しました。この独身クラブの事業を援助するために結成されたボランティアグループが「堀川福祉奉仕団」でした。堀川福祉奉仕団は，その後も，「明日は我が身ぞ　助け合い」を合言葉にして，1人暮しの老人，寝たきり老人，手助けの必要な老人を援助する活動を続けています（立入・花咲, 1991）。

(4) 1980年代—成熟，そして苦難—

　約30年にわたる「住民のための住民による住民の医療」は，1980年代前半，さらに成熟したものとなります。病院の設備，建物はさらに拡充されました。住民組織も，1980年，それまで病院を支援してきた住民組織「堀川病院助成会」を，出資社員制の医療法人である堀川病院の正式な社員組織である「西陣健康会」に位置づけ直し，公式的にも，病院組織と住民組織を一体化させました。図3-1における最高意思決定機関である助成会総会と出資社員総会が一体化したことになります[注4]。

また，全国に先駆けて，1970年初めにスタートした高齢者医療は，より一層充実していきました。在宅療養は，前に述べたような長所を持つ反面，リハビリも受けにくく，室内に閉じこもりがちになるため，次第に手足が不自由になり，最悪の場合，寝たきりの状態になってしまいます。これに対して，集団で体操やゲーム，踊りなどによる運動療法をしたり，一緒に食事やレクリエーションをして体の障害を改善し，心身の機能の回復を図ったり，寝たきりや痴呆（認知症）になるのを予防するために，1988年，デイケアが開設されました。さらに，1992年には，デイケアと並んで，在宅介護を支援するための「京都市在宅介護支援センター・堀川病院」が開設されました。また，1993年には，訪問看護ステーションも開設されました。

　しかし，1980年代の中頃，大きな苦難に見舞われました。1983年，堀川病院設立以来の理事長であった竹澤が死去，副院長であった早川が理事長を継ぎました。長年の，かつ，強力な竹澤・早川コンビの時代が終わったのです。ちょうどその頃，病院拡充のための隣接地取得をめぐって悪質な不動産業者の介入を受けました。その介入は，周到かつ狡猾を極めました。真摯に病院拡充に努力していた理事長や若手医師が，知らずして介入の犠牲となりました。その介入に気づいたときには，介入に巻き込まれた医師と，それ以外の病院関係者の間に，埋めがたい亀裂が生じていました。

　この危機的状況を救ったのは，住民代表の地域理事たちでした。不動産業者は，地域理事の自宅に押しかけ，院内理事に同調するよう圧力をかけました。しかし，地域理事はそれに屈することなく，理事会としての正規のステップを踏むよう主張し，院内理事の独断専行にストップをかけたのです。さらに，理事会は，隣接地の取得交渉を白紙に戻しました。

　この不幸なできごとによって，就任間もない早川は退任し，直接介入の犠牲者となった若手医師数名も病院を去りました。それらの若手医師は，とりわけ住民と深く接してきた人たちであったため，彼らと協力してきた中堅の住民たちも病院と距離を置くようになりました。後任の院長は医師の補充，混乱した病院運営の建て直しに追われざるをえませんでした。

　その一方，住民たちの中にも，じわじわと本格的な高齢化の波が押し寄せ，昔のような活力を維持するのが困難になりつつありました。また，時代の流れ

は，物質的に豊かな社会を実現し，病院不足を過去のものにしました。戦後のような「自分たちの病院」へのこだわりは弱くなりました。また，病院サービスに関するかぎり，堀川病院が先駆的に開始した訪問看護や在宅医療は国によって制度化され，他の病院でも行われるようになりました。

(5) 1990年代—原点を見つめ，第2ラウンドへ—

　1994年，沈滞しつつあった住民運動に追いうちをかけるようなできごとが起こりました。すなわち，顧問弁護士から税務上の問題が指摘されたこともあって，地域住民からの借入金全額（助成積立金約1億円，設備充実資金約8億9,000万円，合計約10億円）が返済されたのです。資金面での協力という住民参加の道が断たれたわけです。その後，改めて住民から1口3,000円（1回のみ）の出資金が集められ，出資社員制度の基本だけは辛うじて保たれましたが，住民が金を出しあってつくった病院という性格は大きく減じられました[注5]。前出の谷口医師は，「自分たちは住民から胸をはって借金した。その代わりに，体をはって何でもやった」と過去をふりかえっています。そのような病院と住民の緊張関係がなくなったのです。これに加えて，1995年から，住民組織と病院組織の重要なパイプ役であった，事務局長兼任の常務理事が空席となりました。事務局長は，住民組織の事務を行うのみの役割になってしまいました。

　当時，早川先生が暗い夜道を運転しながら，私にいったことを覚えています…「生きものといっしょで，誕生，成長，円熟，衰退，そして，融解，消滅のサイクルがあるんです」。おそらく，西陣の50年が，先生の頭の中で，走馬灯のようによみがえっていたのでしょう。上に述べた西陣健康会の歴史は，急速に衰退の道をたどりました。堀川病院内における経営重視派の勢力は一層強くなり，住民派の医師や事務職員は，次々と病院の片隅に追いやられていきました。「普通の病院」への流れは，もうだれにも止められない大きな流れになってしまいました。早川先生の主張を「西陣健康会だより」に掲載することも差し止められました。1999年3月末日，先生は辞表を提出，自らが住民とともに創立した病院をあとにしました。住民代表のほとんどには，もはや，それを食い止めるエネルギーさえ残っていませんでした。

　しかし，戦後約半世紀にわたって展開された住民運動の火が消えてしまった

わけではありません。西陣で展開された50年の住民運動は，風にのるタンポポの種のように，次の世代，次の地域へと受けつがれつつあります。次に紹介する小野郷での住民主体の地域医療づくりも，その1つです[注6]。

第2節　住民主体の地域医療

　話を西陣から小野郷に戻しましょう。2人の医師の1人，永原医師は，西陣にある祖父の代からの診療所（千本診療所）で医療に携わってきました。西陣の運動に直接加わってはいませんが，そのシンパとして運動を見守ってきました。2000年に迎えた還暦を区切りに，何かもう1つ，いままでとは違うことに挑戦したいと思うようになりました。

　もう1人の医師，根津医師は，住民とともに歩んできた堀川病院の精神に共感し，1991年，同病院に移ってきました。阪神・淡路大震災（1995年）のときには，医療者の立場で救援活動に汗を流しました。また，西陣は古くからの伝統ある地域だけに，すでに高齢社会となっていました。おりしも，2000年には，公的介護保険制度が開始されることになっていました。介護保険を受動的に受け入れるのではなく，仲間の医療者や住民と問題点を議論していこうと，「公的介護を考える会」を発足させました。昔から西陣の運動に参加してきた住民たち，いまや高齢者となった住民たちも参加。その集まりは，「孤独死をなくそうの会」「ともに生きる・京都」と名称を変えながら，現在も続いています。

　前節の最後に述べたように，1990年代を境に，住民が育てた堀川病院は，急速に「普通の病院」に変貌していきました。病院経営合理化の大きな波が打ち寄せました。戦後から住民とスクラムを組んできた医師や事務職員は，居場所を失いました。かつては運動の中核にいた住民たちも高齢化し，昔のエネルギーを失っていました。

　根津医師も，堀川病院を去る決意をしました。ちょうど，永原医師から，千本診療所の院長をまかされました。2人が同じ診療所の医師になった頃，小野郷の子どもたちの声が耳に届いたのです。

　もちろん，戦後の西陣とは時代が違います。いまは，少なくとも経済的には，

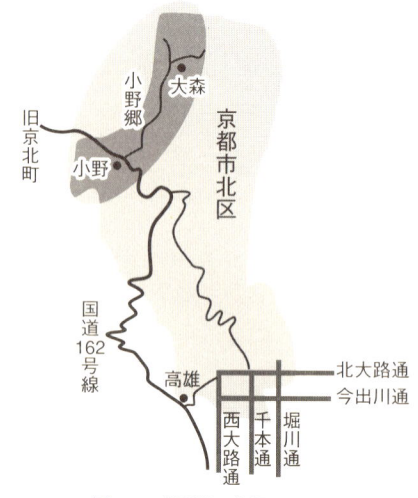

図3-2 小野郷の位置

当時とは比べものにならないほど豊かな時代です。しかし，かつて西陣の人たちが，医師とスクラムをくんでつくった「自分たちの診療所」は，小野郷の人々が求める地域医療を実現する方途になるのではないか。ひるがえれば，戦後の西陣の運動は，貧困をバネに始まりました。一方，現在，小野郷の人々は，ひたひたと押し寄せる過疎化の中にあります。学校さえ存亡の危機に瀕しています。「自分たちの診療所」は，過疎化をバネにした運動——住民主体の地域医療を軸とした地域活性化運動——への突破口になるのではないか——永原医師，根津医師，それに私も，そう確信しました。

1. 住民主体の診療所づくりに向かって

小野郷は，過疎地域ではありますが，れっきとした京都市北区の一部です。京都市北区のもっともはずれ，旧京北町との境にあります。北山の山中にあり，有名な北山杉の産地でもあります。京都市の中心部から日本海に抜ける国道162号線（周山街道，鯖街道）が通っていますが，市バスは24年前（2004年現在）に廃止されています。京都市中心部の高校に通うには，JRバスの定期代だけで年26万円必要です。

初冬の小野郷

　小野郷は過疎化の一途をたどりつつあります。昭和35年に875人あった人口は，現在（2004年）385人まで減少しました。高齢化率は，すでに34％に達しています。冒頭に述べたように，小野郷小学校の生徒数も，1974年69人，1987年37人，2004年現在8人と減少。2003年度には，とうとう入学者がゼロになってしまいました。このまま放置すれば，あと4年，入学者ゼロの状態が続くことは確実です。

　西日本の中山間地には，広大な山林の所有者を中心とする伝統的な地域運営の構造が根強く残っています。小野郷も例外ではありません。林業は，1本の木を育てるのに数十年はかかる息の長い営みです。また，多くの人手を必要とします。山仕事で生計を立てる多くの人々は，山林所有者との間の世代を超えた依存関係の中で生きてきました。その依存関係は，地域運営の構造としていまなお残っています。伝統的な構造を背景に，自治会役員は，年長者の中から持ちまわりで選ばれます。

　「自分たちの診療所をつくってみませんか。私たちが，雇われ医師になります」…この提案の中味をめぐって，そして，この提案をだれにどのように持ち出すかについて，2人の医師と私はミーティングを重ねました。「診療所は欲しいが，訳のわからない面倒なことには巻き込まれたくない。難しいことは言わずに，一刻も早く，普通に開業してほしい」「よそ者がずかずか入ってくるものではない。地域には話の通し方がある。まずは，自治会を通してほしい」

…すでに，気心の知れた何人かの住民から，このような声があることを聞いていました。

「小野郷の明日を考える会」というグループの存在を知りました。40歳代後半から50歳代，いわゆる団塊の世代を中心とする約10人の男性グループでした。彼らは，過疎化，沈滞化の一途をたどる小野郷に危機感を抱き，打開策を模索し始めていました。しかし，団塊の世代とはいえ，伝統的な地域運営の中にあっては，まだまだ周辺的な存在です。自治会や一般住民から認知されない陰の存在でした。

「小野郷の明日を考える会」の人たちとミーティングを重ねました。「医療を軸とする地域活性化」——徐々に，このコンセプトを理解してくれました。われわれも，「考える会」の人たちから多くを学びました——小野郷という地域，住民の暮らし，その変化，悩みなど。仕事が終わって夜7時から始まるミーティングは，翌日の仕事があるにもかかわらず，毎回，10時をまわるまで続きました。

自治会という正式のルートを通すこと，同時に，「考える会」の人たちと議論を深めること。この，いわば二本立てが必要だとわかりました。「考える会」で議論しながら素案をつくる。その素案を自治会に諮る。その反応を，再び，「考える会」に持ち帰り，議論する。これを繰り返すうちに，自治会も，「考える会」も，そして，2人の医師と筆者も，次第に，「住民主体の診療所」のイメージが固まっていきました。「いままでよくわからなかったけど，先生らは，自分たちに賭けてはるんやな」——自治会の席上で，こんな発言が飛び出しました。他の役員もうなずきました。

自治会とのミーティングで，次の3点が決定されました。

① 「住民主体の診療所」を実現するための準備段階として，永原医師が個人開業の形で，週1日程度の診療を開始する。永原医師は，収支を含め診療所の運営状況を，住民につぶさに報告する。住民は，その運営状況を見ながら，果たして経営が成り立つかどうか判断する。同時に，診療所の運営を学び，イメージを固めていく。

② 永原医師が医療を行う場所として，地域の公民館的な役割を果たしている岩戸落葉神社の氏子会館を住民が提供する。

診療所となった岩戸落葉神社の氏子会館

③ 上記1の診療所に関する判断や学習を行うための専門委員会を，自治会の下部組織として設置する。専門委員会は，診療所設立の暁には，運営の母体となる。専門委員会の委員は，やる気のある人はだれでも参加できるよう，公募制で募集する。

いよいよ，広く一般の住民に「住民主体の診療所」を呼びかける段階がやってきました。2人の医師と筆者が講師となって，講演会を開きました。同時に，「アピール型のアンケート」も実施しました。小学校4年生以上の住民1人ひとりに，「住民主体の診療所」についてわかりやすく説明し，意見を求めるアンケートです。このアンケートには，それまでの自治会，「考える会」との議論が凝縮されています。以下に，アンケートの主要な部分を掲げておきましょう。高齢者が多いことを考え，大きな文字を使って印刷しました。

小野郷の医療についてのアンケート

今，小野郷で新しい医療が始まろうとしています。
　昨年2月23日，京都新聞に，小野郷小学校の子ども達の声が掲載されました …「自分たちの地域から診療所がなくなってしまいました。お医者さんにきてほしい。」
　その声に心動かされた二人の医師，永原宏道先生と根津幸彦先生が，小野郷で医療を開始しようとされています。両先生は，京都市千本今出川にある

こたつに入って診療を待つ人たち

永原診療会千本診療所を運営されています。両先生とも，毎日の往診を重視し，患者の生活，暮らしに密着した医療を続けてこられました。

両先生は，小野郷に親しみをもち，小野郷で医療活動を始めようとしています。しかし，自ら開業する（自分の病院を開設，経営する）のではなく，小野郷での医療のあり方について，一つの提案をされています。その提案こそ，「住民主体の医療づくり」，「医療を軸とする地域活性化」です。

もしも，住民が中心になって診療所を開設し，理解ある医師を確保する活動を始めるのであれば，自分たちも一人の医師として，ぜひ，協力させていただきたい。これが，両先生の提案です。

私たちは，小野郷に注目しています。

私どもは，今，小野郷で始まろうとしている「住民主体の医療づくり」，「医療を軸とする地域活性化」に強い関心をもっています。なぜならば，「住民が協力して自力で診療所を開設し，理解ある医者の協力を得て運営する」という試みは，わが国でも数少ない貴重な試みだからです。この試みは，医療を軸として，小野郷という地域を活性化する活動でもあります。

私どもは，ぜひ，この貴重な活動を，自らも参加しながら研究してまいりたいと存じます。ご協力のほど，よろしくお願い申し上げます。

（中略）

今後，住民主体でつくっていく診療所のイメージについて，お尋ねします。

住民が診療所を開設するといっても，初めから多額の医療設備をもった診療所を開設するのは不可能です。しかし，机といすとベッドだけの小さな診療所からスタートすることならば可能です。これであれば，小野郷の住民が

設立に参加し，場所を確保すれば十分可能です。

その診療所に，先生方が，週に2，3日滞在し，たとえば，午前中は外来患者の診療を行ない，午後は往診に回ることができます。夜間診療（夜8時までの診療）を行なうこともできます。

診療所の手におえない患者は，先生方が信頼する大きな病院に送ります。もちろん，大きな病院に送った後も，緊密な連絡を取り合い，患者の経過を聞いたり，必要な情報を提供したりします。そして，患者が大きな病院から戻ったら，再び，先生方が診療に当たります。

「そんな中途半端な診療所ならば，いらない。最初から大きな病院に行けばよい」という意見もあるでしょう。しかし，どうでしょうか。頻繁に小野郷を訪れ，小野郷の地域や生活，そして，住民一人一人の体を熟知した医師…そんな「地域のホームドクター」が欲しいという気持ちはありませんか。

考えてみれば，仮に再び以前のような開業医が現れたとしても，その開業医が永遠に医療を続けることは不可能です。そうであれば，開業医まかせにするのではなく，「住民主体で診療所をつくり（開設し），住民に共感する医師にきてもらう」というのは，一つの有力な方法ではないでしょうか。

現在のところ，住民主体で診療所をつくり，「地域のホームドクター」を確保するという方法をとった事例はほとんどありません。そんな新しい住民主体の医療を，この小野郷の地に創れないものでしょうか。

質問9　このような診療所のイメージについて，どう思いますか？（賛同する／不安やわからないこともあるが，基本的には賛成／かなり疑問を感じる／反対）

質問10　このようなイメージの診療所ができたらあなたは受診しますか？（ぜひ受診したい／受診するかもしれない／受診しないと思う）

永原・根津両先生は，当面，小野地区にある氏子会館を提供していただき，医療法人・永原診療会千本診療所の出張所のかたちで，今年度内に，医療活動を開始する予定です。

これによって，向こう一年以内に，住民主体の診療所が開設されると期待した上での準備活動をされる予定です。その準備期間には，住民の方々のご協力が必要になると思われます。

質問11　あなたはその準備活動に参加しようと思いますか？どんなに小さな協力でも結構です。（ぜひ参加したい／可能ならば参加したい／参加しない）

さしあたっての氏子会館での診療活動についてお尋ねします。たとえば，出張所での診療活動として，週2回の外来診療（夜間診療も含む），週1回の往診から開始する，という計画があります。

質問12 あなたは受診しようと思いますか？（ぜひ受診したい／受診するかもしれない／受診しないと思う）

（2002年11月19‐24日，筆者の研究室を実施主体として実施）

アンケートを配布した352人のうち300人（85％）から回答があり，多くの住民に読んでもらうという目的は達成できました。やはり，回答者の8割以上が，無医地区となったことに不便，不安を感じていました。病院に行かずにすますことが増えたと答えた人も5割を越えていました。

アンケートで提案した「住民主体の診療所」については，50％が「賛同」，42％が「不安やわからないこともあるが基本的に賛成」というように，9割以上の人から前向きの回答を得ることができました（質問9）。このような診療所ができたときには，56％が「ぜひ受診したい」，34％が「受診するかもしれない」と答えていました（質問10）。診療所の準備活動に対しては，28％が「ぜひ参加したい」，46％が「可能ならば参加したい」と答えました（質問11）。さしあたって開始される診療活動についても，46％が「ぜひ受診したい」と答え，38％が「受診するかもしれない」と答え，診療活動に対する強い期待が窺えました。このアンケートに至るまでの一連の動きは，2003年1月14日付の京都新聞に報道されました。

永原医師の診療開始に向けて準備が始まりました。いったいどの程度のニーズがあるのか（患者は何人くらい来るのか），どの程度の費用と人員が必要になるのか，診療所の運営にはどのような作業が必要なのか…これらは，実際に診療活動を開始してみなければわかりません。あくまでも「住民主体の診療所」をつくるための前段階として，ともかく，週1日程度の診療を開始しようというわけです。

まさに住民との協力のもとで準備が進められました。診療の場所として氏子会館が提供されました。これまで物置きだった部屋を，診察室として使用できるように改装しました。費用は住民が負担しました。

2003年2月5日，永原医師が個人開業の形で診療を開始しました。週1回の

永原医師の診療が始まった

　診療とはいえ，以前の医師が亡くなって3年ぶりに，小野郷に医療の灯がともったのです。

　設備も人員も最低限に抑えてのスタートです。診察室には，机，ベッド，心電図，血圧計だけ。しかも，知人から譲り受けたり，安い値段で買い取ったりして，初期投資をできるだけ小さくしました。人員も，永原医師の他には，看護師，看護師補助，運転手兼受付の総勢4人だけです。一般の病院のように，診療後すぐに医療費を支払ってもらうためには，医療点数を計算するスタッフや計算機が必要になります。そこで，会計については，医療費計算を委託処理し，小野郷の患者には，1ヵ月分をまとめて請求することにしました。また，薬剤についても，在庫負担をなくすために，永原医師が経営する千本診療所の薬剤を必要な分だけ買い取るという形をとっています。

　こうして，週1回（水曜夜）の診療が始まり，約1年半がたちました。1回の患者数は，平均14人。1ヵ月の収支は，平均5万円強の黒字です。しかし，この収支には医師の給料は含まれていません。最低ラインの金額でも医師に給料を払うならば，赤字になってしまいます。

　診療活動の開始と同時に，診療所について学習し，将来的には診療所運営の母体となる専門委員会が公募されました。公募に先立ち，説明会を行いました。アピール型アンケートにも書いた「住民主体の診療所」の理念を繰り返し，診療所経営についてはだれしも素人，皆で一から勉強していこうと訴えました。

また，専門委員会はいつでも入ることができ，いつでも抜けることができる「出入り自由」の組織であることも強調しました。29人の住民が専門委員会に参加しました。29人は小野郷住民の約1割にあたります。

　2003年5月13日，第1回の専門委員会の会合が開催されました。4月までの収支についてわかりやすい説明がなされ，質問も活発になされました。7月2日の第2回会合では，専門委員会の正式名称を「小野郷医療専門委員会」とすることが決定されるとともに，その代表となる世話人7名が選出されました。そのうち，6名は「小野郷の明日を考える会」のメンバーでした。この委員会は，自治会の下部組織であるから，自治会役員は，あえて世話人にはならない方が良いだろうという自治会側の判断もありました。しかし，これまでの経緯をよく知っている者の方が良いという，「考える会」の実績に対する評価もあったのです。

　世話人となった7名は，代表委員会を開催し，今後の方針を話し合いました。出入り自由の組織という精神を貫くために，継続的に専門委員を募集していくことになりました。具体的には，会報誌を定期的に発行し，専門委員会の活動をPRするとともに，新たな委員を募集していくことになりました。また，診療所の利用者を増やすことも必要です。会報誌とは別に広報紙も作成し，小野郷に隣接する地域に配布しようというアイデアが出されました。

　9月1日には，会報誌の創刊号が発行されました。次いで，広報紙が発行，配布されました。これらのPRの成果があって，診療所の利用者は着実に増加しています。専門委員会での発言も，会を追うごとに活発になっています。インフルエンザ予防接種の案内は，専門委員会の広報係が自発的に発行しました。2004年6月には，専門委員会の強い要望により，診療日が火曜と水曜の週2日に増えました。

2. 医療を軸とする地域活性化

　小野郷の「住民主体の診療所」は，まだ始まったばかりです。現在の診療活動は，あくまでも，本格的な「住民が運営する診療所」を設立するための前段階にすぎません。プロ野球でいえば，まだシーズン開幕前のオープン戦の段階です。いつ開幕になるのか…それは，筆者にもわかりません。医師に最低限

の給料は払えるメドが立たねば，診療所の「経営」とはいえないでしょう。

　しかし，最初はまったく意味不明だった「住民主体の診療所」が住民に理解され，その実現に向かって一歩が踏み出されたことは間違いありません。ひるがえれば，「住民主体の診療所」は，約50年昔の西陣の住民には，よく理解されていました。その切実な理解は，自分たちの診療所をつくるための医師とのスクラム，彼らが流した汗，なけなしの金から出しあった出資金として表れていました。

　日本社会が貧困を脱し，経済的な豊かさを達成するのと並行して，「住民主体の診療所」は意味不明の言葉と化していきました。医療機関の形態といえば，個人開業か民間医療機関による設立・経営（民設民営），行政による設立・経営（公設公営），行政が設立した診療所を民間医師が運営する形態（公設民営）をもっぱらさすようになったのです。戦後の西陣住民が築いたような「住民設・住民営」は死語になってしまいました。

　「医療の社会化は実現されたが，医療の民主化は，未だ実現されていない」…戦後，西陣住民とスクラムを組み，「住民による住民のための住民の医療」をつくった早川医師は，このように医療の現状を総括しています。医療の社会化とは，医療を，いつでもだれでも受けられるものにすること。一方，医療の民主化とは，医療の与え手と受け手の間にある上下関係を対等な関係に変えること。経済的な豊かさは，医療保険制度によって医療の社会化を達成しました。しかし，医療の社会化が進展する陰で，医療の与え手と受け手の間の非対称的な上下関係は，もはや自明なものとさえなりつつあります。

　住民による診療所の設立・経営は，医療を民主化する1つの方途を示唆しています。住民主体の診療所は，従来，もっぱら医療の受け手であった住民が，医療の与え手側の意思決定にも加わることを意味しているからです。医療の民主化は，地域の体質（の重要な一部）を民主化することでもあります。地域の現在と将来を住民が考え，能動的に動く。これは，地域の活性化にほかなりません。小野郷の事例は，医療が，地域活性化の1つの軸となりうることを教えてくれるのではないでしょうか。

【注】

1) 松田道雄は,「私は赤ちゃん」などベストセラーの育児書から,思想・社会問題に及ぶ幅広い著作で知られる小児科医・評論家。晩年には,高齢者医療や介護の現状にも警鐘を鳴らし,「安楽に死にたい」という著作を出した。1998年6月1日没（89歳）。
2) 現在の北区と上京区を含む。
3) 100床以上の病床を持つことは,総合病院化のために満たすべき要件の1つであった。
4) 1980年5月に開催された医療法人西陣健康会（堀川病院）「第24回社員総会議案書」には,次のように記載されている。

    西陣健康会と助成会の組織的統一について

    昭和39年,助成会はより強力な形で,堀川病院を軸とした,医療事業と健康を守る運動を推進すべく,当法人と一体となって,医療生活協同組合の設立に努力しましたが,諸般の状況がこれを許さず,やむを得ずこれにかわるものとして特定の医療法人の認可を受け,地域住民多数の出資による組織として発展してまいりました。それ以後助成会役員会を中心に出資拡大が展開され,現在2,245名の出資会員となっています。

    昭和51年度から既に法人評議員会と助成会本部委員会の合同運営が行われて来ましたが,本年に入り,助成会本部委員会は医療法人西陣健康会への合同を決議し,具体的な検討にとりかかっております。当法人としては二重組織の弊を改め,生協の運営によって院内外の結合を一層強化出来るものとして,全面的に賛同し,合同促進に協力してまいります。

5) さらに,1995年5月の第39回定期社員総会では,社員数を掌握可能な範囲に限定するために,出資者（3,016名）全員を社員とすることをやめ,理事会で承認された150名以内にすることが決定されている。この社員制度の変更に伴い,出資者全員が会員となり,「西陣健康会会員総会」が年1回行われることになった。
6) 謝辞：西陣の半世紀をまとめるに際しては,早川一光氏,谷口政春氏,斉藤貞夫氏,花咲武一氏,西垣昭和氏,奥野満子氏をはじめとする西陣健康会,堀川病院の方々から,貴重なご教示と資料提供をいただいた。本稿は,これらの方々と筆者の協働的実践の産物である。

【引用文献】

堀川病院助成会　1959　堀川病院助成会しおり
西陣織工業組合広報委員会　1997　西陣生産概況
立入正雄・花咲武一　1991　西陣健康会の活動報告　医療法人健康会京都南病院・医療法人西陣健康会堀川病院（編）地域医療研究会報告集, 117.
竹澤徳敬　1961-64　底辺の医療　京都保険医新聞　堀川病院（編）竹澤徳敬先生を偲ぶ集
竹澤徳敬・松田道雄　1976　堀川病院を生検する　堀川病院（編）こうほう ほりかわ　47号　堀川病院（編）1998　竹澤徳敬先生を偲ぶ集
竹澤徳敬・谷口政春・内川とし子・木村誠一・西池季一　1970　老人の健康と福祉の開発：老人クラブ「長寿会」の経験　地域活動研究（日本老年社会科学会）, **4**（2）.

谷口政春　1959　高血圧管理の一実態調査：特に地域社会での対策について　京都医学会雑誌　**10**（2・3），104-107.

【参考資料】
早川一光　1976　訪問看護と病院の歩み　堀川病院（編）京都・堀川病院の地域医療と看護
堀川病院　1998　西陣の地域に40年：堀川病院開設40周年記念誌
西陣健康会　1985　西陣健康会「合同委員会（昭和60年4月19日）」

西陣健康会の機関紙
しらみね新聞 創刊号－5号 1957年10月－1958年2月
ほりかわ病院新聞 6号－12号 1958年3月－1958年10月
堀川新聞 13号－32号 1958年11月－1962年2月
堀川病院 助成会だより 31号－43号 1963年6月－1964年7月
医療生協 助成会だより 44号－83号 1964年11月－1972年1月
ほりかわ 84号－90号 1972年4月－1973年9月
助成会だより ほりかわ 91号－126号 1974年8月－1977年7月
京都 ほりかわ 127号－134号 1977年8月－1978年3月
助成会だより ほりかわ 135号－167号 1978年4月－1980年12月
西陣健康会だより ほりかわ 168号－380号 1981年1月－1998年9月（31，32号，号数重複）

4

生活環境論的アプローチ

はじめに

　本章の目的は，地域一体型老人施設の生活環境づくりを支援することを主眼とし，介護者や利用者の家族，スタッフの負担を少しでも軽減できる方法について検討することです。具体的には，衣・食・住を基本とした生活環境論的なアプローチにより，この問題を，ハードとソフトの両面から検討することが本研究プロジェクトのねらいです。ただし，この問題は複雑で，多岐多様にわたります。そこで今回は，次のステップに向けての基礎固めの期間と考え，衣・食・住分野における一般的な考えを概説するとともに，各担当研究者の専門分野に近い部分から，高齢者について考えてみました。

　内容的には，高齢者の衣生活・食生活・住生活，高齢者の生理的特性について，それぞれの立場から検討を行っています。本章のプロジェクトに関する主任分担者の青木　務（神戸大学人間発達環境学研究科教授）の専門は住環境です。そこで，この章における生活環境論的アプローチの概要として，住の立場から考えた「衣生活」と「食生活」について，若干述べてみます。

　図4-1に，快適な生活環境について，住の観点から示しています。高齢者の快適な環境に関係する因子を大きく分類しますと，生理的な快適性と，心理的な快適性に区分できます。前者には，暑さ・寒さに関係する温度，湿潤・乾燥に関係する湿度，明るさ・暗さに関係する光，それと最近問題になっているホルムアルデヒド濃度の空気環境などがあります。後者には，騒音に関係する聴覚，色彩に関係する視覚，臭気に関係する嗅覚，肌触りに関係する触覚，振動

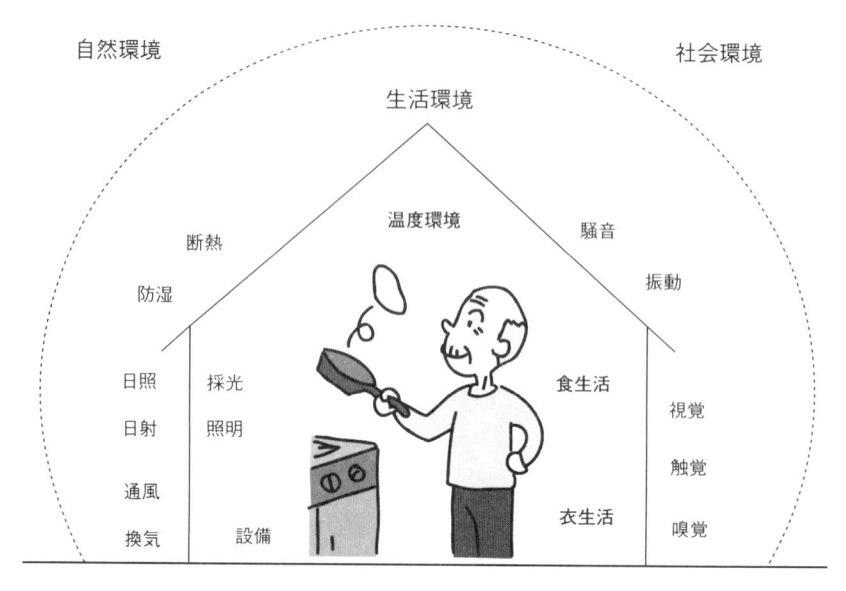

図4-1 快適な生活環境

に関係する体感などがあります。さらに、都市緑化や里山などの自然環境、病院やスーパーへの便利さなどの社会環境も、人間生活と密接にかかわりあっています。

最初に、「衣」と「住」の関係について考えてみましょう。川崎衿子氏(1998)によりますと、図4-2に示しましたように、人はまず衣服を着て、人体そのものの環境を整え、体温の調節を行います。さらにその周りに、住まいという環境で生活を覆い、より快適な条件を生み出しています。人を中心として、衣服と住居は日常生活の中で、互いに連続しあい補いあい、気候風土にふさわしい独特の文化を育ててきました。

着衣者にとって、衣服と人体との隙間、あるいは重ね着をした衣服の各層の間にできる空気条件のことを「衣服気候」といいます。衣服の脱着や室内の冷暖房は、この気候の恒常性維持のために行われます。衣服を着た人間の周りは、壁・天井・床で覆われた「室内気候」が存在します。寒いときには、空気の流れを防ぎ、開口部からの熱の損失に配慮します。内側と外側の断熱を図ること

はじめに

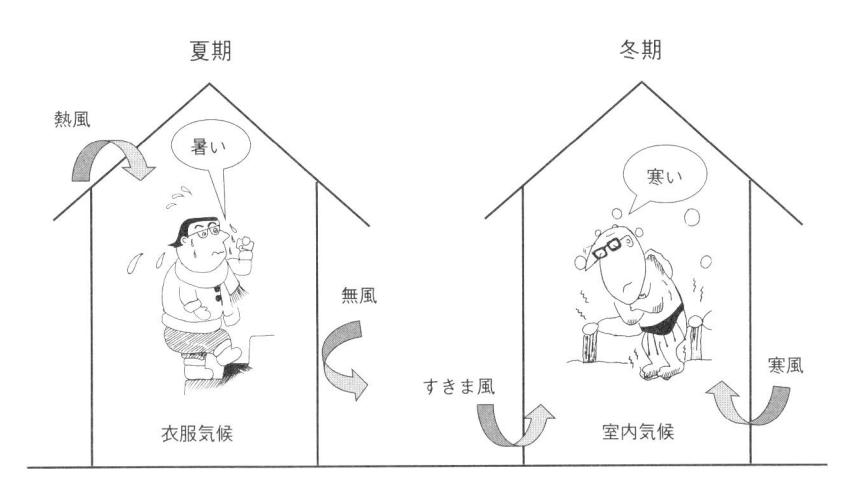

夏期 　　　　　　　　　　　　　冬期

熱風　　　　　　　　　　　　　　　　　　　　　　

暑い　　　　　　　　　　　　　　　　寒い

　　　　　　　　無風　　　　　　　　　　　　　　寒風

　　　　　　　　すきま風

衣服気候　　　　　　　　　　　　　室内気候

図4-2　衣生活と住環境

では，衣服と住居は同じように働いています。

　吉田兼好が，住宅のつくりは夏を旨にすべしと述べていますが，昔の住宅は，夏期の暑さ対策として，風通しの良いつくりが一般的でした。筆者の子どもの頃の住宅は，隙間が多く，保温性に乏しかったため，冬期は寒い状況にあり，室内でも何枚もの重ね着をしているのが普通でした。最近の住宅は断熱性が向上し，空調設備も整っているため，冬でも薄着で過ごせます。前述の川崎衿子氏（1998）によりますと，昔は「人は厚着，家は薄着」，最近では「家は厚着，人は薄着」だそうです。このように，住環境と衣環境とは密接な関係にあり，高齢者の研究でも，連携が必要といえるでしょう。

　衣の分野に関しましては，第1節で，衣環境の専門家の井上真理先生（神戸大学人間発達環境学研究科准教授）が担当しています。内容は，「高齢者を支援する衣環境の設計」として，着心地のよい被服とは，高齢者の身体的・生理的特徴を考慮した被服の設計，文化的，社会的側面からみた被服の設計など，高齢者の衣服について考慮すべき点を明確に示しています。

　次に，「食」と「住」の関係について考えてみます。川崎衿子氏ら（1997）によりますと，高齢になり，一番面倒くさくて重荷になる家事は，食事づくりだと多くの人はいうそうです。献立・買物・下ごしらえ・後片付けと，仕事は

高齢者対応の設備

システムキッチン　　　　　　　　　　　　動線計画

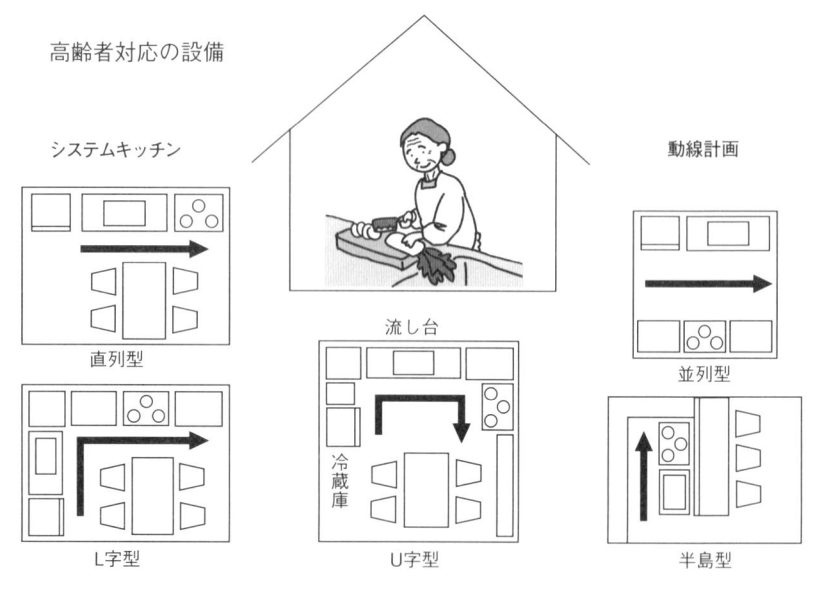

直列型

L字型

流し台

U字型

並列型

半島型

図4-3　食生活と住環境

少しも楽にならず，憂うつになるとのことです。筆者の母親も，同じようなことをときどき口にしていました。このようなとき，子ども夫婦と同居して，食べさせてもらえることを願うようになります。また，高齢者には，立派な台所を個別につくるよりも，だれでもが気楽に利用できる，暖かい雰囲気の食堂が用意されている方が重要であるともいいます。

　高齢者にとって，台所で留意すべき点につきましては，第4節で述べます。しかし，近年の日本の高齢化の進行に対して，何歳から老人というかは別として，時間的・経済的に，生活にゆとりを持った高齢者が増えています。また，図4-3に示しますように，システムキッチンも多様化し，ほぼ完成の域にあると考えられます。住環境の整備や動線計画を行い，食生活にゆとりを与えることも重要です。

　食の分野に関しましては，第2節で，食環境研究の専門家の白杉直子先生（神戸大学人間発達環境学研究科教授）が担当しています。内容は，「食の安全を考えながら食生活を楽しむ」と題して，まず食品の化学物質の基本的な事柄

はじめに　105

バリアフリー

住生活

衣生活　　天井走行式リフト　　食生活

ストッキングエイド　階段昇降機　段差解消機　フードガード

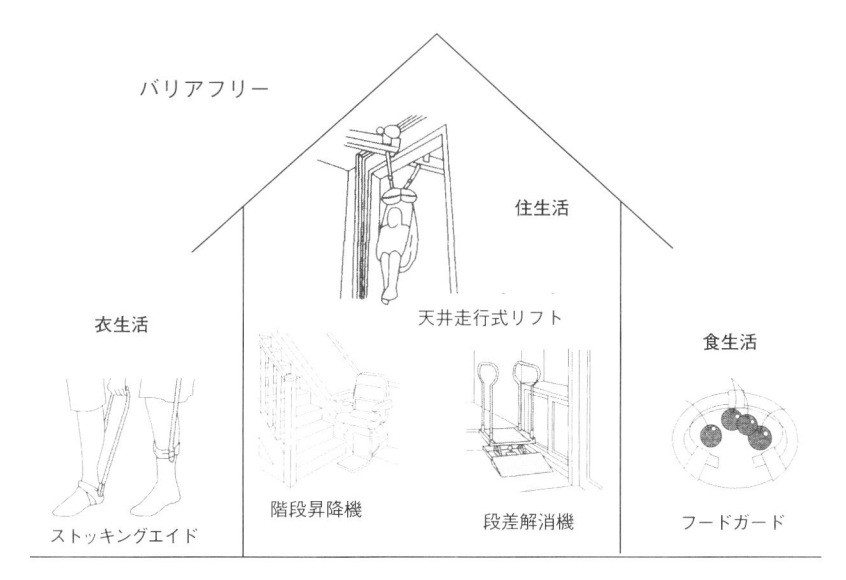

図4-4　住環境と福祉器具

を整理し，次に，リスクを下げる食行動，天然物なら安全か，リスクがわからないものに対してどう考えるかなどを示し，最後に，健康を考えながら食生活を楽しむとして，興味ある考え方を述べています。

　最後に，第3節では，高齢者福祉住宅の環境条件として，高齢者に配慮した住宅の形式，高齢者にとっての快適環境とは，高齢者に配慮した部屋別留意点について，筆者が担当しています。

　また，高齢者の生活環境を考える場合，図4-4に示しますように，種々の面でバリアフリー化が重要になります。衣生活においては，足下まで手が届かず，うまく靴下が履けない場合にはストッキングエイド，手指の巧緻性が低く，ボタンかけが困難な場合にはボタンエイドが必要になります。食生活においては，皿の上の食物をこぼさずすくえるように，フードガード付きの皿を用います。住生活においては，大がかりな福祉機器の手助けで，バリアフリー化を図ります。例えば，段差では段差解消機，階上に上がるためには，階段昇降機やホームエレベーター，室内の移動では，車いすや各種のリフトを使用します。同様の福祉器具は，施設などでも利用されます。最近では，心のバリアフリー化に

ついての議論もなされています。

内容的にはまだ初歩的な段階にあり、総合的な提案はもとより、各分野における提案もするには至っていません。ただし、以下のような成果が得られている分野もあります。詳細は、各節を参照ください。

第1節　高齢者を支援する衣環境の設計

本節では快適な生活環境について衣の観点から考えます。被服を着用する目的は保健衛生と文化的・社会的側面と大きく二つに分けられます。保健衛生面の目的は、人の身体・生理的機能にかかわり、暑い・寒いといった気候に応じた体温調節、けがなどをしないための身体防護、清浄、動きやすさなどにあり、また文化的・社会的な装身という面での目的は社会規範や職種・性別などの標識として、また自己表現など自分自身の心理的な充足にあります。
着用する人が子どもであろうと高齢者であろうと服を身にまとうということに変わりはありません。まず一般的な被服着用時の快適性の要因を捉え、その上で高齢者を支援する被服設計、衣環境設計について考察します。

1. 着心地のよい被服とは

人間には、本来体温を調節して、健康を保とうとする機能、すなわち環境が変化しても約37℃の深部体温を保持し、健康を維持する機能が備えられています。身体の中の各器官は皮膚によって外の環境から守られています。体温を維持するために、食物として摂取した炭水化物、脂肪、タンパク質を体内で酸化する過程で熱は産生され、身体の各部を温め、体表面や呼吸気道から、伝導、対流、放射、蒸発という伝熱経路によって外部に放散されます。人間の体温は産熱量と放熱量のバランスによって一定に維持されます。詳しくは第5章第3節の(3)体温調節システムをごらん下さい。

被服は人体表面を覆って皮膚からの放熱を調節し、被服内に外の気候とは異なった気候を形成します。この被服と皮膚の間の層の温湿度環境を被服気候と呼び、それが快不快に直接関わっていることが知られています。被服最内層の皮膚に接する部分の被服気候と快不快の関係を図4-5に示しています。温度

第1節　高齢者を支援する衣環境の設計　　*107*

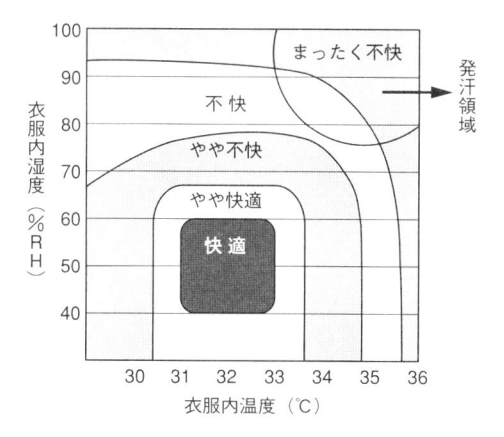

図4-5　被服気候と着心地（原田ら，1982）

　32 ± 1℃，相対湿度 50 ± 10％ RH（気流 25 ± 15cm/sec）に暑くもなく寒くもない快適域があり，この範囲から離れるほど不快になることが知られています。外の環境が暑いときには薄着になり，寒いときには重ね着をするなど，図4-6 のように，快適域を保とうとします。被服気候は着心地のよい被服の因子の一つなのです。
　着用時のシルエットの美しさ，肌触りのよさ，動きやすさも着心地のよい被服の重要な因子です。これらの因子は被服の材料である繊維・糸・布といったテキスタイル（繊維製品）の物理的な特性である引張，曲げ，せん断，圧縮，表面特性や熱・水分・空気の移動特性と密接にかかわっています。
　人間の皮膚を引っ張って，また戻していくと図 4-7 のように下に凸の非線形な伸長特性を示します。これは小さな力で大きく伸びることを示していますが，直線的なビニールシートやゴムなどとは異なり，被服の材料である糸，織物，編物も皮膚と同じ特徴をもった引張特性を有しています。さらに織物は，糸軸方向には適度な力で形状を保ち，糸軸以外の斜めの方向には小さな力で変形を起こしやすいという性質を持っています。これらの性質により布は人体に沿って美しく身体を覆い，皮膚の変形に追随することができるのです。特に編物は織物よりも小さな力で変形することができるため動きやすく，肌着，Tシャツ，トレーナー，ジャージやスポーツウェアなどに用いられています。

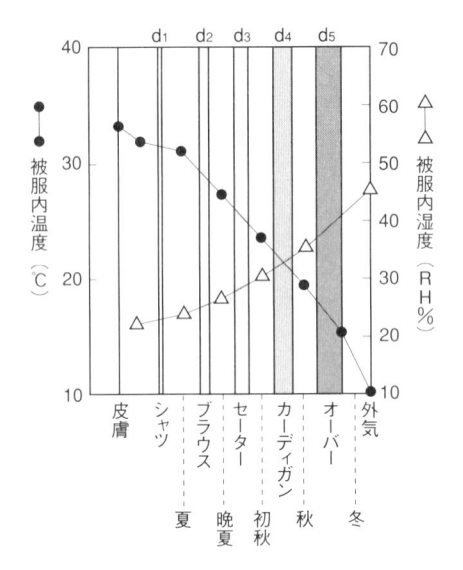

図4-6　被服気候図　温熱的に快適な状態で着衣している時の躯幹部までの一例（田村，1958）

　糸や布を構成している繊維の特徴は，被服気候にかかわる着心地と深い関係があります。綿・麻の涼しさ，羊毛の保温性，絹の温かさとさわやかなタッチは吸水性，吸湿性を備えた天然繊維の特徴で，科学的にも明確にされています。合成繊維は吸湿性がほとんどなく，開発された当時は不感蒸泄や発汗を行っている人体に着用すると違和感を抱く人も多かったのですが，それでも織り構造，編み構造を持った布には隙間があるため，その部分をカバーすることができました。現在ではさまざまな工夫によって合成繊維に吸水性を付与することが可能になっており，液体の汗を吸いこむことができますし，吸湿性をもたないがゆえに速乾性やしわになりにくい性質，防水性，防炎性などを備えています。それぞれの繊維の性質を知った上で，用途に応じて使用することで，快適な衣環境を設計することができるのです。
　被服着用時に人体にかかる圧力のことを被服圧と呼び，着心地へのかかわりが指摘されています。肩やウエスト部に被服の重量による圧力や，ゴム紐やスカート・ズボンのベルトでウエストにかかる圧力，胸部にかかる圧力が含まれ，

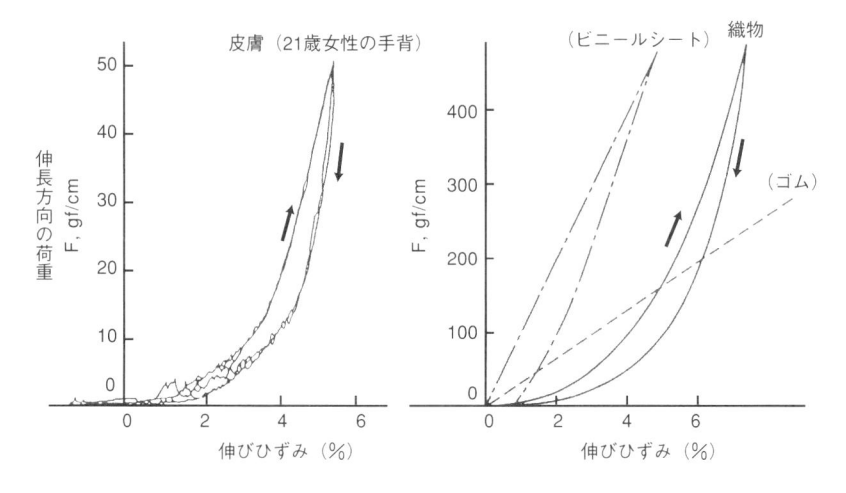

図4-7　皮膚の伸び特性と布の伸び特性（丹羽・酒井，1995b）

強い圧力は不快感につながります。皮膚面に直角にかかる被服圧によって布と皮膚が摩擦を生じるため，固い襟のシャツによって首に赤い筋がついたり，かぶれや傷が生じたり，布の仕上げ加工剤によって身体全体がかぶれたりすることもあります。

一方で不快さを減じる被服圧も存在します。血流を適度に促し，むくみを防止するソックス，ストッキング，タイツなどがこれにあたります。

2. 高齢者の身体的・生理的特徴を考慮した被服の設計

団塊の世代が定年を迎えはじめ，2015年には65歳以上の人口が総人口に占める割合は25％を超えることが予測されていますが，高齢者といっても，まだまだ心身ともに元気に自立して生活する人は大勢います。加齢とともに多くの身体的・精神的機能が退行していくことには逆らえませんが，生活意欲を高めて前向きに生活を送ることで人生を豊かにすることができると考えられます。

高齢者の身体的機能を整理してみます。まず体型の変化として，身長，背丈などの長径項目が減少し，胴囲・腹囲などの周径項目は増大します。また，筋

力や柔軟性，敏捷性が低下し，身体のふらつきや不安定性が増大します。特に女性では，骨粗鬆症の発症率が増加し，骨折を誘発しやすくなります。触ることのできる範囲や視野も狭くなってきます。暗いところでは視力が著しく低下します。基礎代謝（生命を保つ最低のエネルギー代謝で体表面積に比例）と基礎代謝基準値（体重あたりの基礎代謝量）が低下し，産熱量が減少します。環境温度が変化した場合，対応が遅いなど，さまざまな機能性の退行が見られます。

　高齢者の身体的機能の特性に対して衣服は以下のような事項に気をつける必要があります。

- サイズが適正であり，体を締め付けたり圧迫したりしない。体型をカバーし，美しく見える衣服の設計や選択。
- 着脱が容易で動きやすく，着くずれしない。
- 寒暑の調節がしやすく，冬は保温性に優れ，夏は通気性が高い。
- 吸湿性，吸水性に優れ，着心地がよい。
- 皮膚を刺激しない。縫い目を少なくし，肌触りがよく，保温性，吸湿性，放湿性に富み，洗濯に強い素材が望ましい。
- 帯電性が少なく，難燃性である。

着心地にかかわる因子をまとめた前項の内容を踏まえて，高齢者の身体的・生理的機能に考慮した被服の設計について考えてみましょう。

①被服気候

　加齢とともにからだの生理学的調節機能は衰え，体温調節システムは応答が遅くなる傾向がみられます。熱放散を抑制する皮膚血管収縮力や熱産生にかかわる代謝量が低下しているため，寒い環境下での体温維持が困難になります。また，高齢者の皮膚血流量は若い人より低く，汗腺機能も衰えるため，暑い環境下での熱放散機能が低下し，やはり体温維持が困難になります。皮膚血流量，単一汗腺出力，活動汗腺数の老化が下肢，躯幹後面，躯幹前面，上肢，頭部の順に振興する可能性が指摘されています（平田ら，2002）。そのため，さらに体温調節反応が遅くなりますので，急激な温度変化が起こらないように環境作りをしなければなりません。エアコンなどによる部屋の温度調節もさることながら，快適な被服気候を保つように被服を調整することによって体温調節に気

を配る必要があります

②肌触り・被服圧

　加齢によって皮膚の弾力性がなくなることから繊維製品の表面摩擦特性や被服圧が及ぼす影響は大きくなります。布とのすれによる皮膚のダメージが大きくなりますので，刺激の少ないやわらかさをもった材料を用いて被服を設計することが必要です。被服の縫い目が摩擦の原因になることもあり，特に肌着の縫い目の始末に工夫が必要になってきます。

　スポーツで用いられるリストバンドやさまざまなサポーターは，装着することによって，動く直前に必要な筋肉を緊張させてから動くことを可能にします。プロのアスリートたちは競技が始まる直前に必要な筋肉を瞬時に緊張させる訓練を繰り返し，適切な運動能力を発揮することが可能ですが，そういう訓練がなされていない人，または運動能力が低下した人にとっては，サポーター等による圧力が補助となります。特に筋肉の衰えた高齢者の場合，被服圧を利用することによって筋肉を緊張させて運動を容易にする，あるいは骨格を固定することによって運動機能の補助をするという利用法が考えられます。

③被服着脱の容易さ

　運動機能の低下や，気温差を感じる感覚の低下などから，被服が脱ぎ着し易いということは重要なデザインの条件になってきます。特に高齢になると，被服を重ね着することも多く，脱ぎ着の回数が多くなります。すなわち，容易に脱ぎ着できるようなデザインが必要となるわけです。そのためには開口部の位置，襟繰りの大きさ，脇の開け方の位置や寸法，開口部の場合には留め方の工夫が大事になってきます。

　岩崎ら（1997）は，脱ぎ着し易い留め具の違いによってどのように脱ぎ着のし易さが変わるのか，留め具が脱ぎ着にどのように影響するのかを調査しています。同じデザインの前開きのシャツに，スナップ・ファスナー・大小のボタン・マジックテープの5種の付属品をそれぞれ付けて，脱ぎ着にかかる時間を測定したのです。高齢者になるにつれて，留めるのに時間がかかり外す方がやや楽である，男女共に高齢になる程時間がかかる，特に小さいボタンをかけたり外したりするのには長い時間がかかる，男性は女性に比べてスナップの扱いにも時間がかかる，というように手指の巧緻性が低下することによって生じる

多くの事象が明らかになりました。これらのことから，ボタンはなるべく大きくする，マジックテープを用いるなどの工夫が必要となってくることがわかります。ただマジックテープの場合，繊維くずが溜まってマジックテープが利かなくなるという使用上の問題がありますので手入れが必要ですが，便利なものであることは確かです。

④シルエット

編物は前節でも述べたように織物に比べて伸縮性が大きいので，高齢者は織物の被服より編物の被服を着用している機会が多いことでしょう。ただ，正式の場で編物の被服を着用するのはタブーと言われた時代もあったように，伸縮性が大きいために型崩れしやすく，だらしない印象を与えることがあるのも事実です。気持ちに張りを与え，新鮮な気分を味わいたい時などは織物の被服を着てみる機会をもつことも必要ではないでしょうか。

⑤サイズ・安全性

身長が低くなり，周径が増すという体形状の変化に対応するにあたって，着心地のよい被服設計のためには適切なゆとり量が必要です。ただしゆとり量が多過ぎると歩行時にひっかかったりして危険を生じることもありますので，適切なゆとり量，適当なフィット性をもたせることに留意すべきでしょう。適切な形，適切な寸法を与えることで，安全な被服を作ることができるのです。

暦年齢が増加するにつれて，正常範囲の年齢幅が増加し，個人差が大きくなることから，衣服の多様性も必要になってくると考えられます。

3. 文化的・社会的側面からみた被服の設計

誕生直後から成長過程を通じて被服は性別意識の発達，おしゃれ意識の発達など精神的・身体的機能の発達にかかわります。成人期には被服を通して自己表現・自己実現を図るという側面が出てきます。高齢期には，身体的機能の衰退をカバーするとともに，情動の活性化や生きがいを与えるもの，すなわち精神的機能の衰退をカバーできるものであることや色彩，柄，デザインなどが適正で，おしゃれ感があるなどの配慮も必要です。

被服を選ぶ際，どういう色，どういうデザインの被服を着用したいと考えるか，選択することの楽しみについて考えてみましょう。被服を身にまとうこと

の楽しさも被服を着ることの役目の一つです。着るということの基本的な楽しさ・快適感を満たすためには，被服の選択の幅が広いことが大事です。

木綿やポリエステルといった繊維の種類を多くするのも一つでしょうし，布の構造でバリエーションをつけることもできます。たとえば目のつまった織物に対して，軽く透けるような目の粗い薄手の織物もあるでしょう。織物と編物でも全く異なる性質をもちます。さらに色や柄の種類を多くすることでも選択の幅が広がり，嗜好にあったものを選ぶ楽しみが出てきます。

これまで高齢者の体型や生理的特徴を考慮した製品の種類の幅は狭く選択条件が限られていました。この幅を広げていくことによって，高齢者の衣生活はより楽しくなることでしょう。

被服に関心を持って自分は何を着たいのか，どういうものを選びたいのかを考えることが心身の健康を保つことにもつながります。老人ホームの高齢者がお化粧をしてもらったことで，綺麗になるとともに気持ちも明るくなり，生活が豊かになったと感じられるというアンケート結果が報告されています。コスメティックセラピーと呼ばれ，被服を選ぶ楽しみと同様に，精神面に与える影響が大きいと考えられます。

4. 高齢者の自立を支援する被服—紙オムツからの一考察
(1) 紙オムツ一般

赤ん坊だけでなく，高齢者も特に介護用としては紙オムツが一般的に使用されるようになっています。紙オムツの原料は不織布と呼ばれ，織物でも編物でもない布状のものです。もともとオムツは排泄物が漏れないことが第一条件ではありますが，漏れないということは通気性がない，すなわちオムツ内気候の湿度が高くなり，おしりが蒸れて気持ち悪いばかりでなく，かぶれを生じる可能性もあることを意味しています。通気性の良い紙オムツと宣伝している製品は多くありますが，やはり編物を材料とした通常の肌着のはき心地にはかないません。各企業もさまざまな工夫を凝らしていますが，実際に使用する側から問題点を指摘し，積極的に要望していくことが，はき心地に重点を置き，性能をさらに高めた紙オムツの開発につながっていくことでしょう。

(2) 元気な高齢者のための紙オムツ仕様肌着の開発

　高齢者とはいっても元気で山歩きや旅行に出かけるなど，積極的に活動している人たちはたくさんいます。その一方で生理現象のひとつである尿漏れを気にして何となく出かけるのが億劫になり，そのうち外出できなくなるという高齢者がいることも調査研究により指摘されています。紙オムツというと寝たきり老人のイメージがあるのですが，元気な高齢者がちょっとした尿漏れを気にせずに，おしゃれに外出を楽しむことのできる生活をサポートするアンダーウェアを開発することを目標として研究が行われました。Inoue の研究（2006）において，紙オムツのはき心地は，「体になじむ」と「吸収体がゴワゴワしない」こととの相関が高く，この項目と材料特性，動作解析結果とを検討することではき心地の良さを評価できることがわかりました。はき心地に最も影響を及ぼす材料特性は図4-8における三角ゾーン部の伸長特性，せん断特性，吸収体の曲げ特性およびギャザー部の表面特性であることがわかり，特に三角ゾーン部の設計に留意することがはき心地の向上につながることが明らかになりました。この結果を踏まえ，紙オムツ仕様の肌着が開発されたのです。

　これは元気な高齢者の生活を支援するための具体的な被服設計の例ですが，このような発想と具体的な製品の開発が今後も望まれます。

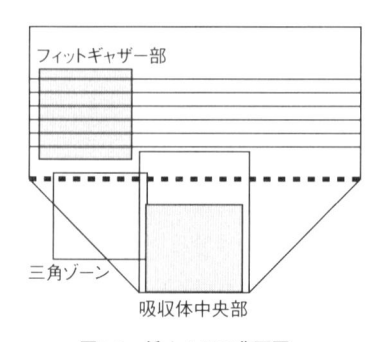

図4-8　紙オムツの背面図

5. 高い機能を持つテキスタイルと高齢者の被服

　日本の高齢社会が急速に進む中，高齢者に視点を当てた付加価値のある製品

が市場に多くみられるようになりました。その一つとして，環境と安全性を中心に，着用の快適性と道具としての機能性，利便性が重要視された，これまでにない機能や状況の変化に対応した高い機能性を持つスマートテキスタイル（賢い繊維製品）が実用化され始めています。

スマートテキスタイルとは，Th. Gries らによる広義の解釈としては，一般の繊維素材では得られない新しい機能を備えたテキスタイル素材，既存の機能を新規の技術で得るテキスタイル素材とされており，Robert R. Mather による狭義の解釈としては，周囲の環境の変化に対応して，着用者の好ましい環境に動的に修正・対応していく機能を持つテキスタイル素材と捉えられています。スマートテキスタイル製品としては以下のような製品が開発されています（米長，2003）（Bulgun & Kayacan, 2003）。

① PCM（相変換物質）の応用による温冷対応機能材：物質の固体／液体の可逆変化における熱の放散・吸収現象を利用して，体温に近い融点をもつ物質を選んで，これをマイクロカプセルに内蔵し，テキスタイル素材に付与する技術です。寒い冬には温度が高くなり，暑い夏には温度が低くなる素材であり，着用時の温冷感を調節することができると考えられます。特に生理的な体温調節反応が遅くなりがちな高齢者にとって，気温に伴って温度が変化することで体温調整を補助できる被服が期待できます。

②形状記憶素材：温度や水分などの刺激によって，当初に設定されていた形状に戻る特有の機能を有する素材，有機ポリマー系は，結晶性ポリウレタンの硬質層とポリエーテル・ポリエステルのジオール系ガラス質の軟質層という硬軟両質層を有するブロックポリマーから構成されています。この素材の用途はかならずしも被服に限定されたものではありませんが，被服を例にとって見ると，日常の使用や洗濯による型崩れからの回復に効果があると考えられます。また肢体の不自由な人が自分で脱ぎ着を行う際に，布の一部に無理な力がかかることがありますが，力のかかりやすい部分にこのような素材を用いることで型崩れを防ぐことにも応用できるでしょう。

③超分子集合体の導入：クラウンエーテル（複数のエーテルを中心に持つ環状エーテル）やシクロデキストリン（疎水性孔を内部に持つ環状糖分子）などの超分子集合体の持つ包接機能を活用して，消臭・芳香物質を取り込んで，選

択的に放出します。医薬・化粧品として応用されているほか，皮膚から出る汗などのわずかな水分の刺激を受けて，包接されていた芳香性物質が放出するような形で製品化されています。これは日常の精神的な快適性として素材に消臭，芳香効果を取り入れるケースです。高齢者にかかわらず，気持ちをリラックスさせるなどの効果に用いられることになるでしょう。

④エレクトロニクステキスタイル：エレクトロニクステキスタイルとは，センサーやマイクロチップを衣料やテキスタイル資材に導入して，着用者や資材の状況を遠隔で掌握し，必要により制御する機能です。一般の繊維素材からなる布にセンサーやマイクロチップを植え込み，情報を集積伝播する機能が主体ですが，導電性繊維を交編または交織し，その基布に集積回路機能を構築して，同機能を付与する開発も進んでいます。そのような布で作られたシャツを着用することにより，家庭での連続モニタリングが可能となり，健康なライフスタイルの維持や睡眠研究のモニタリング，病院でなく自宅での高齢者のモニタリングなどに活用されています。その他，糖尿病患者のための足の血流障害予防用のソックスなどにも利用されています。

環境と安全性を中心に，着用の快適性と道具としての機能性，利便性が重要視されていく中で，これまでにない機能や状況の変化に対応した動的な機能性能を持つスマートテキスタイルに対する関心はますます高くなると考えられます。特に高齢者にとっては，スマートテキスタイルが付加価値として利用されていく可能性が高いでしょう。

ただし，ハイテク製品であるため，価格の問題や，壊れたときに早期に修復するシステムなどを考える必要があるとともに，電磁波が人体にどのような影響を与えるかなどの問題点もあり，研究途上にあることは理解しておく必要があります。

以上，さまざまな面から高齢者のための被服について考えてきましたが，現実には高齢者のための被服ということではなく，一人一人の個性に応じた快適な被服を，好みに応じて考えていくことが最も大切なことであると考えられます。高齢者でなくても怪我をしたり，病気になったり，女性であれば妊娠したりしたときに感じる不自由さがあるように，また気持ちの上で日々喜怒哀楽があるように，高齢者だからという特別な視点ではなく，その時その時に応じて

自分にあった被服をどう選択していくかということが大切でしょう。その時々の選択が可能であるように，生産者側に対して選択の幅を広げてもらうように，消費者として企業に働きかけていくことも，もちろん大事なことです。

【参考文献】
Bulgun, E. Y. & Kayacan, O. 2003 *Medical Aspects of Smart Clothes -Saving Lives by Textiles-*, International Conference TEXSCI 2003, Textile Science 2003 at Liberec, Czech Republic.
原田隆司・土田和義・丸山淳子 1982 被服内気候と被服材料 日本繊維機械学会 繊維工学 350-357.
平田耕造・井上芳光・近藤徳彦 2002 体温－運動時の体温調節システムとそれを修飾する要因 ナップ出版 180-198.
Inoue, M. 2006 Wearing Comfort of Disposable Diapers, Proceedings of the 35th Text. Res. Sympo., 247-251.
岩崎 錦・西田安江・西垣清香・吉野鈴子 1997 高齢者の身体機能に適応する衣服の性能について 神戸大学発達科学部研究紀要，**4**（2），445-450.
丹羽雅子・酒井豊子（編） 1995 着心地の追究 **63** 放送大学教育振興会
丹羽雅子・酒井豊子（編） 1995 着心地の追究 **85** 放送大学教育振興会
田村照子 1985 基礎被服衛生学 **78** 文化出版局
米長 粲 2004 欧米のスマートテキスタイルの開発動向 加工技術 **39**（6），357-365.

第2節　食の安全を考えながら食生活を楽しむ

1．食生活を支援するリスクコミュニケーション

　健康や食の安全に対する情報が氾濫する今日，食の安全を守るには，どのような観点に立ってそれらを取捨選択すればよいのでしょうか。情報に振り回され，不安にとらわれるあまり，食の楽しみが半減したり，食に対する意欲・行動が「消極的」になるのは望ましいことではありません。一方で，あまり心配しなくてよいことに心を砕いたり，あるいはもっと心配しなくてはならないことに無頓着でいる場合がよくみられます。健康が気になる高齢者が頼りにしがちな健康食品による害も多発しています。こうした事態が起きる背景には，ひとつには専門家による情報提供が不足していることがあります。

　そこで，本節では，高齢者，並びに高齢者を抱える家庭の調理担当者や介護

を職業とする人たちを対象として，食の安全に関するリスクコミニュケーションを目的として，やや専門的な解説も交えながら，食の安全を考える上で必要な知識や考え方について概説しました。全世代に通じる内容が多いですが，高齢者特有の問題にも言及しました。

どのように食の安全をとらえ，安全性を脅かす問題に対して不安感を抱いたままではなくて積極的に食生活を楽しんでいったらよいのかということを，まとめてみました。

2. 管理された化学物質

食品添加物や残留農薬などの「化学物質」に対して世間の関心は高く，できるだけ食品添加物を避けようとしている人も多いと思います。その理由として食品添加物が体に害を与えるものだと考えている人が多いことがあると思います。そこで，実際にどの程度のものを心配しなくてはいけないのか，どの程度心配しなくてよいのかということをお話しします。

その前に化学物質は怖いのか？ということです。よく「化学物質まみれ」とか「化学物質漬けの食品」という言い方をします。本来私たちの体は細胞からできていますが，その細胞もたんぱく質，糖質，脂質，ミネラル（無機質）などの「化学物質」が集まってできています。つまり，人体は「化学物質」からできているのです。空気もやはり酸素とか窒素とか二酸化炭素とか，それぞれの「化学物質」の混合物です。つまり，地球上の物質はすべて「化学物質」から成り立っているのです。その意味で，「化学物質まみれの…」と言われるのは化学物質にとって迷惑な話で，おそらく一般に皆さんが化学物質の悪い影響についてお話される時は化学合成された化学物質のうち，毒性を持つものを指しているのだろうと思います。本来の「化学物質」は人体に悪影響を及ぼすものもあれば，人体を構成する重要な化学物質もあるということです。そのことをまず最初に確認しておきます。

話を戻します。一般的に「食の安全」を脅かす要因として「食品添加物」や「残留農薬」を取り上げることが多いですが，例えば発ガンに注目した場合，ドール博士が1981年に発表した疫学調査に基づいた研究によると，それらの化学物質がガンの要因になる可能性は案外低いものです。これに対し，喫煙と

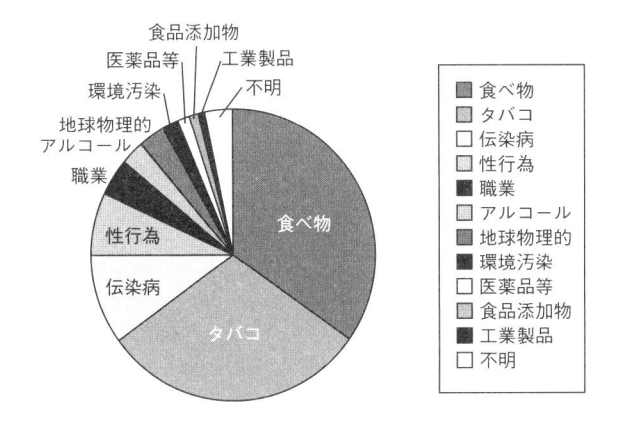

第 2 節　食の安全を考えながら食生活を楽しむ　*119*

図4-9　ガンの推定要因（R. Doll, 1981）

食べ物そのものが発ガン要因になる率が高いと推定されています。（図4-9）

　タバコはタバコの葉を燃やすことによってたくさんの化学物質ができて，例えばダイオキシンなどもタバコの煙の中に入っています。様々な種類の発ガン物質の宝庫ですので，これは高い確率で肺ガン，あるいは口の中の舌ガンなどの原因になります。食べ物そのものが高い確率で発ガン要因に挙げられていることに意外に思う人は多いでしょう。これについては，後で述べます。

　農薬や添加物は，残留基準以下であれば安全であるという前提で食品への使用が認められています。豚や牛，養殖魚などの動物性食品には動物用医薬品が，農作物には栽培時に農薬が，加工食品には食品添加物の使用が日本でも認められています。これらの化学物質はなぜ必要なのでしょう。動物用医薬品を例に挙げて説明します。一ヶ所で同じ種類の動物をまとめて飼うと非常にその動物に対してストレスを与えることになります。そこへ例えば鳥インフルエンザでもそうですが，一つ病気が発生すると同じ種ですから一時に広まってしまいます。現代の日本の食料生産のあり方が集中生産・大量生産の形態になっているため，伝染病の甚大な被害を防ぐために抗生物質等の動物用医薬品を使用せざるを得ないわけです。

　大事なことは，使用に際して守られるべき残留基準が個々の化学物質について法律で定められていることです。厚生労働省の食品衛生法では，200種類く

らいある農薬の1種類ずつに，例えばクロルピリフォスという名前の有機リン系農薬はカボチャには 0.05ppm 以下でなければなりませんというように，個別の農薬について個別の作物に対して残留基準が細かく決められています。この残留基準以下であれば安全である，一生涯摂り続けていても体重も減らないし病気にもならないし，ガンの原因にもならないということを前提に食品への残留が許されている化学物質なのです。

　ではこの残留基準をどのように決めるのか，あらすじをお話します。（図4-10）それぞれの農薬に対して例えばクロルピリフォスやマラチオンという有機リン系農薬一つずつについて細かくネズミ，サル，イヌなどを使って動物実験をします。そうすると，マラチオンというのはマラソンといって園芸でもよく使われる農薬ですが，同じマラチオンでも，動物の種によって感受性が違います。ネズミが敏感に反応して害が出るかと思えば，サルは同じ量でもまだ平気という場合もあります。そういう種による違いと，同じサルでも個体差があります。これは人にも個人差があるように同じ薬物，同じ量を摂取しても個体差は必ずあります。ヒトの体重 1kg あたりに何 mg までなら食べても大丈夫だという一日許容摂取量（ADI）というものを決めるのですが，ヒトでは実験できませんので，動物実験で出た値に，種による違いと個人差を考慮して，さらに 100 という数字で割って値を小さくして求めます。次に，それぞれの作物をどれくらい摂取しているかを国民栄養調査から割り出します。日本では米の摂取量が多いので米に付着している農薬の量は少なくないとだめです。しかし，お米を滅多に食べない国の人の場合はお米に付いている農薬の量が若干多めでも大丈夫です。その代わり小麦粉を主食としているならばそっちの量を減らすというような決め方をします。このように動物実験と国民栄養調査による科学的なデータを基にして，なおかつ法律で規制しています。この残留基準を超えたら流通は差し押さえられます。ですから残留農薬とか食品添加物というのは最も管理された化学物質だと言えます。つまり，どこまで摂ったらどのような毒性が発揮されるかということが把握されていますし，法律でも残留基準以下でなくてはだめだと規制されています。

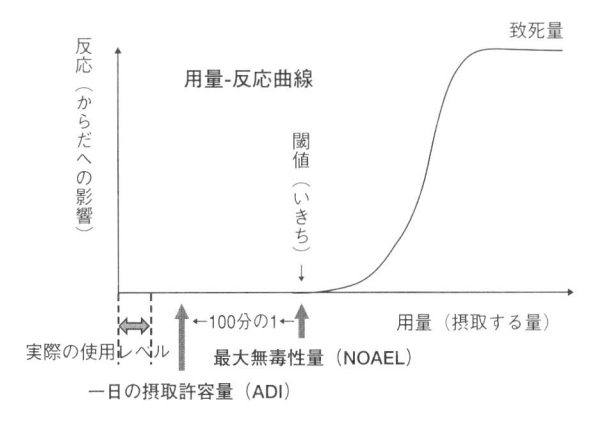

図4-10　リスクアセスメント（化学物質の毒性評価）

3. 食のリスクとリスクを下げる食行動

　以上のことから，残留農薬や食品添加物は，動物実験により毒性が詳細に調べられ（リスクアセスメント，図4-10参照），法的に使用が規制されている（リスク管理）という点で，通常，必要以上に心配しすぎることはないのです。
＜必要な観点その1＞
①有用性と毒性のバランスで農薬や添加物の使用を考える
　例えば，酸化された油(過酸化脂質)による急性・慢性毒性の健康被害から免れるためには，むしろ抗酸化剤は必要があるといえます。
　食中毒を防ぐことはとても大事です。食品添加物よりも微生物による食中毒によって高齢者や幼い子供たちが命を落としている例が非常に多いです。殺菌剤や防腐剤のお陰で微生物の食中毒が防がれています。その意味では防腐剤を残留基準以下で使用することは必要なことといえます。
②量（濃度）の概念を養う
　例えば，食品から農薬が検出されたと聞いてすぐに大騒ぎをせず，残留基準と照らし合わせて多いのか少ないのかと考える意識，冷静さも必要です。というのも，たとえ完全無農薬の栽培を行っていても，近隣で農薬を使っていれば，影響を受けることがあります。農薬は揮発性が高いこと，農薬に対する分析技術が向上して以前は測れなかったくらいのppbのオーダーまで測れるようにな

③個人的なリスク管理－総量規制を

　これまで述べたように，我が国では個別の化学物質に対しては基本的に残留基準が守られており，過剰に心配する必要はありません。しかしながら，残留基準というのは一つの化学物質に対して，一つの農作物に対して個別に決まるものです。クロルピリフォスならクロルピリフォスという純粋な農薬を使って動物実験を行った結果から導き出されています。しかし，私たちは食品からクロルピリフォスも摂るしマラチオンも摂るし他の添加物も摂ります。多くの種類を同時に摂取し続けたときの影響がすべて明らかな訳ではないので，食品表示を見て添加物などの総摂取量を減らす意識は必要です。したがって，たまたま人から頂いたお土産に赤色何号とか食品添加物が入っていても，それをおいしく食べて構わないということです。その一方で，自分たちがスーパーで食べ物を選ぶ時に，食品の表示を見て，添加物ができるだけ入っていないのを選ぶ。そうして自分で総量規制をしていくのです

　では，ドール博士の円グラフ（図4-9）に示された「食べ物」そのものの発ガンリスクとは具体的に何を指しているのでしょうか。実は，発ガンとの相関関係が明らかになっている，過食，脂肪の摂り過ぎ，動物性たんぱく質の摂り過ぎ，塩分の摂り過ぎといった食行動のあり方を意味しています。

＜必要な観点その２＞
リスクを下げる栄養バランスのとれた食生活

　朝食をとる。過食を避ける。脂肪を摂りすぎない。動物性たんぱく質を摂り過ぎない。塩分を摂りすぎない。野菜や果物を摂取する。これらのことは発ガンのリスクを下げるためにも大事なことです。

4．非意図的に生産される毒性化学物質

　食べ物の中に含まれる発ガン物質対策として，一番気をつけなくてはいけないのはカビ毒（マイコトキシン）です。ナッツ類などに発生したカビが産生するアフラトキシンという毒素は，天然の化学物質の中で最も強力な発ガン物質です。ナッツ類や米にカビが生えたら，絶対にもったいないなどと言わないで食べないことです。昔，お正月の餅に青いカビが生えたら，水の中に漬けてお

いたり削ったりして食べていました。しかし，現代では，カビの生えたものは食べないほうが無難という考え方に変わっています。輸入したナッツ類で，変色して黒くなっているものは食べないようにしなければなりません。ピーナッツなら千葉県や茨城県産が有名です。国内産のものは大概大丈夫です。

　油の酸化にも気をつけましょう。家庭科の教科書にも揚げ物に何度か使った油は炒め物に使いまわししましょうとあります。これは貴重な油糧種子を大事に使いましょうという考え方で，揚げ油を何回か使って数日以内に使いまわす場合は問題ないでしょう。しかし，徹底して何回も使われた油を，しかも何日間も一ヶ月も台所の隅に置いておいたような古い油を炒め物に使いまわすことはよくありません。これについては論文（福井ら，1978）が出されていて，古い油を180℃で薄膜加熱すると，油と酸素との接触面積が大きくなりますので，熱酸化しやすくなります。もっと詳しく言うと，ハイドロパーオキサイドという過酸化脂質が薄膜加熱により分解されるので，それで使いまわししてもよいという話だったのですが，ハイドロパーオキサイドからさらに熱酸化が進んだ過酸化脂質が古い油の中にできており，それらは薄膜加熱によりさらに毒性の高い物質に変化します。したがって，使い過ぎた古い油の炒め物への使いまわしは止めた方がよいです。油の酸化による害としては，一つは急性毒性により下痢をしたりお腹を下すことがあります。それはまだ目に見えて分かる現象ですが，酸化した油をずっと摂取し続けていると肝臓疾患の原因や発ガン，老化などの原因になりますので，酸化臭のするものは食べるのを避けた方がよいです。学生に酸化臭とはどんなものか聞いてみましたが，油の酸化した匂いがどういうものかわからないという回答がほとんどでした。酸化した油の匂いに慣れておくことは必要で，嗅覚が案外敏感で信頼できます。

　化学物質に対する考え方の話に戻ります。食品添加物や残留農薬は最も管理された化学物質として，それほど心配ないことを説明しましたが，毒性化学物質としては，今述べたカビ毒や過酸化脂質もそうですが，ダイオキシンのようなむしろ非意図的に生産され，発生を管理できない物質に関心を向けた方がよいでしょう。物を燃やせば，焚き火でさえ，微量ながらダイオキシンは発生します。昔多用された塩素系農薬が原因で生態系に蓄積したダイオキシンがいまだ魚介類や母乳を少なからず汚染しています。加熱調理時に食品中に生成する

アクリルアミドや焦げの中に存在するベンズピレンやヘテロサイクリック系化合物なども意図せずに生成されている物質です。これらは，発ガン性を持っており，個々の毒性については動物実験で比較的詳細に調べられていますが，その発生が管理できない・把握できない点に問題があります。

これらに対してどのような対策をとればよいでしょうか。最近問題になっているアクリルアミド対策としては，揚げる・焼くの高温加熱調理をこれまでより少し減らして，茹でる・煮る・蒸す操作を多めに取り入れることで総摂取量を減らすことができます。また，焦げた物はできるだけ食べないようにします。

食べ合わせでも毒性物質が体内にできる場合があります。野菜と魚肉類を一緒に食べ合わせた場合にニトロソアミンという発ガン物質が胃の中にできることが知られています。ただ，ビタミンCや緑茶のカテキン類などを摂取することで，ニトロソアミンの生成を防ぐことができます。野菜に含まれる硝酸から体内で変化してできた亜硝酸が肉のアミン類と化合してニトロソアミンができるのは反応が遅く，そこへビタミンCが入って来て，亜硝酸がビタミンCに還元されてしまうと，ニトロソアミンは生成されないのです。したがって，肉と野菜は一緒に摂って，なおかつデザートにミカンなどの果物を食べたり，果物がない場合はビタミンCに限りサプリメントを使用すれば非常に有効だと思います。信頼できるメーカーのビタミンCの錠剤や顆粒を毎食後に服用すればニトロソアミンの生成を防げると思います。それでなくても食品の中でニトロソアミンの生成を防ぐものは色々あります。緑茶にもビタミンCがありますし，食後に緑茶を飲むのもよいでしょう。これらを努めることでリスクを下げることができます。

5. 天然物なら安全か

天然の物質であれば安全だと思いこむのも問題です。健康を気にする高齢者や熟年層の間で健康食品が非常にブームになっています。若い人の間でも，健康食品やサプリメントが人気です。確かにサプリメントや健康食品によいものもあるでしょう。その一方で健康食品の害が増加していることを知っておきましょう。

平成15年より少し前，東南アジア原産の植物アマメシバが粉末状で，健康

食品として，便秘解消等の効能を謳って日本で売られていました。その前に中国や台湾でも痩せる食品ということでよく売れました。アマメシバは元々東南アジアでは葉の部分が食用にされていました。食用にしているくらいだから大丈夫であろうということで，粉末にして健康食品になっていました。実際には特に栄養価が高いわけでもなく痩せる効果があるわけでもないのです。特に効果はないが，害もないだろうということで使用されたと思いますが，実際にはこの粉末を摂取することによって非常に重い呼吸器障害，肺の疾患にかかった人が台湾や日本で何人もいて，今，厚生労働省ではアマメシバを健康食品として販売することを禁止しています。葉を調理で用いる場合は摂取量が限られるが，粉末をジュースにして飲む場合には，大量に摂取することになり，それで思わぬ害があったということだと思います。被害者は一生治らなくて，ボンベを担いで生活しないと生きていけないような非常に重篤な肺疾患になっています。天然物だと何でも安心ということはなく，必要な観点としては，一つの食品あるいは単一の食品成分に対して過剰な期待をしないことが大事であると考えます。

　栄養学の専門家の間ではよく知られた別の事例を紹介します。βカロチンが肺ガンに効くというのは動物実験で立証されています。βカロチンはニンジンなどに含まれる橙色の物質ですが，実際にβカロチンを単品として，すなわち，サプリメントとして長期投与していくと，10何年も経つと逆に肺ガンが増えたということが医学的な実験で判明しています。短期間だと抑えるのに驚いたことに逆の結果になっています。ですから何か単一の成分に対する過剰な期待を持って，それをずっと摂り続ける，特に単品として錠剤のような形で摂り続けることは止めたほうがよいでしょう。ニンジンなどの野菜を食べて摂るのが一番よいということです。

　例えば油のリノール酸も健康によいと言われ一時は摂取が奨励されていましたが，今は弊害も明らかになっているため，リノール酸だけを積極的に摂取する必要はまったくありません。

　例えば白い精製された砂糖は体に悪いと言う人がいます。単なる砂糖ですから，それ自体に何も罪はありません。摂り方に気をつけたらいいのです。

　一つの食品を健康に対して絶対的なものだと思い込んだり，あるいは一つの

食品や成分を極端に非難する「フードファディズム」に陥らないようにすることです。食品は混合物ですからリスクを持つものも含まれているので色々な食品を食べてリスクを分散することが大事です。

＜必要な観点その3＞

①一つの食品あるいは単一の食品成分に対する過剰な期待をしない

　例えば，サプリメントに頼りすぎず，上手な使い方が必要。フードファディズムに陥らない。

②リスクを分散させる

　食品に含まれるある物質に発がん性があってもそれを抑えてくれる物質もまた含まれている場合が多くあります。その意味でも，いろいろな種類の食品を摂ることは大事です。

6. リスクがわからないものに対してどう考えるか

　それから必要な観点として「予防原則」があります。必要以上に神経質になることはないが，かといって因果関係がはっきりしない場合，疑わしい場合はこれをできるだけ避けようという考え方です。これは環境や安全に対する考え方のヨーロッパからの流れなのです。「因果関係がはっきりしない」ことをはっきりさせるのはとても時間がかかります。しかし，疑わしい場合は，予防原則の考えからすれば警告を発して，リスクがあるかもしれないから気をつけようとするべきだと思います。そうでないと，科学的な因果関係がはっきりするのを待っていたら，被害が拡大してしまう恐れはあります。

　例えば遺伝子組換え食品についても害がはっきりしていません。しかしそれがはっきりするまで待つのではなくてやはり私は避けたいと思います。おそらく害がまったくないものもあるでしょうし，個々の農作物によって違うと思うのです。ただ全体的には避けた方が無難だろうと考えています。これに対しては反論もあるかと思いますが。

　それから専門家と消費者の間のリスクコミュニケーションが不足しています。専門家と市民との間で，リスクについて互いに話をすることが大事だと思います。

＜必要な観点その4＞

① 予防原則

　リスクに関して未解明の部分があり因果関係が科学的に立証されていない場合でも，疑わしい場合はこれをできるだけ避けようという考え方です。

② リスクコミュニケーションの場への参加

　食品のリスクを知りたい場合には，農林水産省や厚生労働省，国立医薬品食品衛生研究所のホームページをご覧になるとたくさんの情報が得られます。

　以上，主に化学物質に対する考え方を中心にして，話を進めてきました。

7. 細菌性食中毒を防ぐ

　高齢者の食の安全を守る上で，最も気をつけなければならないものは細菌性食中毒です。腸管出血性大腸菌 O-157 やサルモネラ菌など，近年の抗生物質の乱用などでこれまでに見られなかった耐性菌なども出現してきて，細菌類やウィルスが世界中で猛威を振るっています。命を脅かすことさえあります。

　その中で，O-157 などの腸管出血性大腸菌による食中毒を防ぐうえでの注意事項を説明します。ハンバーグの加熱調理は中まで火が通りにくいものですが，大腸菌を完全に死滅させるためには，ミンチ肉の場合，内部の中心温度を 75℃に1分間以上保たなくてはなりません。これが案外難しいのです。ミンチ肉の場合は表面積が大きいので，粒の表面に雑菌が付着している可能性があります。それらを混ぜて温かくしておくと，たちまち細菌が繁殖して腸管出血性大腸菌 O-157 などの場合は少量の菌体数でも腸管出血性の食中毒になります。ひどい場合はご存知のように命に関わりますので，集団給食などの大量調理では温度計を差して測るように決められています。家庭などで温度計を差して測るのが困難な場合は，箸を差して出てくる肉汁が透明であれば大丈夫であることを，日本調理科学会が実験して確認しています。私たちがよくする，肉の断面の色が変わっていたら火が通っていると判断する方法ですが，実はハンバーグの場合，肉の断面の色が変わっていても内部温度はしばしば 75℃で1分間以上が保たれていないことが多いのです。75℃1分間以上加熱していなくても肉の色は変わるということです（日本調理科学会近畿支部，1999）。これには気をつけなければなりません。

　ただし，ステーキのような肉の塊だと表面だけ十分に加熱していれば内部ま

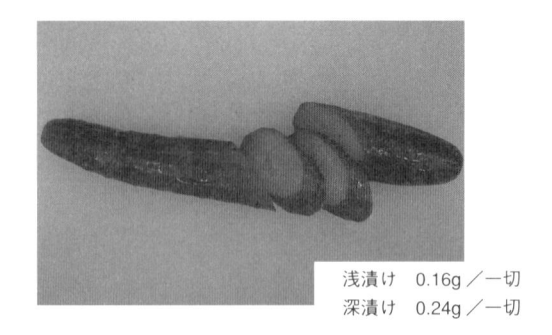

浅漬け　0.16g／一切
深漬け　0.24g／一切

図4-11　漬け物（キュウリ）の塩分含量

でそんなに温度が上がる必要はありません。ミディアムで中は生でもいいのです。表面についている雑菌だけを死滅させればよいわけです。

高齢者や乳幼児，児童はダメージが大きく，命にかかわることすらあるので，細菌性食中毒に対する正しい知識を持って，予防することが非常に大事です。

8. 塩分を摂りすぎない

塩分の摂り過ぎは，高血圧など生活習慣病のリスクを高めます。ドール博士の円グラフ（図4-9）に示された「食べ物」そのものの発ガンリスクの中に「塩分過剰摂取」も含まれていると先に説明しましたように，胃ガンの原因にもなり得ます。高齢者にとって毎日の食生活の中で塩分摂取をできるだけ抑えることは重要ですので，ここで改めて減塩について説明します。

日本の場合，国民栄養調査によると1日当たり男性一人平均12g，女性11gを摂っています。食パン1枚でも食塩1gが入っていますから，すぐにこれくらいの量が摂れるわけです。ところが知っておいていただきたいのが，人が体を生理的に維持するために最低限必要な食塩摂取量は推定2gに満たないのです。この値は，大人から子どもまでの平均です。ところが実際には10gを超えて摂ってしまう。それは塩がおいしさを引き出すからです。つまり嗜好を満たすために上乗せの10gなり9gなりを摂っているということになります。そしてまた保存安定性を高めるために塩分が必要な場合が多く，今の時代，加工食

品をたくさん摂ると塩分摂取量は高まります。こういったことで，WHOの目標値は6gですが，日本の場合はご飯にお漬物を組み合わせて食べたりしますので，努力目標を8gから10gにしました。しかし，なかなか達成できないでいます。減塩するには，まず，自分でも塩辛いと感じる場合は塩加減を低くするように努めることです。また，食塩や醤油だけで味付けするよりも，酢を加えたりアミノ酸を含む出し汁を加えたりすることで嗜好性を満たすことができます。減塩製品を取り入れるのもよいでしょう。

　参考までに漬物の塩分についてお話します。私の家で糠漬けを作って塩分含量を分析しました。浅漬けにした場合，キュウリ一切れに含まれる食塩は0.16gでしたが深漬けにしますと0.24gでした。キュウリ等はすぐに浅漬けや深漬けで塩が浸透してしまうので，このように深漬けの場合は1.5倍の量になりました。意外と少ないと思いました。ナスが案外，皮が染みにくくて浅漬けより深漬けの方が塩分含量が低いこともあり，値がまちまちでした。市販の漬物はどうしても塩分が多くなりがちですので，減塩タイプの製品を探すか，できれば，自分で塩分を調整できるように漬けてみてはどうでしょうか。すぐに漬けられる糠床が袋に入って市販されています。

9. 健康を考えながら食生活を楽しむ

(1) 味噌汁のすすめ

　積極的に毒消しなどをしながら食生活を楽しんでいくために，毎朝，パン食のときも，野菜がたくさんの味噌汁をできるだけ出すようにしています。野菜にも味噌にも活性酸素消去作用があります。両方相まって，具沢山の味噌汁は高い活性酸素消去作用を持つことを，奈良女子大学の的場輝佳教授が明らかにしています（Yamaguchiら，2006）。ただ塩分摂取量が増えないようにできるだけ溶かすお味噌の量を減らすなどの工夫は必要かと思います。温かいお味噌汁を味わうことによって，活性酸素を消去し，食生活を楽しみましょう。

(2) 緑茶のすすめ

　緑茶にはカテキンをはじめ，さまざまな生理活性物質が含まれています。ビタミンCも豊富です。学生に緑茶に関するアンケート調査を行ったところ，急

130   第4章　生活環境論的アプローチ

図4-12　使いやすい急須

須で茶葉からお茶を淹れるのに，後始末が面倒と感じている者の割合が高く，そのことが緑茶を自分で淹れないことに繋がっていることがわかりました。一人暮らしの男性の中には，面倒くさがり屋の方もいらっしゃるのではないでしょうか。どの家庭にもよくある土瓶型の上に取っ手が付いた急須は中の葉を捨てるのが少し面倒ですが，これよりも蓋の部分が広いタイプの深蒸し煎茶用の急須の方が茶葉を棄て易く，使い易いです。排水溝に受けたネット状の袋に捨てて，袋ごとすぐに絞って捨てるということをしていれば，排水溝がべとべとになることもありません。面倒くさがり屋の人も日がな一日緑茶を楽しむことができると思います。自分で気に入った扱いやすい道具を用意して，緑茶を楽しみましょう。

　カテキンはポリフェノール類の一種です。最近，カテキンに生理効果があることから，カテキン含量やポリフェノール含量が極端に高いお茶やチョコレートなどが出回っています。注意しなければならないのは，空腹時に摂ると胃に刺激が強すぎるということです。塩分濃度の高いものやカテキン含量の高いもの，ビタミンCの製剤などは，空腹時の胃の中に入れるのは避けてください。食後がよいです。せめてホットミルクを飲んだ後やミルクで胃の内壁をカバーした後に飲むあるいは食べるのがよいと思います。

(3) 水分補給の重要性

　脳梗塞などの予防に，高齢の方は水分補給に気を配ってください。水やお茶でもよいですが，特に夏季はミネラルを供給することが大事なので，できればスポーツドリンクをこまめに飲むのがよいと思います。ご高齢の方は若い人よりも我慢しがちであったり，あまり喉の渇きを感じにくかったりする傾向にあります。水分補給によって血液を薄めることによって，血液が濃縮されて脳梗塞で倒れるという大事を防ぐことができます。スポーツドリンクは甘ったるくて嫌いという方も多いと思いますが，お好みの味のものを一つ選んで，夏は特に持ち歩いて飲むようにした方がよいです。水やお茶に少し塩を加えて飲むのも一つの方法です。

(4) 口腔内ケアのすすめ

　オーラルケアである歯磨き，うがい，口ゆすぎをお勧めします。ご高齢や病気の方で嚥下が困難になることがあり，誤嚥して気管の方に入ってしまったら苦しいわけですが，苦しいだけでなくて食べ物が肺の中に入って，それが原因で肺炎になることさえあります。その場合に一体何が原因になるかというと，食べ物そのものではなくてそれと共に入ってくる微生物です。口の中にいる細菌類やウィルスが食べ物と一緒に入って肺炎を起こす直接の原因になります。歯磨きがインフルエンザの予防にもなり，罹患率が3分の1に減るとこの前ニュースで報道されていました。朝起きたら口の中は細菌が繁殖しています。ですから，朝にご飯を食べる前，水を飲む前にまず口の中を歯磨きとうがいできれいにして，それから水を飲むなりされた方がいいです。緑茶のカテキンに抗菌効果があるので，番茶など緑茶でうがいをするのも風邪やインフルエンザの予防に有効です。口腔内を常に清潔にすることで，ある程度病気を避けることができるということです。

(5) おやつの楽しみ

　甘いものを食べることに対して罪悪感を持っていらっしゃる方が時々いらっしゃいます。しかし，おやつは3度の食事で摂りきれていないカロリーや栄養補給の意味もありますし，甘いものを食べることによって精神的な満足感を得

るのも大事なことです。ちょっと3時におやつを頂くことで疲労回復してその後の仕事が捗ったり，皆さんと一緒にお茶を頂く中で育まれる人とのつながりもあります。

(6) 一人だけの食卓の楽しみ

一人暮らしの方が増えています。そういった場合に孤食という言葉で表現されて，一人で食事をすることがマイナスのイメージで捉えられがちです。子どもの場合は確かに影響が大きいと思うのですが，これをむしろ積極的に大人の贅沢な時間というように考えるようにしてはいかがでしょうか。例えば，買ってきたお惣菜を自宅でとっておきの食器に移し変えたり，花を一輪活けるなどしてみてはどうでしょうか。ヨーロッパでは一人でレストランに行かれる場合でもお洒落して出かけるそうです。カウンターで店の人との会話を楽しんだり，あるいはお気に入りのお店の常連客になるとか，そういう一人だけの食卓の楽しみを勧めるような雑誌の記事や本が出てきています。テーブルコーディネートの先生と最近親しくなったのですけれども，一人でテーブルを楽しむということも積極的にしていってはどうかと思います。

以上，食の安全に対して正しい知識を持って，過剰な防衛に偏らず，しかし，何に注意すべきかポイントを掴んでいただけるようにお話をしました。これらを踏まえて，食生活を楽しんでいただきたいと思います。

【参考文献】

Doll, R., & Peto, R. 1981 The causes of cancer : Quantitative estimates of avoidable risks of cancer in the United States today. *Journal of National Cancer Institute*, **66**（6），1191-1308.

福井裕美・薄木理一郎・金田 尚 1978 炒め物の際の油の劣化について 調理科学，**11**（2），139-142.

日本調理科学会近畿支部 焼く分科会 1999 ハンバーグステーキ焼成時の内部温度（腸管出血性大腸菌 O157 に関連して） 日本調理科学会誌 **32**（4），288-295.

Yamaguchi, T., Oya, T., Shimizu, Y., Takamura, H., & Matoba, T. 2006 Effect of heating on antioxdants in vegetables during cooking process of Miso soup. *Asia Pacific Journal of Clinical Nutrition*, **15** Supplement2, S117

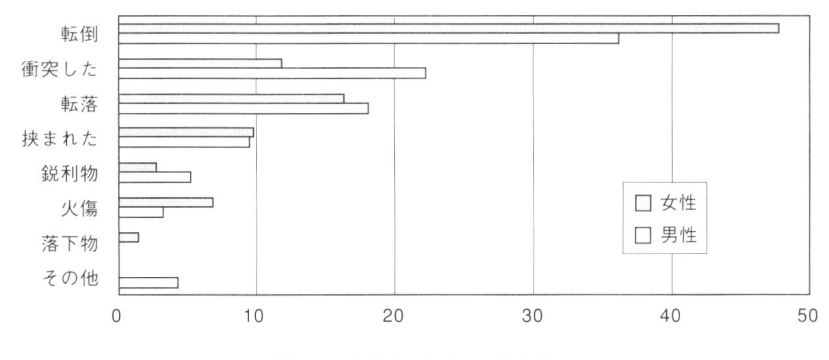

図4-13 住宅内における日常事故

第3節　高齢者福祉住宅の環境条件

1. 高齢者と住宅

　高齢期の安定した生活は衣・食・住ならぬ，医・職・住がベースであるともいわれています。すなわち，身体的に不都合が生じたときには，すぐに医者にかかれる状況にあることと，何もしないでのんびりと生活するよりは，お金に関係なく仕事があると，心の支えとなるということを意味しています。それに，安心して快適に暮らせる住まいがあれば，いうことはありません。なお，衣と食も重要であることには変わりはありません。

　1994年に高齢化社会に突入し，5人に1人が65歳以上という現在において，住宅内では，事故で1年間に約6000人が死亡しています。そのうち平らな場所で，段差などにつまずいての転倒で600人の高齢者が死亡している現状から考えて，安心して暮らせる住環境を創造することは，超高齢化社会に向けて，重要なことと考えられます。図4-13には，以前，東京都の老人総合研究所が行った調査（林，1999）を参考に，住宅内の日常事故の割合を示しています。男女とも，死亡と同様に，転倒による事故が多く，女性では約半数を占めます。筆者の義母も，敷居段差でつまずき，両手首を骨折したのを思い出します。運動性の差異によるのかわかりませんが，女性に比べて男性の衝突事故も少なくありません。事故の原因は全て同じとは思われませんが，やはり，段差による

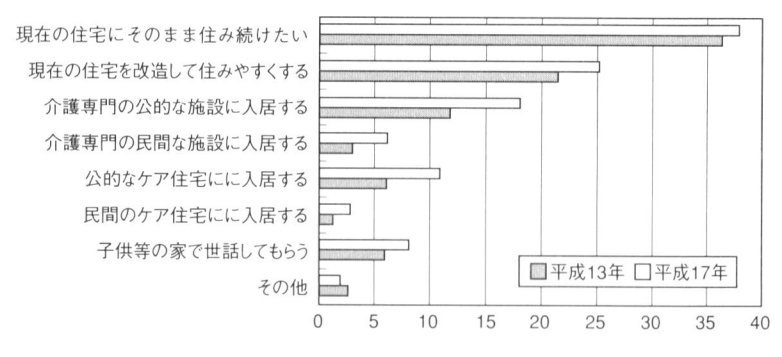

134　第4章　生活環境論的アプローチ

図4-14　虚弱化したときに望む居住形態

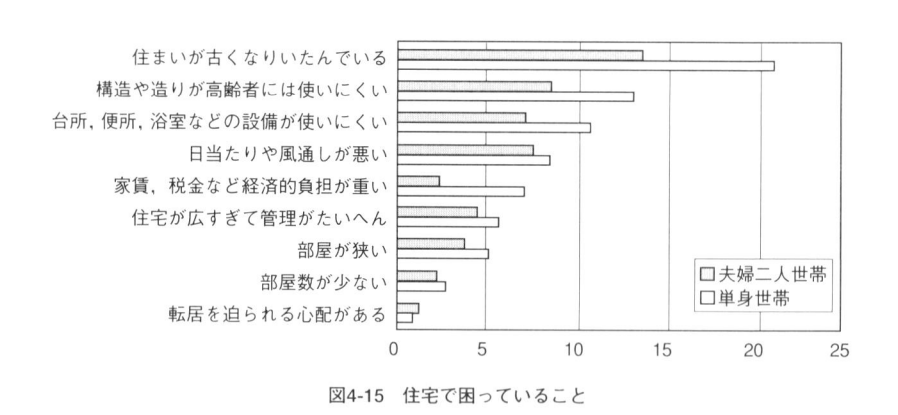

図4-15　住宅で困っていること

転倒，階段における転落と推測されます。

「暮らしと社会」シリーズで，平成16年度と平成20年度版の高齢社会白書によりますと，図4-14に示しますように，虚弱化したときに望む居住形態として一番多いのは，「現在の住宅にそのまま住み続けたい」です。2番目も「現在の住宅を改造して住みやすくする」であり，約半数の人が現在の住宅に住みたいと考えており，永住志向がいまだ強いと考えられます。ただし，回答者の年齢が若くなるほど，「施設やケア住宅に入居する」とした人が増えています。以前，施設という言葉に対して，若干敬遠ぎみでしたが，「個室化」運動など

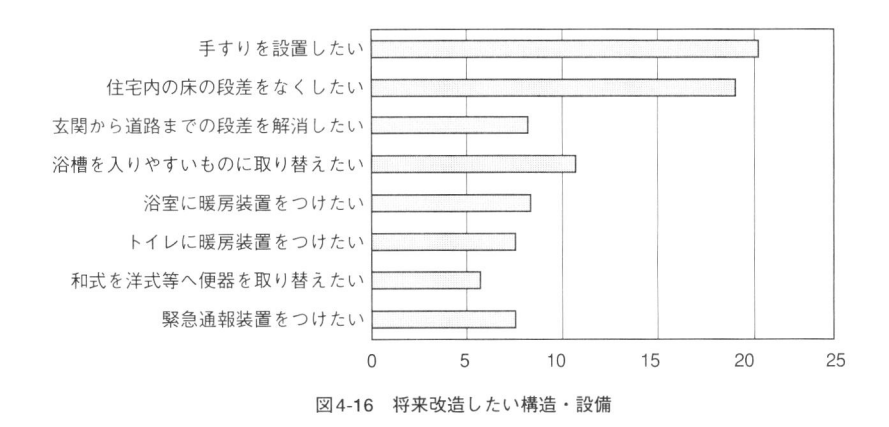

第3節　高齢者福祉住宅の環境条件　　*135*

```
手すりを設置したい          ████████████████████
住宅内の床の段差をなくしたい   ███████████████████
玄関から道路までの段差を解消したい ████████
浴槽を入りやすいものに取り替えたい ███████████
浴室に暖房装置をつけたい      ████████
トイレに暖房装置をつけたい     ████████
和式を洋式等へ便器を取り替えたい  ██████
緊急通報装置をつけたい       ████████
                    0    5    10   15   20   25
```

図4-16　将来改造したい構造・設備

　を含め，近い存在になったといえるのでしょう。このことは，施設やケア住宅などの居住環境を良くすることも重要であると考えられます。
　図4-15には，「住宅で困っていること」についての調査結果を示しています。「構造や造りが使いにくい」「台所，便所，浴室などの設備が使いにくい」「日当たりや風通しが悪い」など従来の古い家では問題点が山積みのようで，以前の筆者の実家もまさにその状況にあり，よく理解できます。それらの不満も，単身世帯に多いようです。図4-16には，「将来改造したい構造・設備」についての調査結果を示しています。それらの問題点を解決するためには，「手すりの設置」「段差の解消」「浴槽や便器の取り替え」「浴室やトイレの暖房」など，従来からいわれていることが多いようです。最近の高齢者の住宅では，「緊急通報装置の設置」も改造点の1つです。
　そこで，ここでは高齢者にとって望ましい住宅とは何かを施設等の居住環境を考慮しながら解説します。

2. 高齢者に配慮した住宅の形式

　図4-17に，高齢者の居住形態の概念図を示します（三井ホーム都市住宅研究所，1994）。高齢者の居住形態としては，住居と施設が考えられます。介護保険制度を利用して受けられるサービスには，在宅サービスと施設サービスとがあります。前者は，主にサービス提供者がスタッフを利用者の自宅などへ派遣し

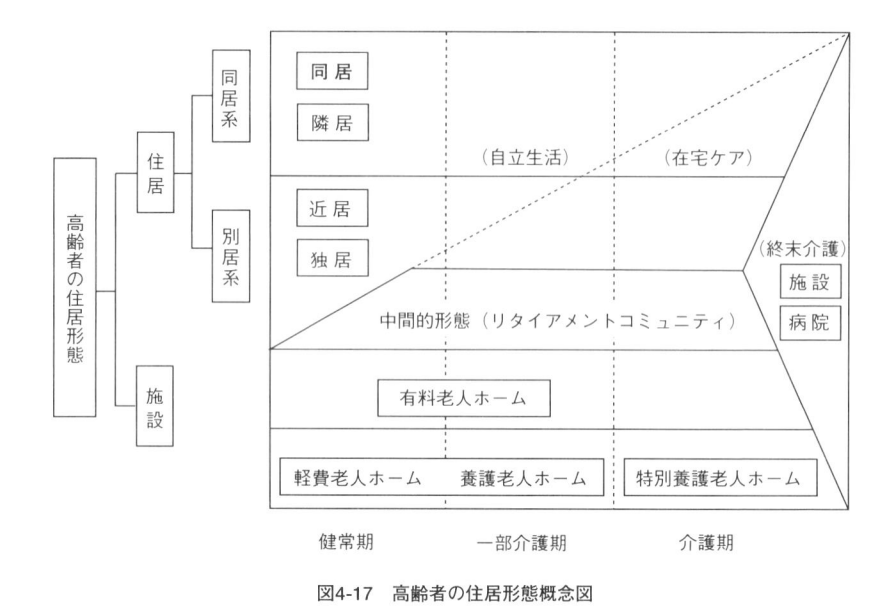

136 第4章 生活環境論的アプローチ

図4-17 高齢者の住居形態概念図

（図中のラベル：高齢者の住居形態 — 住居（同居系：同居／隣居、別居系：近居／独居）、施設／（自立生活）（在宅ケア）（終末介護）施設・病院／中間的形態（リタイアメントコミュニティ）／有料老人ホーム／軽費老人ホーム・養護老人ホーム・特別養護老人ホーム／健常期・一部介護期・介護期）

て，ケアサービスを行うものですが，後者は，施設で行うサービスで，具体的には，有料老人ホーム，ケアハウス，グループホームなどがあります。

　ケアハウスは，1990年度より設けられた新型の軽費老人ホームで，自炊できない程度の身体機能の低下あるいは独立して生活するには不安が認められる60歳以上の高齢者が対象となっており，入浴や食事を提供する他，簡易調理設備もついています。また，グループホームとは，障害者などが自立し地域社会で生活するための共同住居のことです。6～10人程度の小規模な設定で，従来型の施設とは異なる家庭的な雰囲気を確保した施設です。本来はスウェーデンにおいて行われていたもので，認知（痴呆）高齢者や障害者にとって少人数で自宅に近い環境で暮らすことが介護に良いとされたことから広がり，欧米で広く定着し，日本でも在宅老人福祉対策事業の一環で認知症対応型老人共同生活援助事業として取り入れられました。最近では元気な高齢者の間で，広い自宅を持っていても子や孫とは暮らしたくないという人たちが増え，元気な高齢者が，少人数の気の合う仲間と老後を一緒に暮らす，ついのすみかというイメ

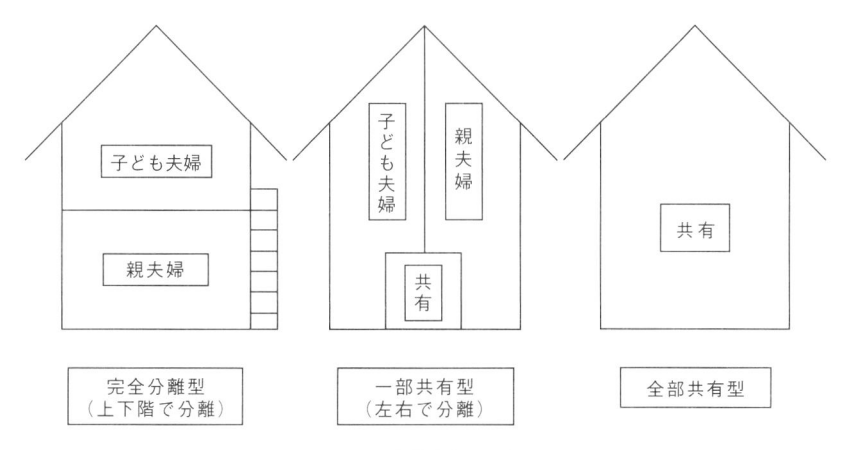

第3節　高齢者福祉住宅の環境条件　　137

図4-18　二世帯住宅の居住形態

（完全分離型（上下階で分離）／一部共有型（左右で分離）／全部共有型）

ージでグループホームという語が使われることが多いようです。グループハウス，グループリビング，コレクティブハウジングなどの名もありますが，どれも同じような理念を持っています。

　高齢者向けの集合住宅には，シニア住宅やシルバーピアとかいわれるものがあり，前者は家賃を一時払いの終身年金保険の年金でまかなうようにしたタイプで，住宅・都市整備公団（現，都市基盤整備公団）によって建設されました。民間企業による高額なシニアハウスもあります。後者は，独立した日常生活が営める65歳以上の1人暮らし，または高齢者のみの世帯を対象とし，これらの人々が地域の中で独立した生活を営めるように，手すりや滑り止め，緊急通報システムなどの設備を備え，緊急時に対応できる管理人を配置した住宅のことです。また，イギリスでは，高齢者が安心して住めるような建築的に配慮した小規模集合住宅をシェルタードハウジングといい，ワーデンと呼ばれる職員が昼夜配置されており，住民の一般的な援助にあたっているほか，各戸に設置された緊急通報システムにより，緊急時の対応もとられています。イギリスでは，まず住宅の改造や各種の在宅サービスで従来の住居での居住を保つ努力がなされますが，一般住居での居住に不安が生じた場合には，第1段階ではシェルタードハウジングへの移動，第2段階ではレジデンシャルホームなどの施設

へ入所，第3段階で常時医療サービスが必要になった場合ナーシングホームなどの保健や医療施設に移行します。

個別住居について述べますと，高齢になると，同居はいやで生活は完全に独立していたいが，子どもが近所にいると何かと便利で安心と考える人もいます。図4-16でも示しましたように，同じ住居に住み続けるためには，種々の改造が必要と考える人も多くいます。そのために，二世帯住宅，ペア住宅，加齢対応住宅，バリアフリー住宅など種々のキャッチフレーズの住宅が考えられています。そこで，それらについて以下に簡単に紹介します。

二世帯住宅とは，親世帯と子世帯とが同一の住宅に居住する形態で，図4-18に示しますように，次の3つの形態があります。普通の住居形態に親世帯，子ども世帯が入る形態を完全同居型とか全部共有型といいます。台所，浴室，リビングルームなど，機能や用途に合わせて共有部分を併せ持つ形態で，親世帯，子ども世帯の日常的なコミュニケーションが図れるように工夫されたものをコミュニケーション型とか一部共有型といいます。同じ敷地にあっても，玄関から台所，浴室，リビングルームまで全てが独立している形態を完全分離型といいます。

ペア住宅とは，親と子の二世帯の住宅が，住戸を隣接させてペアで居住する住宅のことです。二世帯の家族が，互いにプライバシーを尊重しながら緊密に連携することを可能にしています。完全同居，別居の中間的な形態で，高齢者の居住問題への対応策の1つです。また，住宅・都市整備公団がつくった新しいタイプの公団住宅に，隣居型ペア住宅があります。同居はしたくないが子どもたちの家族のすぐ隣に住みたいという人たちのためのものです。3LDKと1DKの2つの住居が隣接し，間に鉄扉が1枚あって往来できるようになっています。1DKの方は老人向けに設計されており，床の段差を少なくし，浴槽に入りやすいように設計されており，いざというときの呼び鈴が取り付けられています。一種の老人対策住宅といえるでしょう。

図4-14でも示しましたように，同じ家に長く住んでいたいと多くの人は考えています。加齢対応住宅とは，一生涯同一の住宅を使えるようにするため，各ライフ・ステージに合わせて構造や設備をいつでも簡単に手直しできるよう，あらかじめ準備しておく住宅のことで，三段方式で考えられています。第1段

階のモビリティ性能とは，松葉杖や車いすの客が訪れても，動き回りやすい造りの住宅のことです。第2段階のアジャスタブル性能とは，車いす常用者が使いやすいように，設備機器が操作しやすく，高さが適切であるものが備えられている住宅のことです。第3段階のインテンシブケア性能とは，寝たきりになったときに，重度の介護ができる性能を備えている住宅のことです。

　バリアフリー住宅とは，障壁となるところを除去した住宅のことです。高齢者ばかりでなく，足腰が弱い人，健常者でもねんざや痛風などで通常の歩行が困難な場合などは，高低差のある通路や階段昇降が障害となるし，視力の弱い人や車いす使用者などには狭い通路や便所や浴室は通りにくいものです。小さな段差や滑りやすい床はたとえ健常であっても危険となり，廊下や階段には手すりが必要となる場合もあります。こうしたような障壁を取り払った住宅がバリアフリー住宅です。

　ケア付き住宅とは，高齢者や障害者が地域で自立して生活できるように，環境面においても居住面においても援助サービスを備えた住宅のことで，バリアフリーの住宅でもあります。シルバーハウジングやケアハウスといった形で整備されています。老人が，共同の食堂で食事し，医療，看護，家事など1つ以上のサービスを受け，施設ではなく幾分かは自立生活を維持できるようにした，米国都市開発省によるケア付き老人住宅をコングリゲート住宅ともいいます。また，高齢者の世帯が地域社会の中で自立して安全かつ快適な生活を営むことができるように，在宅生活を支援し，福祉施策と住宅政策の密接な連携のもとに，高齢者の安全や利便に配慮した設備や設計を行い，福祉サービスが適切に受けられるよう配慮された住宅をシルバーハウジングとか高齢者世話付き住宅ともいいます。高齢者の身体状況を考慮した設備や構造を持ち，生活援助員が同じ敷地内に住むなど，毎日の生活相談や緊急時に世話するシステムが整えられています。入居対象者は単身高齢者と夫婦のみの高齢者です。

3. 高齢者にとっての快適環境とは

　本章のはじめで示しましたように，室内の住環境を考える際，生理的に安全で快適な状況を創造するためには，温度・湿度，通風・換気，採光・照明などを，心理的に安全で快適な状況を創造するためには，音・振動，嗅覚・視覚・

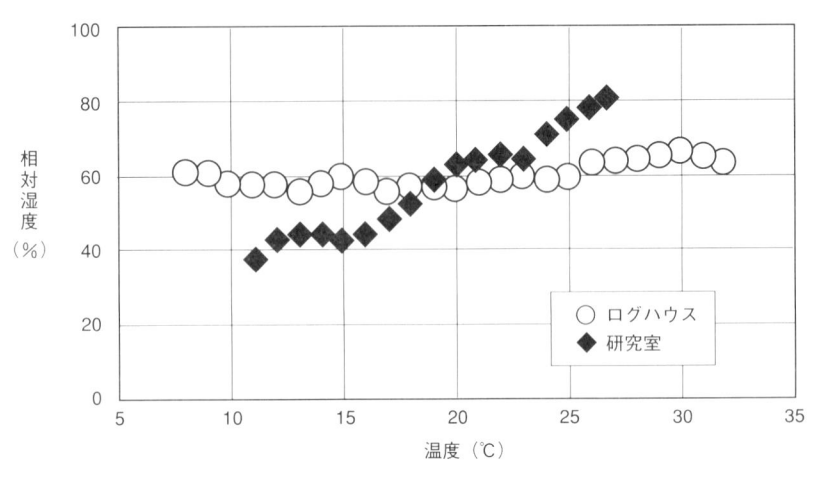

図4-19　1年間の室内の温度と相対湿度の関係

触覚などを考慮しなくてはなりません。ここでは，高齢者にとって特に重要と考えられる温熱環境，視覚環境，聴覚環境について，以下に述べます。

(1) 温熱環境

　高齢者に適した室内気候は，一般に温度は22±2℃，相対湿度は50～60％，気流は0.5m／sec以下です。しかし，季節や個人差，習慣などによっても多少の違いがあります。また，寝たきり高齢者などの清拭を行うときは，若干高めの24±2℃の温度が必要です。

　冬期には，皮膚の血管の働きがにぶり，寒さを強く感じ手足が冷えるため，家中で温度差がないように配慮します。床構造に暖房設備を組み込んだ床暖房方式は，いわゆる頭寒足熱の状態に近く，高齢者にとって一番望ましい暖房方法といわれています。床暖房は，低温放射暖房方式の１つで，韓国のオンドルはその一例です。電気式と温水式があり，前者は施工が後者に比べ簡単ですが，低温やけどのおそれがあり，トイレや洗面所などに適しています。後者は床下にはりめぐらせたパイプに温水を通して床を暖める方式で，低温やけどの心配はありませんが，温度の立ち上がりに時間がかかり，寝室や居間など常時暖房の部屋に適しています。一方，夏期には，自律神経がうまく働かなくなり，冷房による冷えに対応できなくなります。そこで，外気温との差を５℃以下にし，

冷たい風が直接身体にあたらないようにする必要があります。

　また，1年中を通じて，室内を適度の湿度に保つことも重要です。高齢者は，身体の抵抗力が低下していて，呼吸器系疾患が起きやすく，暖房期には適度な加湿が必要となります。湿度が低いと，乾燥性皮膚搔痒症と老人性皮膚搔痒症になり，皮膚が乾き痒くなります。湿度50％を目安に加湿するのがよいでしょう。なお，相対湿度が低いとインフルエンザにかかりやすくなります。近年，高齢者施設で，インフルエンザにかかり，死に至るなどの例も多く報告されています。これは，非吸湿性の材料で内装された施設で，湿度のことを無視して，温度のみを調整したことも一因です。

　図4-19に，1年間を通じての夜間の室内温度と相対湿度の関係を示します（青木，2004）。無垢の木が多用されているログハウスでは，1年間を通じて58〜66％と，人間にとって安全で快適な湿度環境にあり，昔から，木造住宅が良いといわれてきましたが，この図からもそれが窺い知れます。一方，コンクリート製の筆者の研究室は，冬は湿度が低く，夏は湿度が高いという，まさに日本の気候を象徴するような湿度環境にあります。室内気候に及ぼす冷・暖房の効果が大きいため，本図では，日中のデータを省いていますが，日中のデータを含みますと，研究室の湿度は，夏期はより高く，冬期はより低くなります。

　冬期に湿度が低いことの弊害については前述しましたが，夏期に湿度が高いと，ダニやカビの発生に悩まされることになります。これでは，高齢者にかぎらず，人間にとって安全な環境にあるといえません。筆者は，冬期，よく喉のいがらっぽさに悩まされています。これは，暖房により温度は高くて快適になりますが，湿度が20％以下になることも珍しくないことに起因しています。

　私たちは，快適な温熱環境を考える場合，温度のことを主に考えがちですが，湿度にも留意する必要があるといえるでしょう。

（2）視覚環境

　高齢になりますと，図4-20に示します水晶体の弾性率が低下し，瞳孔反応も低下して，老眼現象が現れます。また，明所から急に暗所に入りますと，最初は見えなかったものが，時間の経過とともに見えるようになる現象を暗順応と

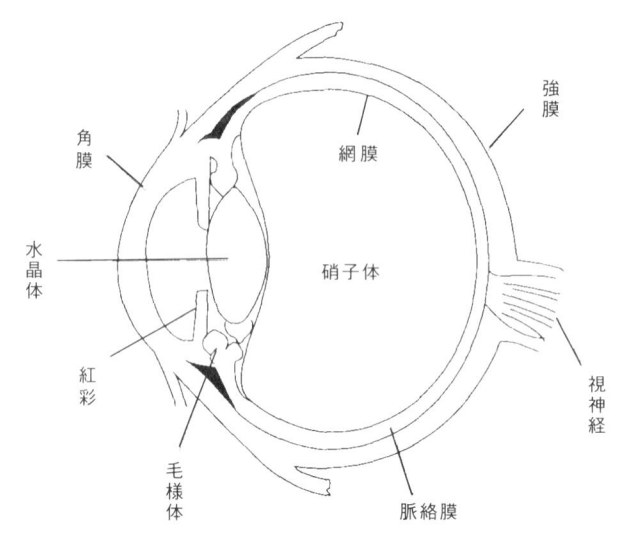

図4-20　目の構造

いいますが，高齢者はこの順応に要する時間が長くなります。同時に，順応の適応力自体が低下し，その結果，暗い所で物が見えにくくなります。たとえ見えたとしても，身体的には平衡感覚や骨格筋の能力も低下していますので，暗い中では十分に行動できなくなります。そこで，加齢に応じて，照度基準をアップする必要があります。ただし，瞳孔の調節機能の退化や水晶体の変化で，眩しさを感じやすくなりますので，同一視野内の明るさを均一にすることも必要となります。

　高齢者の寝室では，ホテルの客室や病院の病室などで，夜間に寝ている人に眩しくないよう，壁面の低い位置に取り付けられている床面を照らす足もと灯の利用もよいといえるでしょう。また，暗いところでスイッチの位置を知らせるために，明かりがスイッチ部分に付いている明かり付きスイッチや，周囲の明るさを感知して，暗いときには点灯し，明るいときには消灯する，その操作を自動的に行う明るさ感知式スイッチを設置するのも良いでしょう。

　住宅内の色彩計画は，一般的には心身の健康維持，労働の能率増進，災害の防止などに役立たせるための手がかりとして，環境中の色彩を適切なものとす

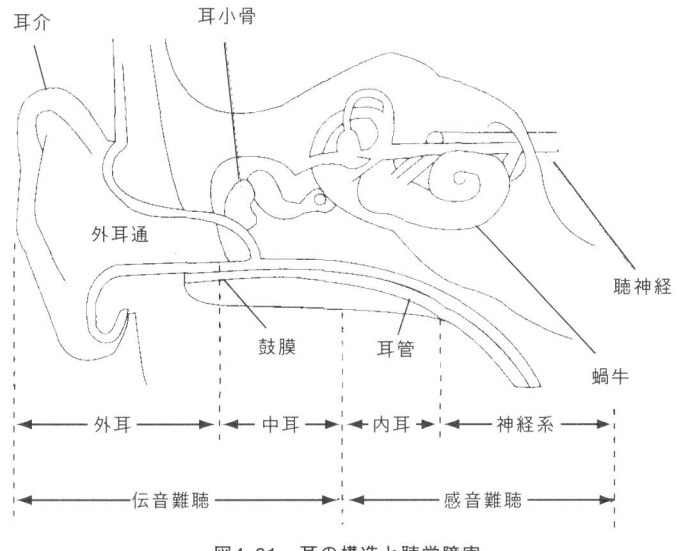

図4-21　耳の構造と聴覚障害

ることですが，寝たきり高齢者の心身の健康維持，健康な高齢者の災害の防止などにも役立ちます。なお，室内の色彩をうまく利用すれば，眼の疲れを弱め，快適性を高めるとともに，危険物に対する注意を喚起して安全性を高めるなど，種々の効能があります。

　ただし，高齢者は，前述しました水晶体のタンパク質が黄色・褐色に変化して，色を正しく判断できなくなります。そこで，リビングや台所では，調理器具，壁紙やカーテンなどの色づかいを工夫することにより，注意力を喚起し，調理中の火傷を未然に防ぎ，段差などによる転倒を防止するように心がけましょう。

　健常者にとって，重厚な木目の家具・調度品が好まれますが，場合によっては，違和感のある色遣いも高齢者には効果があります。高齢者のために，出入り口，段差部分，危険物のある場所など，転倒などの危険がある場所では，目立つ色を塗り，注意を喚起することも必要です。寝たきり高齢者の部屋の色も，壁紙やカーテンなどで調整し，暖かい雰囲気を出すのも良いでしょう。

　高齢者の目の病気で，もっとも多いのは老人性白内障です。視力の低下が起

こります。手すりや昇降機で室内の移動をサポートすることも大切です。

人間にとって，疲労が最初に現れるのは，目だともいわれます。住宅や施設内の種々の場所で，明るさや色使いに気を配ることも重要です。

(3) 聴覚環境

高齢になると，高い音が聞き取りにくくなり，聞こえる音のレベルが低くなり，それが進みますと，聴覚障害になります。ほとんど聞こえない場合は，高度難聴といいます。耳の構造を図4-21に示していますが，聴覚障害には以下の4種類があります。①外耳と中耳の病気や障害のために聞こえにくくなる伝音性難聴は，比較的軽く，補聴器を使えば音を聞くことができます。手術や薬で治る可能性も高いようです。②内耳から聴覚神経までのどこかに障害があって起こる感音性難聴は，先天性，薬の副作用，病気や事故のため，58dB以上の強さの音を長期間聞くことにより起こるものなど，原因は様々です。老化による難聴もこれにあたります。このような難聴では，音の大きさを強くしてもうるさい音にしか聞こえません。そのため補聴器は使えません。③両方が関係するものを混合難聴といい，④中枢神経系の障害によって起こるものもあります。

難聴でも騒音や振動は嫌います。二世帯住宅において，高齢者と若い世代では，生活の時間帯が異なります。トイレへの頻度が多い高齢者が夜中のトイレに立つ音，一方，高齢者が就寝してからの若い世代の居間での音などは，世代間のもめごとの原因になります。このため，音に対する配慮も必要です。そこで，高齢者の寝室は，遮音性を考慮した仕上げにしなくてはなりません。夫婦住宅や単身住宅では，オープンな間取りで，聴覚の衰えを視覚により補助を行うのもよいでしょう。

4. 高齢者に配慮した部屋別留意点

食の分野でも説明されていますが，ADL（Activities of Daily Living）とは，身体的な自立度を生活機能から見た指標で，日常生活の動作能力と訳されています。本来リハビリテーション分野における患者の機能障害や効果測定のために開発されたものですが，最近では高齢者の自立の尺度として用いられること

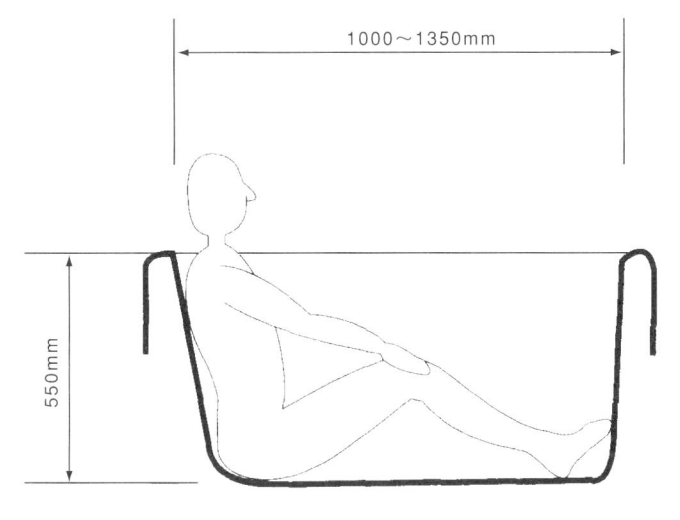

図4-22 和洋折衷型の浴槽

が多くなりました。入浴，排泄，食事，移動，衣服の着脱などもっとも基本的な生活機能の項目を，それぞれ自立，一部介助，全介助の3段階で評価し，総合点が高いほど自立度が高いと判定します。

そこで，住環境では，入浴のための浴室，排泄のためのトイレ，食事のための食堂・台所，および寝室について，高齢者にはどのような配慮が必要なのかを述べます。

(1) 浴　室

高齢になると，わずらわしさや健忘症から風呂に入らなくなります。介護が必要になったときを考え，寝室の近くに浴室や洗面所を設けるとよいとされています。浴室の面積は，介護できるようにゆったりとしたスペースの確保に努めます。約2坪程度が目安で，これだけあると介助者が浴室での介助動作を行えますが，これ以下だと，介助入浴やシャワーいすを用いた入浴の際には支障がでます。ただし，大きすぎる場合には，冬期は冷え冷えとするため，暖房などの計画もする必要があります。浴室に暖房機があると，入浴前に浴室を暖房しておけるため，室温の急変による身体負担が少なくなります。リフトの活用を検討し，介助しやすい高さに浴槽を設置します。浴槽は，小さくて深い和風

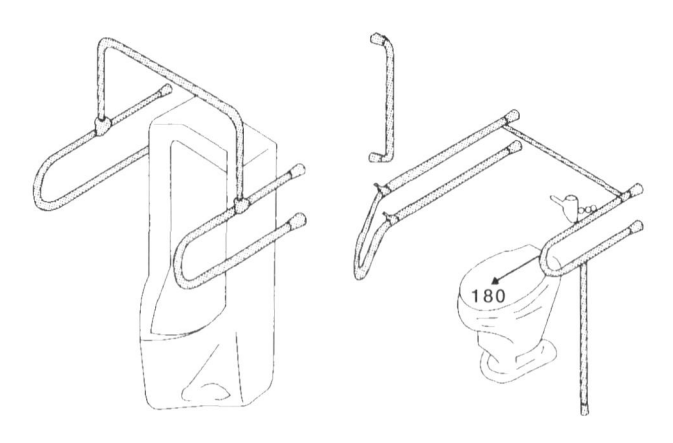

図4-23 便器の横の手すりの一例

や，広くて浅い洋風は避け，図4-22に示すような和洋折衷型が良いとされています。洗い場に滑り止めマットを敷くなどして転倒の防止も図りましょう。

浴室の戸は，車いすや介護のことを考えて，三枚扉などの引き戸にし，間口を広げることが重要です。また，ガラスのように割れて危険なものはなるべく使用しないか，使うのなら強化ガラスなど割れにくいものにします。洗い場側の出口にシャワーカーテンを設置すると，湯水の流出が防げます。浴室の段差を解消する方法として，すのこを用いることが多いのですが，このときまたぎ越しする浴槽の縁の高さに留意しましょう。

浴室の手すりの表面材質は樹脂製を使用するのが一般的です。浴室内では，浴室出入り用の縦手すり，洗い場立ち座り用の縦手すり，洗い場移動用の横手すり，浴槽出入り用の縦手すり，浴槽内立ち座り・姿勢保持用のL型手すりなどが考えられます。なお，取り付けは下地合板にとめるだけでは不十分で，十分長いステンレス製に木ネジを用い，下地だけでなく，その下の木桟にもとめ付ける必要があります。浴槽の縁へのはめ込み式の簡易手すりもありますが，全体重をかけるなどするとずれる恐れがあります。

(2) トイレ

高齢者は，夜間の使用頻度が高くなるため，トイレの位置は，寝室に隣接さ

せましょう。トイレと洗面・脱衣室をまとめてワンルーム化しますと，介助スペースの節約ができますが，同居家族が多い場合には支障となります。施設では，認知症の高齢者などに対しては，トイレの場所がわかりやすいように経路に目印をつけるなどの工夫が必要です。

　高齢者になると足腰が弱くなり，身体の曲げ伸ばしも容易でなくなりますので，便器は和式より洋式の方が身体への負担が少ないです。また，立ち座りやズボン類の脱着を行うときにバランス保持できるように，図4-23に示すように，便器の両側に横に手すりを設置します。立ち上がりが難しい人，片麻痺やリウマチで身体のバランスが悪く足元が不安定な人，排泄時の姿勢（椅座位）が安定しない人は，手すりをしっかり握ることで転倒防止に役立ち，安定した楽な動作ができます。床は滑りにくい材質の物を用いますが，失禁を想定して掃除のしやすいものにします。スリッパは滑りやすいので，はかない方が良いでしょう。

　高齢者は排泄に時間がかかることが多く，トイレ内が寒いと脳卒中や心臓発作を起こすことがありますので，暖房できるようにします。暖房便座と室内暖房機の併用を検討しましょう。パネルヒーターや遠赤外線ヒーターのような輻射暖房を足下付近に設置するのが望ましいのですが，暖房器具は埋め込み式を基本とします。

　トイレの戸は，引き戸が望ましいですが，やむをえず開き戸にする場合には，敷居の段差をなくし，万一トイレ内で転倒したとしても，外から助け出しやすいように，トイレ内部から見て外開きとします。また，間口も大きくし，安全が確認できるように，戸の鍵は外からも開けられるようにします。

(3) 食堂・台所

　高齢者と同居する際，体の元気な間は別々の食事ができるように，簡単な調理室を設けると種々の点で良いようです。すなわち，高齢者は味を感じる感覚が鈍ることにより，食べ物の嗜好が変わるため，高齢者用の食事が必要となることによります。また，高齢者のためにはキッチンと食堂の作業動線を短くし，部屋として仕切らないで家族の気配を感じ，コミュニケーションをとれるようにします。不意の来客の視線を遮るために，ハッチやカウンターなどで仕切る

と便利です。なお，立位姿勢での調理が辛くなるのを考えて，いす座位による調理のできるカウンターを用意するのも良いでしょう。車いすでの調理を考えると，カウンターの高さは通常より若干低めとなりますが，膝入れスペースや奥行きを定めるために，使用する車いすに座った状態で膝の高さ，アームレストの高さなどを測って，購入しましょう。なお，シンクの深さを通常のものより浅くすると膝を入れるスペースが確保できます。寄りかかって調理しても支障がないように寄りかかりバー（サポートバー）付きのものが良いです。

　ガスコンロは，高齢者の場合，安全性を考えて天ぷら油過熱防止装置，焦げ付き消火機能，消し忘れタイマー付き等のタイプを選ぶと良いです。また，家庭の通信機能付きマイコンガスメーターと，ガス会社の24時間監視センターとを電話回線で結び，ガスの使用状況を24時間見守るシステムを利用すると安心です。このシステムは，ガス器具の消し忘れ，多量のガス漏れ，ガス圧力の低下などが発生した場合，センターより電話で知らされ，留守中にはセンターから遠隔操作でガスの元栓を閉止させるシステムです。

(4) 寝　　室

　高齢者には，家族から孤立しない部屋が望ましく，トイレに近い方が良いです。介護の点ではベッド就寝がよく，収納部分を除いて，1人用で6〜8畳，夫婦用で8〜12畳確保します。床仕上げは，フローリングが主流ですが，コルク床でも良いです。カーペット敷きにする場合は，汚れたときに洗浄できるタイルカーペットが良いです。寝室で過ごすことが多い場合には，寝室と居間の間の建具は引き分け戸などにし，なるべく広い間口として，コミュニケーションを図りやすくします。また，寝たきりになっても外の景色が見られる寝室が良いでしょう。美的感覚の喪失は脳障害によることもあり，生き物や自然への関心が高まるため，外部空間との連続性を重視することも必要です。

　また，南面の窓に庇をつけ，直射日光を避けます。高齢者になると，皮膚や真皮が薄くなるため，少しの日光でもしみや白斑点が現れます。そのため，なるべく紫外線をカットすることも重要です。操作しやすく，軽い戸にし，誤って衝突しても安全なガラスにすることはもちろん，転落の危険がないかもチェックしておきます。

高齢者にとって，収納スペースは重要とされています。他人にとってはあまり価値があると思えないものも，思い出として意味を持つ場合が多いため，収納スペースは多く取り，整理整頓できるようにすることも認知症（痴呆）予防などには意味があります。ただし，収納部分の奥行きが深い場合には，下枠を付けない配慮も必要です。

5．おわりに

本節では，高齢者に配慮した住宅の環境条件について，従来からいわれていることを，若干のデータをもとに概説しましたが，筆者自身，高齢者研究の緒に就いたばかりで，他の分野の研究者のように系統的に示せなかったことをお詫びいたします。ただ，発達科学部の理念のもと，高齢者ばかりでなく，幼児・学童・学生・社会人・高齢者など，種々の年齢の人たちについて，住環境の研究を行っていることを付記しておきます。

【参考文献】
青木 務　1993　人間と住居環境　生活環境研究協会（編）やさしい生活環境をめざして　ナカニシヤ出版　76．
青木 務　2003　福祉・住環境用語辞典　保育社
青木 務　2004　消費者の目から見た室内の湿度調節　ウッドヘッド　**16**，26．
早石 修・井上昌次郎　2000　快眠の医学−眠れない謎を解く−　日本経済新聞社
早野三郎　1995　眼の健やかな老いのために　日本化学会編　健やかに老いる　85．
林 玉子　1999　40歳からの快適居住学　講談社
インテリア産業協会　2000　高齢者のための照明・色彩設計−光と色彩の調和を考える−　産能大学出版部
内閣府　2004，2008　平成16年度版，平成20年度版高齢社会白書　ぎょうせい
佐藤眞一　1996　"生きがい"その評価の測定のポイント　生活教育　**43**（6），28．

5

身体機能システムからのアプローチ

はじめに

　高齢者を取り囲む生活環境は都市部や農村部でも大きく変化してきています。高齢者の発達を支援する環境を考える場合，我々のからだにはどのような機能が備わり，また，それが年齢とともにどのように変化していくのかを理解することも欠かせません。特に，高齢者の身体機能には個人差が多く，これは高齢者の生活環境では若年者のそれよりさらに個人を重要視しなければならないことを示しています。身体機能には様々なものがありますが，この章ではそれらを全て網羅することができませんので，主に次の点を中心に身体機能システムと年齢との関係を概説したいと思います。

　まず，高齢者の身体機能システムと関連して社会的な問題となっている転倒の発生要因とその予防について触れます（岡田修一　神戸大学人間発達環境学研究科）。高齢者にとって転倒はその後の生活に大きく影響し，ときにはそれにより寝たきりの生活になる場合があります。このような状況になると，いくら生活環境が整っていても高齢者の発達を支援することは難しくなります。その意味で，転倒の発生要因を理解することはそのような状況に陥ることを防いでくれますので，高齢者の生活環境を考える上では重要な要因になります。また，転倒に伴って寝たきりになるような場合，多くは骨折を伴います。高齢者では骨粗鬆症の問題も大きく，転倒への注意とともに日頃から骨の状態を把握することが必要となってきます。そこで，次に骨がどのような強さなのかを紹介します（矢野澄雄　神戸大学人間発達環境学研究科）。最後に，温度環境と

身体機能システムの関係が年齢とともにどのように変化するのかを，体温調節機能から説明します（近藤徳彦　神戸大学人間発達環境学研究科）。この変化を知ることは，生活環境の中でも温度環境をもとにした高齢者の発達支援が可能になることが考えられます。

第1節　転倒の発生要因とその予防─身体運動科学の観点から─

1. 高齢者の転倒問題

　高齢者のかかえる重要な問題に加齢に伴う転倒の増加があげられており，高齢者の転倒はしばしば重大な障害に結びつくことが報告されています（鈴木，2001）。鈴木ら（1998）は，在宅高齢者における1年間での転倒発生率は地域差がみられるものの平均で約20％と報告しています。さらに，転倒は年齢が増すにつれ，その発生率は増加し，さらにそれに伴って転倒による骨折発生率も増加すると述べています。またこの現象は，日常生活ばかりでなく労働場面においても認められるように，高齢者の転倒は今や大きな社会問題となっています（鈴木，2003）。

　高齢者の転倒は骨折などに至らなくても，高齢者は何らかの体調の変化をきたしており，転倒に対する恐怖心が運動行動の障害を生み出し，生活空間を縮小させ，ADL（activities of daily living：日常生活活動能）の低下を招いています（新野，2005）。また，転倒は生命予後に悪影響を与えるばかりでなく，「寝たきり」や「閉じこもり」の原因としても重要視されています（新野，2005）。このように高齢者の転倒は，高齢者のQOL（quality of life：生活の質）を阻害するひとつの要因として考えられ，転倒の危険性を予測し，転倒を予防することは高齢者のQOLの維持・向上に関連し，超高齢社会を迎えている我が国において積極的に取り組む必要があります。

2. 高齢者の転倒原因

　転倒の発生には様々な要因の関与が考えられています。図5-1は高齢者の転倒の原因を，身体的要因を主とする内的要因と生活環境要因を主とする外的要因とに大別して列記したものです（鈴木，2003）。内的要因として身体的疾患，

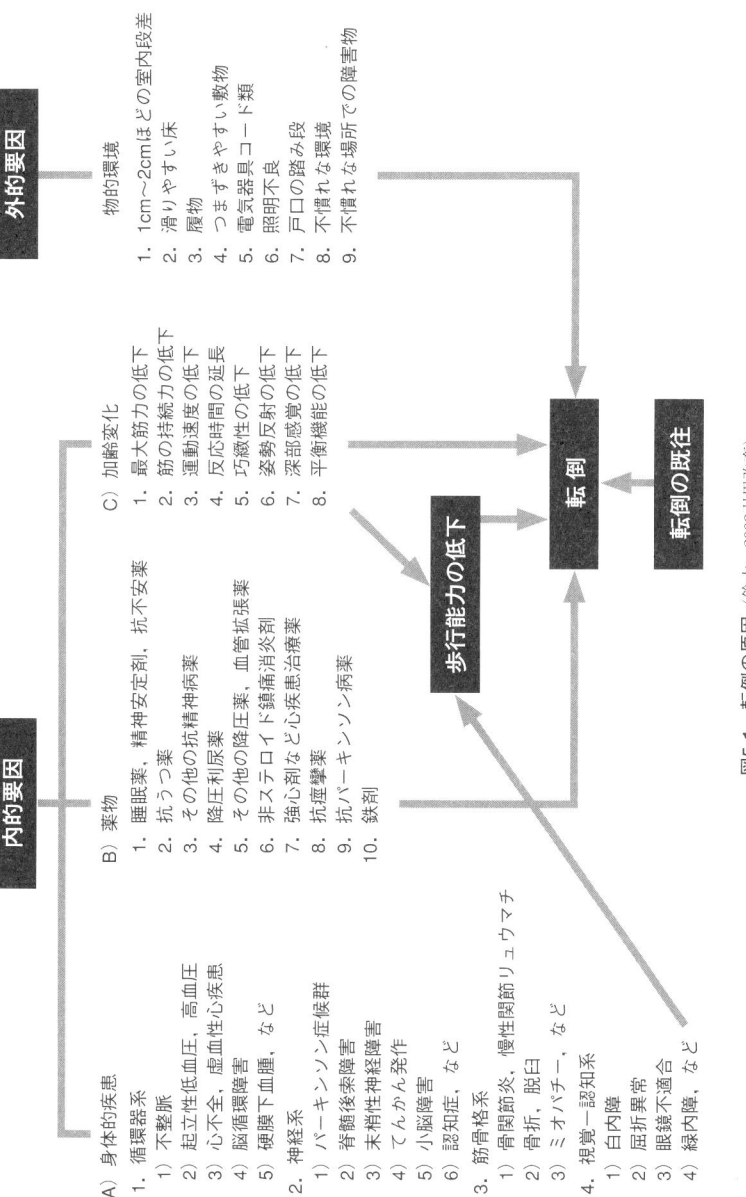

第1節 転倒の発生要因とその予防―身体運動科学の観点から― 153

外的要因

物的環境
1. 1cm～2cmほどの室内段差
2. 滑りやすい床
3. 履物
4. つまずきやすい敷物
5. 電気器具コード類
6. 照明不良
7. 戸口の踏み段
8. 不慣れな環境
9. 不慣れな場所での障害物

内的要因

A) 身体的疾患
1. 循環器系
　1) 不整脈
　2) 起立性低血圧、高血圧
　3) 心不全、虚血性心疾患
　4) 脳循環障害
　5) 硬膜下血腫、など
2. 神経系
　1) パーキンソン症候群
　2) 脊髄後索障害
　3) 末梢性神経障害
　4) てんかん発作
　5) 小脳障害
　6) 認知障害、など
3. 筋骨格系
　1) 変形性関節炎、慢性関節リュウマチ
　2) 骨折、脱臼
　3) ミオパチー、など
4. 視覚―認知系
　1) 白内障
　2) 屈折異常
　3) 眼鏡不適合
　4) 緑内障、など

B) 薬物
1. 睡眠薬、精神安定剤、抗不安薬
2. 抗うつ薬
3. その他の抗精神病薬
4. 降圧利尿薬
5. その他の降圧薬、血管拡張剤
6. 非ステロイド鎮痛消炎薬
7. 強心剤など心疾患治療薬
8. 抗痙攣薬
9. 抗パーキンソン病薬
10. 鉄剤

C) 加齢変化
1. 最大筋力の低下
2. 筋の持続力の低下
3. 運動速度の低下
4. 反応時間の延長
5. 巧緻性の低下
6. 姿勢反射の低下
7. 深部感覚の低下
8. 平衡機能の低下

→ **歩行能力の低下** → **転倒** ← **転倒の既往**

図5-1　転倒の原因（鈴木、2003引用改変）

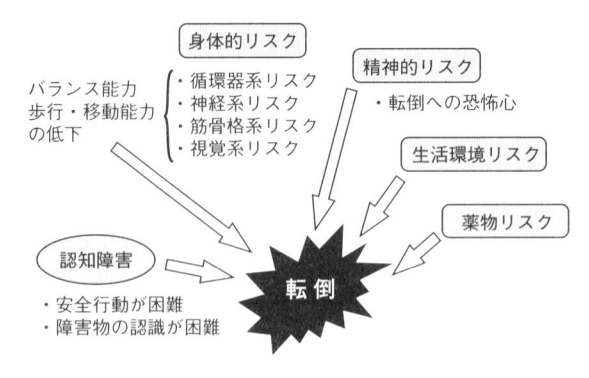

154 第5章 身体機能システムからのアプローチ

図5-2 転倒リスクと転倒の発生 (鈴木, 2005引用改変)

薬物, 加齢変化があげられ, 外的要因として対象者を取り巻く物的環境があげられます。これは, 高齢者の転倒に対し老化や老年病, さらには物的環境など多種多様の要因が相互に関連していることを示しています。

転倒原因は見方を変えれば, 転倒リスクと表現できます。図5-2に示すように, 鈴木 (2005) は転倒の発生に関わるリスクとして, 身体的なリスクと精神的なリスク, 生活環境のリスク, 薬物リスク, 認知障害をあげています。身体的リスクの中に循環器系, 神経系, 筋骨格系, 視覚系のリスクがあり, これらのリスクは, バランス能力や歩行・移動能力の測定によって評価されます。精神的なリスクは, 転倒への恐怖心です。転倒に対して恐怖心を抱いている方は, バランス能力が悪くなります。生活環境のリスクや薬物のリスクもあります。高齢者が飲んでいる薬がバランス能力を悪くするようなこともあります。自分が転倒しないようにするために, 安全な行動をとることができれば, 転倒は減りますが, 認知障害によって安全行動がとれなくなるということがあります。さらに, 認知障害は障害物の認識力を低下させます。このように転倒のリスクは様々です。

3. 老化期の身体・運動機能の変化

老化期の身体や運動機能の変化をまとめると, 姿勢の変化 (円背, 腰と膝の屈曲, 足弓の平坦化), 体脂肪の増加 (特に内臓脂肪), 骨密度の減少, 筋の萎

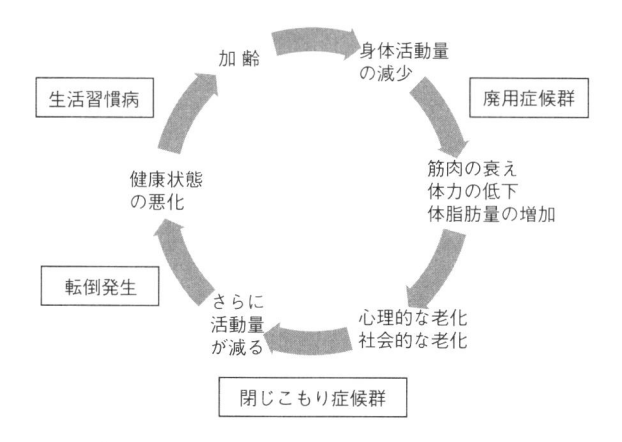

第1節　転倒の発生要因とその予防―身体運動科学の観点から―

図5-3　加齢による身体活動量減少の悪循環（Berger, 1989引用改変）

縮，筋線維組成の変化（特に速筋線維の割合の減少），筋力（特に下肢筋），柔軟性，バランス能力，反応動作，呼吸・循環系機能の低下がみられます。

　これらの変化の原因として，加齢に伴って必然的に起こる機能低下，長い人生において環境や生活習慣から受けてきた，好ましくない影響による機能低下の加速，そして疾患・障害による機能の悪化があげられます。必然的に起こる機能低下は，私たちが生まれた時から組み込まれている，避けられない老化です。生活環境や生活習慣による機能の悪化は変えることができ，また疾患・障害も防ぐことが可能です。長年の生活環境・生活習慣や疾患・障害が身体や運動機能に強く影響を及ぼすことになります。

4. 高齢者と身体活動

　一般的に加齢に伴って身体活動量は減少します。加齢に伴う身体活動量の減少が起こると機能的な衰えが現れます。次に機能的な衰えが生じると，心理的な老化や社会的な老化が起こってきます。そして，さらに外へ出なくなる，身体を動かさなくなって，身体活動量がますます減少します。その結果，健康状態が悪化するというように，加齢による身体活動量の減少から，このような悪循環が形成されるといわれています。廃用症候群など，動かないことによって起こる問題は，介護予防の導入理由となっています。また，閉じこもり予防や

転倒予防も介護予防の中の重要な柱となっています（図5-3）。現在，厚生労働省では，生活習慣病，老年症候群などの健康に関わる諸問題の原因の一つに，身体活動量の減少をあげ，国の施作として国民の身体活動・運動の実施を推進しています。

　独居の高齢者と施設入居者の身体活動量を比較したところ，覚醒時間は独居の人が多いし，睡眠時間も長いようです。活動率を比較すると，独居者がよく動いている反面，施設入居者は動いていない。また，認知機能は独居者が高く，筋力も独居者が優れていたという報告があります（西山ら，2005）。このように独居か施設入居かの違いによって身体活動量，それに関係する身体機能に差異が生じています。

5. 高齢者の立位バランス能力

　転倒の原因として，多くの研究者がバランス能力の低下や歩行の変容をあげています。男女ともに，加齢に伴う低下率が大きい体力要素は，バランス能力です。筋力や持久力などの体力要素と比較して，バランス能力は加齢による低下が著しいことが明らかになっています。

　直立姿勢は，視覚・前庭覚・体性感覚の感覚系，中枢神経系，および筋骨格系機能の働きによって保持されています。加齢に伴って，この3つの機能が低下します。バランス能力はこれらの機能が総和され表出される能力であることから，他の体力要素と比べて加齢の影響が大きいと考えられます。高齢者は立位姿勢が不安定になった時，感覚系で自己の姿勢の崩れを感知し，その情報を脳内で処理し，適切な筋の収縮を発現させ，関節を動かし，元の安定した状態に戻すという一連の働きが若年者に比べ悪くなります。その結果，高齢者は転倒しやすくなります。

　つまずき状況を模擬した加速度外乱法を用いて，高齢者と若年者の外乱に対するバランス能力について多角的に比較検討したところ，転倒しやすい人の特徴が以下のとおり明らかになりました（Okadaら，2001a；2001b；岡田，2004）。

　1）暦年齢が高い人
　2）筋力，柔軟性，反応時間が劣る人

3) 起立や歩行速度が遅い人
4) 関節の体性感覚能が低下している人
5) 外乱時に足関節周囲の筋が同時に活動する人
6) 外乱に対して股関節をよく動かす人
7) 膝や腰が曲がっている人
8) 転倒に対して不安や恐怖心を抱いている人
9) 日頃小まめに身体を動かしていない人
10) 習慣的にスポーツ活動を行なっていない人

6. 高齢者の歩行能力

　元気な高齢者の場合，転倒のほとんどは歩行中に発生しています。歩行速度は，男女ともに60歳くらいを境にして低下します。歩行速度は，歩幅と歩調を掛け合わせたものです。歩幅も歩調も年をとると減少していきますが，最大歩行速度は50歳くらいを境に著しく低下します。歩幅も50歳くらいを境に減少することから，最大歩行速度の低下には歩幅が関係していると考えられます。

　歩幅は筋力に関係して，歩調はバランス能力に関係しています。すなわち，歩行速度は，筋力とバランス能力の影響を強く受けるといえます。高齢者の歩行動作は，歩幅が狭く，股関節の伸展・屈曲角度が小さいという特徴があります。高齢者は腰が曲がっている，かかとが上がらない，つま先が上がらないという特徴もみられます。また高齢者の歩行動作は，障害物を越える時につま先の引き上げが少なく，荷物を持って障害物を越える際，体幹部の動揺が大きいといわれています。つまり，片手で荷物を持っていると非常に転倒しやすくなる。このような理由から，高齢者にリュックサックを勧めている人もいます。

　足跡から高齢者と若年者の歩行を比較してみると，高齢者は左足と右足の間隔である歩隔が開いています。また，歩行周期において，右足と左足が同時に地面に接地している時間があります。この時間を両脚支持時間といい，加齢とともに延長します。これらの加齢に伴う歩行動作の変容要因として，バランス能力や下肢筋の筋力の低下，下肢関節の柔軟性や視力の低下，姿勢の変化などがあげられます。

若年者が凍った雪の上を歩く姿は、高齢者と同じような歩き方になります。この歩容は安定した歩き方といえます。高齢者は種々の身体機能の低下が起こり、転びやすくなるものの、転ばないようにする方法として、高齢者特有の歩行動作を採ったと考えることも可能です。私は、ヒトは加齢とともに、歩行中に転倒しないための方略（歩行方略）を身に付けるという一つの仮説を考えています。また、この方略は加齢に対する適応（加齢適応）と考えることもできます。

健康な高齢者が普通に20分間歩くと、フットクリアランス（歩行中のつま先と地面との距離）が大きく減少します。これは、20分間歩行によって足が上がらなくなることを示しています。すなわち、すり足歩行がより顕著になり、転倒しやすい状況になります。この現象は、歩行の継続によるバランス能力と下肢筋力の低下が一因として起こると考えられています。この結果は、高齢者が20分程度歩く場合には休憩を取る必要があることを示唆しています。

7. バランス能力，歩行能力および下肢筋力向上の重要性

バランス能力，歩行能力，下肢の筋力は，転倒と密接に関係しています。つまり，この3つの能力を測定評価することによって，転倒しやすいかどうかをある程度予測できることになります。

これらの能力に関して興味ある研究があります。65歳以上の男女5174名を対象に歩行能力，下肢筋力，バランス能力のテストを行い，6年間の追跡調査を行った研究です。歩行能力は10メートルをどれだけ早く歩けるかを評価し，下肢筋力は椅子からの連続5回立ち上がりに必要な時間で評価しています。バランス能力は両足を揃えて立っている時間を測定する方法で評価しています。その結果，6年後，バランス，歩行，筋力という能力を合わせて評価した点数が悪い人ほど介護施設に入居している人が多いという結果が出ました。また，死亡率もその合計点が悪い人ほど高いことが明らかになりました。合計点の高得点者に比べると，低得点者の死亡率は約5倍から6倍もの高値を示しています（Guralnik ら，1994）。この研究の知見は，立って歩くことが自立・活動するために重要であることを示唆しています。

女性高齢者20名を対象に無作為に運動介入群9名，対照群11名に分け，在

宅での12ヶ月の複合運動介入プログラムを実施しました。運動介入プログラムは，足関節と股関節のストレッチ運動（10秒×3セット），ウエイトベルトを腰に締めての爪先立ち・踵立ち・スクワット運動（それぞれ8回×3セット），バランスボードを用いたバランス運動（2分×3セット）および「ウエイトベルトを締めたまま椅子から起立し，5 m歩き，また椅子に座る」という運動（1往復×3セット）です。運動実施は1週間に3回としました．12ヶ月にわたる運動実施の結果，運動介入群の加速度外乱に対するバランス能力が向上し，運動介入群の下肢の筋力および柔軟性，選択反応時間，静的バランス能力，歩行能力が向上しました。一方，対照群はすべての能力において低下傾向がみられました。運動介入群は外乱に対して股関節の動きが減り，足関節の硬さが減少しました。また，転倒回数については，運動介入群は12ヶ月後，減少傾向がみられましたが，対照群では転倒回数が増加しました。これらのことから，バランス能力，歩行能力，下肢筋力および柔軟性の向上が転倒予防につながることが実証されました。

8. 転倒予防とバリアフリー

　転倒発生に関与する生活環境のリスクを減らす方策として，生活環境におけるバリアフリー化があげられます。転倒予防を目指したバリアフリーを考慮する場合，どのような身体的機能を有する人がどういう状況で転倒していたのかを分析・検討する必要があります。図5-4は，ADLと転倒状況の関係について示したものです。つかまり立ちができる程度の自立レベルを有している高齢者にみられる転倒は，歩行動作中に多くみられます。車椅子やベッドを利用することによって自立できるレベルの高齢者の転倒は，移りわたる時に転倒する状況が多くみられます。寝返りができる，寝たきりレベルを有する高齢者の転倒は，ベッドから転倒，転落する状況が多くみられます。

　自立している方の転倒は，歩行の時につまずく，滑ったりすることが非常に多くなります。これは加齢の影響で，バランス能力や歩行能力の低下が原因と考えられています。一部介助や全面介助が必要な方の転倒は，パーキンソン病や脳血管障害による歩行障害，頻尿や夜間の排尿が増えることによる排泄障害が原因と考えられます。起立性低血圧，すなわち立ち上がると血圧が下がりま

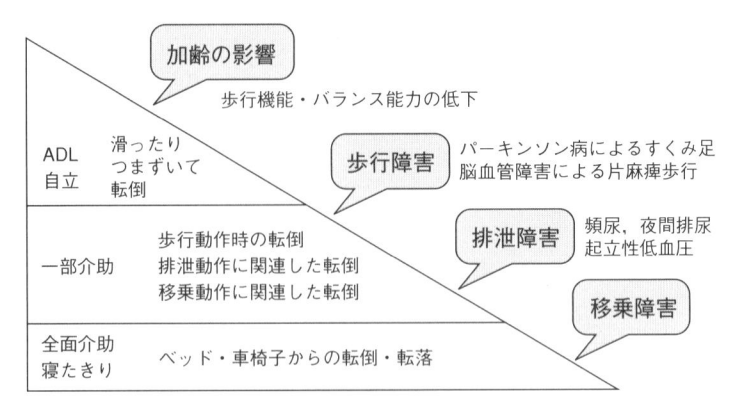

図5-4 ADLと転倒状況（鈴木，2005引用改変）

すが，高齢者には血圧が下がった状態がしばらく続く傾向がみられます。この理由により，高齢者ではトイレに行く回数の増加によって，転倒の可能性が高まります。

　転倒予防を考える時，図5-2のリスクを減らすことが重要です。一般にバリアフリーは生活環境リスクに直接的に関係します。鈴木（1998）は，ホームヘルパーと居住している転倒経験のある高齢者に対して，「転倒の原因が住宅にあったか」という調査を行なった結果，ホームヘルパーの52％が「住宅に原因があった」と回答したのに対し，高齢者はわずか13％でした。驚くべきことに，高齢者の70％が「住宅に原因はなかった」と答えています。また，住宅内の階段については，ホームヘルパーでは67％が危険と評価しているのに対し，高齢者本人は23％でした。浴室（76％と21％），居間（32％と12％），寝室（31％と9％）についても同様，高齢者が自宅の危険性に気付いていない実態が表れています。実際に住んでいる方の住居に関わるリスクマネジメント，自己の生活環境のリスクマネジメントができていないことがわかります。これは非常に大きな問題です。実際に住んでいる高齢者はリスクを認識していない。バリアフリーを考える時，住んでいる高齢者の転倒に対するリスク認識がホームヘルパーと大きく異なる点について考慮すべきと思います。

　居住している自分の家の中で，つまずきそうな場所が何ヶ所あるのか，どの

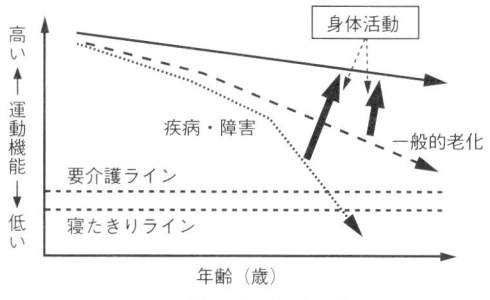

第1節　転倒の発生要因とその予防―身体運動科学の観点から―　　161

図5-5　運動機能と身体活動

程度の段差があるのかを正確に認識したうえで行動をとれば，転倒することはないはずです。しかし，高齢者は慌てたり，別のことを考えながら行動すると，目的とする動作がうまくできなくなる傾向にあります。普段から落ち着いて，集中して行動することが転倒予防につながります。

　バリアフリーの目的の1つは，障害防止力を高めること，すなわち怪我をしないようにする力を高めることです。2つ目は，実行力，自立力を高めることです。バリアフリーをすることによって，"できなかった"ことが"できる"ようになる。すなわち，実行力，自立力を高めるということがバリアフリーの目的であると考えます。障害防止力を高めるというのは，生活環境や行動管理のリスクマネジメントであり，実行力，自立力を高めるというのは，サポートマネジメントであるといえます。

　障害防止力を高めたり，実行力，自立力を高めるというのは，スポーツ選手がトレーニングをしたり，障害や疾患のない方が運動をする目的と同じです。運動・トレーニングの目的は実行力，自立力を向上させることであり，身体の能力が高まれば怪我もしないということになります。このように，目標とする身体機能レベルが違うだけで，運動・トレーニングの目的はバリアフリーの目的と同じであると考えます。バリアフリーは，障害者の方や虚弱高齢者のために実行力・自立力を高めるための方策であり，その方々を取り巻く様々な環境を整備するものです。よりアクティブな生活を目指している方が運動・トレーニングをするのも自分の実行力・自立力の向上させるためです。これらのことから，運動とバリアフリーを考える場合，共通の捉え方ができるものと思いま

す．

　図5-5は，運動機能と身体活動との関係を示しています．年をとると運動機能や体力が低下していきます．疾病や障害を有した時には，さらに低下します．その結果，若くして要介護ラインに達してしまう，あるいは寝たきりラインに達してしまいます．しかし，身体活動や運動を行うことによって，実行・自立能力レベルを上げることが可能になります．食事，排泄，入浴などの日常生活活動ができるためには，立って移動する能力が非常に重要です．誰でも年をとっても自分の力でお風呂に入りたい，食事をしたい，トイレに行きたいと思うものです．すなわち，自分は"こんなことができる"という自己効力感を高める工夫が重要になります．

　年をとると身体機能の低下が必ず起こります．身体を動かさなければ，その低下はより大きくなります．身体を動かす，身体活動を行なうことによって，その能力レベルを維持・向上することは可能です．このように考えると，バリアフリーは"できる"人を増やす効果はあるものの，既に"できている"人の能力を低下させることにはつながらないのかという危惧を抱きます．人は環境に適応します．バリアフリーの行き届いた生活環境は，身体活動・運動の効果を考慮すると，転倒予防に対して両刃の剣になる可能性を秘めています．"人にやさしい"バリアフリーを考えるうえで，重要な視点になると思います．

　バリアフリーは障害のないという意味ですが，私はこの「フリー」を自分が自由に選択できるオーダーメイドのバリアフリーと考え，このようなバリアフリーがあれば理想であると思います．自分の意志によって，自分が自由に選択できる．個々人の趣向や体力レベル，運動機能レベルに応じたバリアフリーが可能であれば理想的であると考えます．

　健康寿命を延ばすことは，自分一人で多くのことができるという年数を長くするという考え方です．その支援を行なうための環境整備は，高齢者を主体としながら個々人の心身の特性を踏まえて検討することが必要です．高齢者の自己効力感を高めるような環境整備が必要だと思います．最初は「なんとかできる」「できる」程度でいいですが，それを繰り返すことによって，最終的には「自然にできる」「している」というバリアフリーができれば，非常に良いと考えます．

9. 包括的転倒予防のストラテジー

第1に，自己の運動機能・体力を客観的に認識する。

これは転倒の内的要因のリスクアセスメントにつながるものです。歩行やバランス能力の測定評価が自分でできる，これは安全な行動のためのセルフケアになります。自分が思っているよりも，自分の歩行能力やバランス能力は悪いかもしれません。"自分ができること"を認識していることは，次の安全な行動をとるための非常に重要な情報になると考えます。

第2に，自己を取り巻く環境の中のリスクを認識する。

住んでいる人は転倒しやすい場所のリスクをあまり感じていません。高齢者個人が家の中でチェックできる，簡単なチェックリストがあれば便利です。これは転倒の外的要因のリスクアセスメントになります。転倒原因の内的要因と外的要因のリスクアセスメントをする。これは安全な生活環境のためのセルフケアです。基本的に自分でケアをすることが重要です。

第3に，安全で効果的な身体活動プログラムを実践する。

今後，個々の高齢者の心身の特性に応じた科学的根拠（エビデンス）に基づく簡単で楽しい運動プログラムの提案が待たれるところです。

第4に，運動機能・体力の維持・向上を目指した環境整備を考える。

たとえば，屋内・屋外における高齢者の運動機能の向上を視野に入れた遊具等の開発，機能向上も可能にするバリアフリーの提案が期待されます。

第5に，エビデンスのある環境整備の検証を行う。

バリアフリー化を行なう時，そのバリアフリーに科学的効果があるのかを明らかにすることは重要と思います。

第6に，ミニマム・バリアフリーの妥当性と有効性を検証する。

ミニマム・バリアフリー，つまり最低限のバリアフリーの妥当性と有効性が明らかになれば，"人にやさしい"バリアフリーが生まれるものと期待しています。

転倒を防ぐことは，直立二足歩行を行なっているヒトにとって容易なことではありません。特に，転倒予防に対する身体活動の効果はその継続が必要となります。"転ばぬ先の杖"には，一瞬にして効果のでる"魔法の杖"はなさそ

うです。ただ，身体活動の効果は転倒の予防ばかりでなく，心身の様々な機能に対し好影響を及ぼします。

転倒予防のためには，バリアフリーという即効性のある方策とアクティブな気持ちに支えられた身体機能の維持・向上による方策を採られることを望みます。

【参考文献】
Berger B. G. 1989 Exercise, Aging, and Psychological Well-Being. In Ostrow A.C. (Eds.), *Aging and Motor Behavior*, Benchmark Press, 117-157.
Guralnic J. M., Simonsick E. M., Ferrucci L., Scherr P. A., Wallace R. B. 1994 A short physical performance battery assessing lower extremity function: association with self-reported disability and prediction of mortality and nursing home admission. *Journal of Gerontology : MEDICAL SCIENCES*, **49**, M85-M94.
新野直道 2005 在宅高齢者における転倒の疫学 桜美林シナジー, **4**, 37-44.
西山利正・三宅眞理・田近亜蘭・佐々木真理・保津真一郎・相澤 徹 2005 廃用性痴呆を予防するための定期的な運動と認識活動の効果についての研究 大阪ガスグループ福祉財団研究調査報告書, **18**, 135-143.
岡田修一 1998 加齢, 山口泰雄（編）フィットネス・インストラクターテキスト 建帛社, 163-188.
Okada S., Hirakawa K., Takada Y., Kinoshita H. 2001a Age-related differences in postural control in humans in response to a sudden deceleration generated by postural disturbance. *European Journal of Applied Physiology*, **85**, 10-18.
Okada S., Hirakawa K., Takada Y., Kinoshita H. 2001b Relationship between fear of falling and balancing ability during abrupt deceleration in aged women having similar habitual physical activities. *European Journal of Applied Physiology*, **85**, 501-506.
岡田修一 2004 転ばぬ先の杖－転倒予防の科学－ 神戸大学発達科学部研究紀要, **10**, 53-58.
鈴木みずえ 2005 転倒予防－リスクアセスメントとケアプラン－ 医学書院.
鈴木隆雄 1998 転倒防止対策 *Osteoporosis Japan*, **6**, 589-593.
鈴木隆雄 2001 高齢者の転倒事故 *Clinical Rehabilitation*, **10**, 955-960.
鈴木隆雄 2003 転倒の疫学 日本老年医学会雑誌, **40**, 85-94.

第2節 骨の強さと力について考える

心身の健康は日々の生活に大切なものですが，体を動かすことが減ってきた今日，特に骨の健康ということについて考えてみましょう。「骨と関節の日」

という日が10月8日にあって、日本整形外科学会がその大切さを知ってもらうために定めているようです。(骨の「ホ」は十と八に分かれ、体育の日にも近いということで。)自分の骨は強いのだろうか、同世代の人と比べどうなのだろうかと関心を抱くと、人間ドックなどで骨密度検査を受けてみることになります。骨密度にある基準値があって、正常とか骨量減少とか骨粗鬆症とかがわかります。スポーツや栄養や体格面からの予想に反して、結果に納得のいかない場合もあるかもしれませんが、骨密度と骨の強さについて考えてみましょう。

1. 骨密度を測る

日本骨代謝学会の原発性骨粗鬆症診断基準（2000年度改訂版）（折茂、2001）を表5-1に示しますが、骨密度では20～44歳の若年成人平均値YAM（Young Adult Mean）からのパーセント減少値に基づいています。そして各測定部位（腰椎、橈骨、第二中手骨、大腿骨頸部、踵骨）や検査機種ごとに骨塩量（骨密度）の骨量減少および骨粗鬆症のカットオフ（cut off）値が定められています（福永ら、2001）。ここでは検査機のうちの一つで、骨強度評価との関係で体積密度が得られるpQCT（peripheral Quantitative CT；末梢骨用定量的CT）法の骨密度測定機（XCT-960）を用いた例を紹介します。この検査機では、非利き手側の前腕橈骨遠位端からその骨長の4％の部位、つまり手首で測定します。橈骨は前腕骨2本のうちの親指側の骨です。表5-1に対応する女性の前腕橈骨の総骨密度のカットオフ値（日本骨代謝学会）は次のとおりです。

表5-1 原発性骨粗鬆症の診断基準 (2000年度改訂版)（日本骨代謝学会）

Ⅰ. 脆弱性骨折あり

Ⅱ. 脆弱性骨折なし

	骨密度値	脊椎X線像での骨粗鬆化
正　　常	YAMの80％以上	な　　し
骨量減少	YAMの70％以上80％未満	疑いあり
骨粗鬆症	YAMの70％未満	あ　　り

YAM：若年成人平均値（20～44歳） (注1～注3は省略)

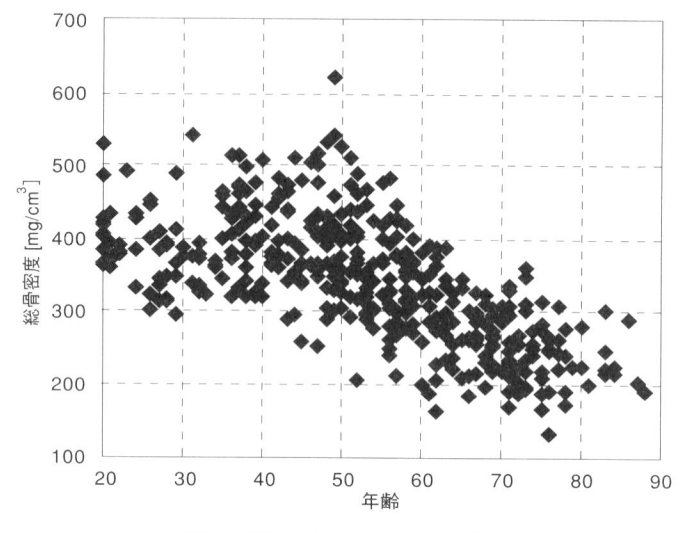

166　第5章　身体機能システムからのアプローチ

図5-6　総骨密度（XCT-960）と年齢

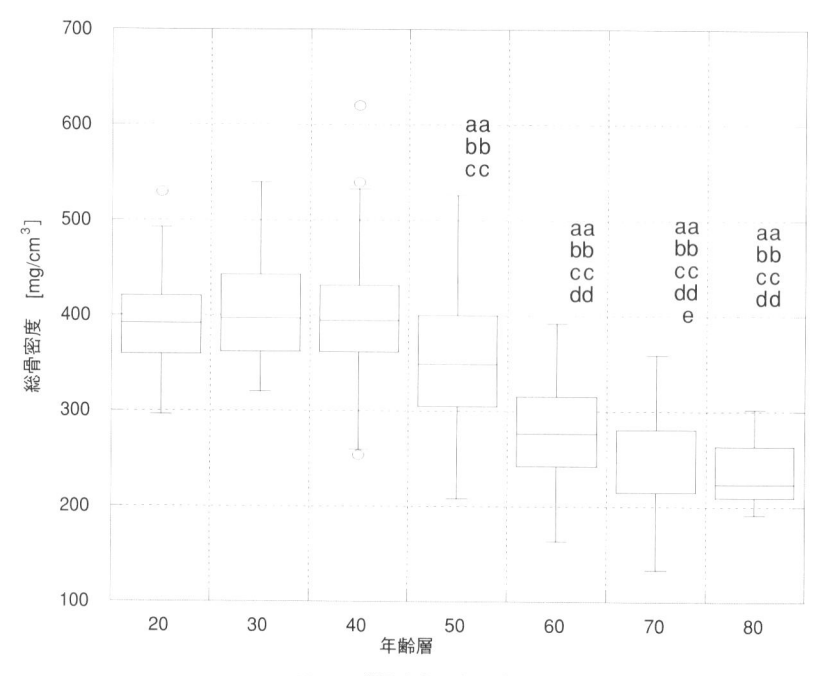

図5-7　総骨密度の箱ひげ図
(aは20歳代，bは30歳代，cは40歳代，dは50歳代，eは60歳代との有意差を示す．文字2つは $p<0.01$，1つは $p<0.05$)

骨量減少：324.3　　骨粗鬆症：283.8
（YAM ：405.4 ± 61.7　単位は mg/cm^3）

総骨密度と「総」をつけているのは，この検査機では総骨密度のほか海綿骨密度や皮質骨密度だけの値も得られるために区別しています。なお pQCT 法以外の DXA（二重エネルギーX線吸収測定）法などの測定機では単位面積当たりの密度となります。cm^3 当たりの量と cm^2 当たりの量を比較することはできませんが，DXA 法で腰椎や大腿骨頸部はもちろん，橈骨遠位 1/3 や橈骨遠位端といった部位での測定はできます。

2. 骨密度，骨強度指標と年齢の関係

図 5-6 は XCT-960 機で測定した 20 〜 88 歳までの女性 443 名（平均 53 歳）の総骨密度と年齢の分布を示したものです。20 〜 44 歳の若年成人平均値 YAM は 398.7（± 54.1）mg/cm^3 で，上記の日本骨代謝学会の YAM に近い値です。50 歳代の平均値と標準偏差は 353.9 ± 62.9 mg/cm^3，60 歳代は 280.0 ± 51.4 mg/cm^3，70 歳代は 248.2 ± 48.9 mg/cm^3 でした。前述の原発性骨粗鬆症の診断基準値 283.8 mg/cm^3 は 60 歳代平均値に近く，骨量減少の 324.3 mg/cm^3 は 50 歳代平均値より低いものの 60 歳代平均値よりは高い値です。

図 5-7 には総骨密度を統計処理して年齢層ごとに箱ひげ図で示します。箱ひげ図では，各年齢層の 50 ％のデータがこの箱に含まれ，箱の中の横線は中央値を表し，箱の長さから個人差によるばらつき具合がわかります。箱から上下に伸びたひげの端までは統計的に正常範囲のデータであり，その外の丸印は統計上外れ値に当たります。よく知られているような 40 歳代をピークとする「へ」の字型の加齢特性となっています。また，年齢層間の統計的な有意差の検定結果は，50 歳代以降の箱の上に文字記号で示しています。aa など文字二つは 1 ％水準，文字一つは 5 ％水準で，たとえば 60 歳代の場合，20 歳代から 50 歳代の四つの各年齢層とは 1 ％水準で有意差があることを示しています。なお若年成人の 20 歳代・30 歳代・40 歳代の各々の間，70 歳代と 80 歳代間は 5 ％水準で有意差はみられませんでした。

次に，前腕骨（長さ L）の固有振動数（f）を利用して，（矢野と中林，2000）のような（骨密度 ρ）と（fL の 2 乗）の積で定義したヤング率相当の骨強度

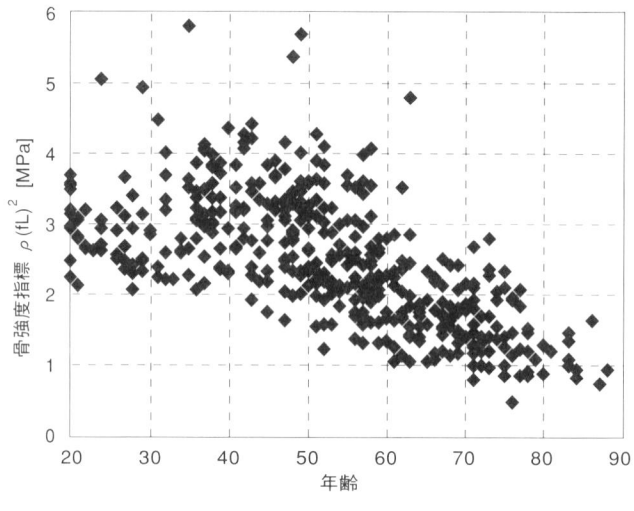

168　第5章　身体機能システムからのアプローチ

図5-8　骨強度指標と年齢

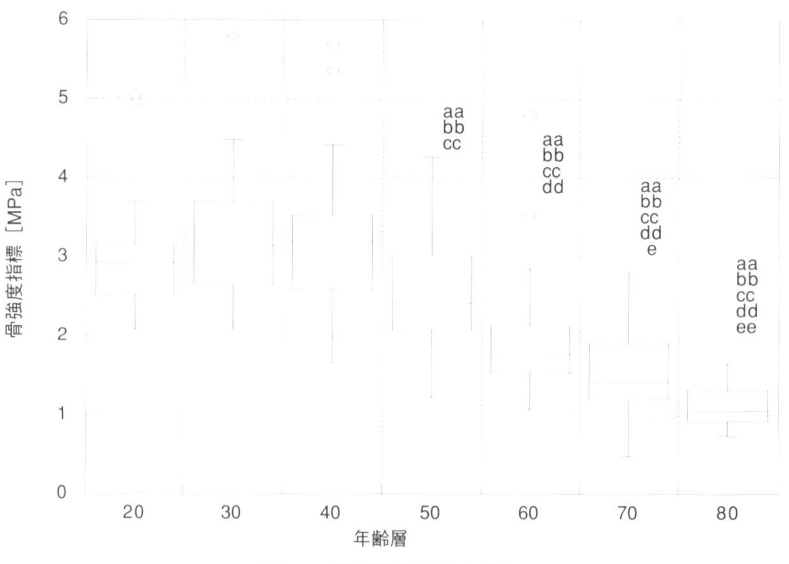

図5-9　骨強度指標の箱ひげ図

指標 $\rho(fL)^2$ で評価してみます。(fL) は骨の伝搬速度に相当するものです。この骨強度指標と年齢の分布を図5-8に示します。平均値と標準偏差は，YAM が 3.10 ± 0.68 で，50 歳代は 2.52 ± 0.78，60 歳代は 1.86 ± 0.59，70 歳代は 1.52 ± 0.85 です。単位は MPa（メガパスカル）ですが後述します。図5-9 には箱ひげ図を示しますが，「ヘ」の字型の加齢的特性や年齢層間の有意差は図5-6 の総骨密度の場合と同様にみられます。表5-1 の骨密度での正常から骨量減少への目安と同様に，YAM の 80 ％の値で骨強度指標を評価すれば 2.48 であり，これは 50 歳代平均値に近い値です。同じ 80 ％減少期で比較した場合，強さ減少と呼んでいいのかもわかりませんが，総骨密度より少し早くやって来るようです。

図5-10 には総骨密度および骨強度指標の年齢層ごとの平均値を YAM で割って無次元化した値の加齢的推移を示しています。50 歳代以降の低下傾向は，骨密度よりも骨強度指標の方が大きいことがわかります。70 歳代でみると，骨強度指標は YAM の半分くらいに低下しています。この指標からは，骨密度が低下していれば，それ以上に骨の強さは低下していると自覚してもよさそうです。また，図5-10 には骨強度指標を構成する項 $(fL)^2$ の加齢的変化も示していますが，骨密度（ρ）の加齢的変化に比べると小さいので，どちらか一つで評価するとなると，骨密度を測定した方が現実的です。しかし，$(fL)^2$ の加齢的変化も高齢になると無視できるほど小さくはないので，骨密度の値は骨の強さと同じだとはいえないようです。

図5-11 には CT 画像からの骨の断面積と総骨密度の関係を示しますが，負の相関（係数 $R= -0.33$），つまり手首の骨が太いと骨密度は小さい傾向がみられます。若年成人のデータだけだとさらに大きな負の相関となります。また手首は骨折しやすい部位ですが，スポンジ状で柔らかい海綿骨（女性 YAM で 195.8 mg/cm^3，骨量減少で 137.1 mg/cm^3）も含まれる部位で，測定される総骨密度の値にはこの特性も入っています。海綿骨については，皮質骨と比べ骨代謝回転が速いため，加齢に伴う骨量減少を感度良く検出できる利点があります。骨組織は長さ方向に均一ではないので，ある骨断面で測定した値だけで判断するより，複数の断面での測定も必要かもしれません。また前腕骨での骨密度は，

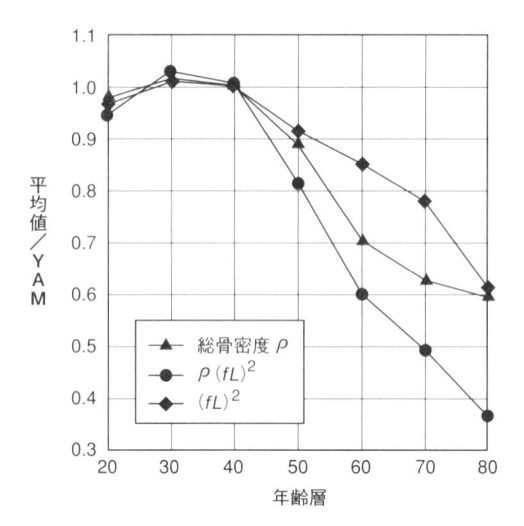

170　第5章　身体機能システムからのアプローチ

図5-10　平均値／YAMでみた加齢的変化（4%断面）

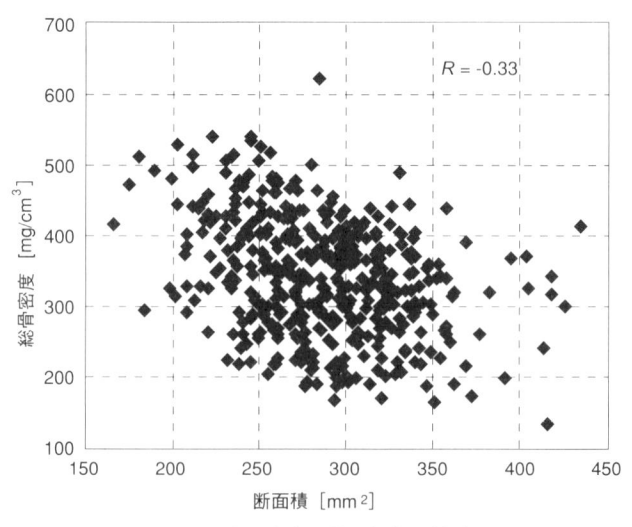

図5-11　総骨密度と断面積（4%断面）

下腿骨のように荷重がかかっている骨ではないという点もあります。

3. 骨にかかる力

骨粗鬆症は，低骨量で，かつ骨組織の微細構造が変化し，そのため骨が脆くなり骨折しやすくなった病態と定義されています（折茂，2001）。骨量が減少し，骨組織がスカスカになっている度合いは骨密度に反映されるので，骨密度を測定して診断に利用することは理にかなっています。しかし，骨折というのは力や強度の問題であり，骨密度が基準値より低くなるとつまずいて転ぶと必ず骨折に至るというわけではありません。骨密度と骨折との関係ははっきりしておらず，動作やバランスの問題でもあり，前節で転倒について詳しく説明されています。つまずかないようにしっかり足を上げる訓練をするとかバリアフリー化など対応方法はあります。

さて，自分の骨が強いかどうかですが，金属の棒のように荷重を加えて引張試験や曲げ試験をして強度を評価することはできないので，体に負担をかけない方法で，強さの代用となるものか何らかの指標で評価するしかありません。骨密度や前述の骨強度指標もそのひとつです。ここで，工学的な強さの評価として，応力のことを紹介します。一般に日本語でストレスというとメンタル・ストレスのことを指しますが，本来は応力（stress）からきたもので，大きいと耐えられないのは同じです。力の単位はニュートン[N]とし，骨には圧縮や曲げの力がかかるので，応力 σ（単位はパスカル Pa または N/m^2）はそれぞれ次のように定義されます。

　　　　　圧縮応力 σ_c ＝力 F ÷断面積 A
　　　　　曲げ応力 σ_b ＝曲げモーメント M ÷断面係数 Z

面積当たりで評価するので，力 F [N]の大きさだけで比較して，強度が高く自分の骨は丈夫そうだというイメージとは異なります。外部からの力や力のモーメント M [N･m]に対して，断面積 A [m^2]や断面係数 Z [m^3]が大きければ（つまり骨太とか），低い応力値になるので骨が耐えるのに有利になります。逆に小さければ，高い応力がかかることになり，自分の骨の許容できる限界値を超えると破壊すなわち骨折につながります。また，同じ応力値の骨ならば，断面積や断面係数という断面形状から算出できる骨のサイズ効果が大きいと，外

部からのより大きな力や曲げモーメントに耐えられることになります。このように骨の断面形状からの強さの評価が考えられます。

そこで，同じ検査機を用いて遠位端（手首側）から骨長の20％部位での断面を測定し，CT画像から強度に寄与する皮質骨だけの骨密度および対応する断面積と断面係数（相当値）を解析してみました（矢野と福田，2007）。4％断面（海綿骨を含む骨頭部）とは解析の設定値が異なります。女性345人（20歳～86歳）のデータ例を図7に示しますが，この例は50歳以上を主な対象としたため，20～44歳の若年成人の数はあまり多くなく，20～49歳を1グループとしてその平均値に対する50歳代以降の比をとっています。YAMとの比で各年齢層の推移を示した図5-10とは異なっている点に注意してください。皮質骨の部分に対応する断面積は，20～49歳平均値116.8mm^{2}に対して60歳代では84.2 mm^{2}へと28％の低下がみられ，断面係数も20～49歳平均値222.5mm^{3}に対して，ほぼ同じ勾配で60歳代では163.4 mm^{3}まで27％低下した後，70歳代以降は緩やか低下になっています。サイズ効果による強度は，50歳から60歳代までは大きな低下傾向がみられるようです。これに対して，皮質骨密度は20～49歳平均の1163 mg/cm^{3}から，70歳代でも1034 mg/cm^{3}と11％くらいの低下であまり変わらないようです。参考までに，20％断面での総骨密度は20～49歳の平均で808.7 mg/cm^{3}でした。さらに，前腕骨への荷重は筋力・筋肉であるという観点から，骨の周りの筋肉の断面積も骨とは設定値を変えて解析してみましたが，20～49歳平均1119 mm^{2}に対し，50歳代平均1183mm^{2}と60歳代1124 mm^{2}は逆に少し高くなり，70歳代で1090 mm^{2}と減少しますが，皮質骨の断面積ほど大きな低下はみられません。筋肉はまだまだ活用できるのかもしれません。

4. 運動の効果と骨自身の機能的適応力

骨量を高めるには，若い頃の運動の効果，カルシウム摂取やホルモン（エストロゲンなど），遺伝的素因などが関係することは知られていますが，運動も運動種目によって違いがあるようです。運動の効果は言い換えると力学的刺激の結果であり，力も引張・圧縮，曲げ，ねじりがありますが，動作とどんな力が加わるのかという視点でとらえてみてはどうでしょうか。身体への力や応力

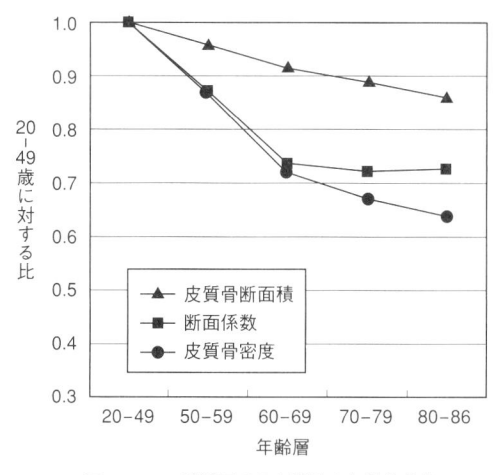

第2節　骨の強さと力について考える

図5-12　20％断面での皮質骨の加齢的変化

のことを意識して暮らしているわけではありませんが，骨の細胞（血管の内皮細胞も）には，自分にかかっている力を感じて形や働きを変える能力があることが1980年代に発見されています。細胞が力を感じるセンサを持ち，その力の刺激に反応して，タンパク質などの物質の合成を増加減少させているというものです。また，生体は高い応力を受けるとその部分は組織が成長し，低い応力の領域では縮退して応力を平均的に分散しようとする性質があるようで，骨のリモデリングや機能的適応とか骨の形成・吸収に身体内部では力を意識してくれているようです。

図5-12のように皮質骨の部分に対応する断面積が減少していくと，同じ力がかかっても高い応力値になります。CT画像からも高齢者は骨の厚さがやや薄くなる傾向にありますが，断面係数Zについて少し考えてみます。定義から長さの3乗の次元をもち，骨の断面を（中空の）円形と考えると直径の3乗に比例することになります。骨は内側から減っていき，骨の外側は力刺激を受けるので，直径は大きくなりえます。断面積は同じとして，たとえ薄くなっても，3乗で効いてくる直径を大きくすることで強さを補う，これも骨細胞のひとつの応答なのかもしれません。骨の厚さは一様ではないので，一番薄く弱い部分に外部から荷重が加わると大変なことになりますが。

応力の話では，金属でいえば材質が均一な場合，骨では骨密度が同じ場合には，サイズ効果が大きい方が強いということになります。しかし，骨組織のスカスカの度合いつまり骨密度が違う場合には，骨密度とサイズ効果の両方が強さに関係します。骨密度の変化とサイズ効果のどちらの影響の方が大きいかについては，一般的な議論では簡単な数式でとか何％とかで表わすことはできません。上記の20％断面での測定と画像解析からは，皮質骨密度と皮質骨断面積や断面係数の間の相関は正（係数0.77と0.47）で妥当な関係がみられ，筋肉断面積とも0.18と正でした。皮質骨の断面積や断面係数のサイズ効果が減少していくと皮質骨の骨密度も低下するわけで，強さもより低下していると考えられます。ひとくちに骨密度といっても，4％断面での総骨密度は断面積と負の相関という点，海綿骨密度は骨代謝との関係，他の多くの検査機での投影面積当たりの骨密度では工学的評価との対応という点など，それぞれに問題点や特性が異なっています。

なお図5-8と図5-9のヤング率相当の骨強度指標で，ヤング率（または縦弾性係数）というのはどんなものかについて簡単に説明しておきます。学校でばねばかりの下に錘をつけて伸びを測り，図にプロットしていくと加えた錘と伸びが比例関係になるような実験をした経験があるかと思います。錘の重さ（kg）に重力加速度（$9.8m/s^2$）をかけると力の単位（ニュートンN）に換算できて，これは

力＝比例定数×伸び　；$F=kx$

という関係になります。この比例定数（ばね定数）kに相当するのがヤング率Eであり，kと同様に大きいと力に対して変形しにくく，小さいと変形しやすいことを意味します。ただし，力を断面積で割った応力σと伸びを長さで割ったひずみεとの比例定数がE（応力ひずみ線図での勾配）で，

応力＝比例定数×ひずみ；$\sigma=E\varepsilon$

という関係式になります。この比例定数に相当するものは強さに関する指標のひとつと考えてよさそうです。この骨強度指標についても，骨密度と同様に，中学・高校時代の定期的な運動やカルシウム摂取との相関についても報告されています（河辺と矢野，1999）。

5. 動作と力について

　高齢者の三大骨折（橈骨遠位端骨折，大腿骨頸部骨折，脊椎圧迫骨折）のうち，転びかけてもまず手をつくという防御反応・動作ができるうちは骨折しても橈骨遠位端が多いようです。そこで，日常生活での動作と力，その測定について考えてみます。

　手すりを利用して階段をゆっくり上がる動作で，分析して気がついた一例を紹介します。2段の階段の実験装置を作り，被験者（健常な大学生）の動きを2方向（側面と背面）からそれぞれビデオカメラで撮影しながら，手すりにかかる荷重を計測しました。

　①2方向からの動画を同期させてフレームごとに動きを観察

　②手すり荷重の変化と動作の流れとの対応

で考察しました。画像上で肩，腰，膝，足などの関節やマーカーを付けた部位を線で結んで単純化したスティック・ピクチャーで動きをとらえたり，注目する部位だけを追跡して加速度や角度の変化のグラフも役立ちます。スティック図の例として，図5-13には側面から撮影した動作の一部，対応する背中側（背面）からのを図5-14に示します。この図の前に右足で階段1段目に上がっており（真上から見た図5-15参照），右手で手すりを握りながら，

　　　図（a）：左足が離床し始める

　　（1段目で両足をそろえず，左足は直接2段目へ向かう）

　　　図（c）：右足は1段目のまま，左足が2段目に接地

までの左足1歩分，約1秒の動作です。進行方向は右から左です。これらの図の後は，手すりから手がはなれ，右足が2段目へ進みます。足の動きに注目すると図5-13（b）は途中の状態にすぎませんが，図5-14（b）では，左足を2段目へ押し上げる準備のためか，姿勢が右足側へ偏っています。背面からみると，手すりを持つことで上体もこう傾いていくのだと気づきます。

　②の3方向の手すり荷重との対応を考えるため，図5-13の各右側に力の大きさを矢印で示しています。座標系（x, y, z）は，手すりを階段の側面の方へ押す方向がx（身体側に引くと－x方向），階段を上る進行方向後ろ向きがy方向（前向きが－y方向），鉛直下向きに押す方向をzとしています。xとy方向の力はz方向と比べて小さいため，実際の比率よりやや大きめに表示していま

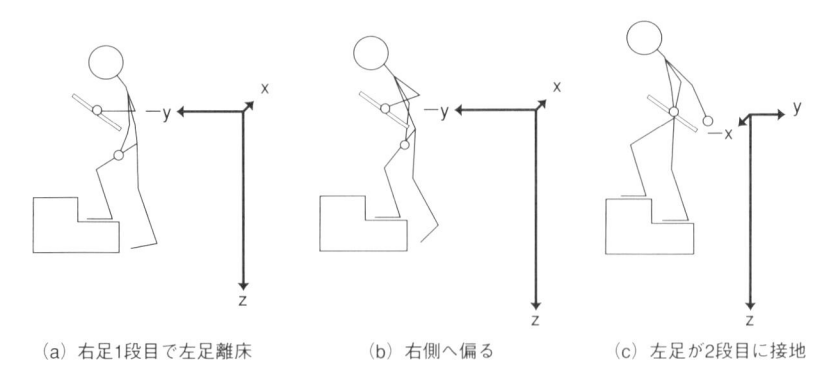

(a) 右足1段目で左足離床　　(b) 右側へ偏る　　(c) 左足が2段目に接地

図5-13　側面からみた動作と手すりの力

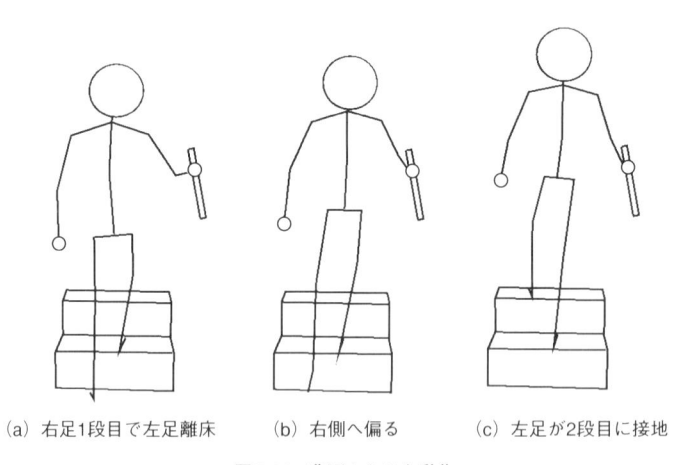

(a) 右足1段目で左足離床　　(b) 右側へ偏る　　(c) 左足が2段目に接地

図5-14　背面からみた動作

す。図 5-13（b）と図 5-13（c）の間では，x と y の力の向きが入れ替わっており，進行と姿勢の変化に伴って，手すりの使い方が変わっていることがわかります。　手すり鉛直下向きの力は図 5-13 の間ずっと大きいままでした。

　手すりと階段の寸法・位置関係や身体サイズにより，力の向きや大きさ，手が離れるタイミングなども変わってきますが，蹴上げ高 19cm の階段で実験しました。19cm というのは建築基準法の範囲内ですが，長寿社会対応住宅設計指針（旧建設省，1995 年）の上限 16cm を超える高さです。蹴上げ高が低く勾

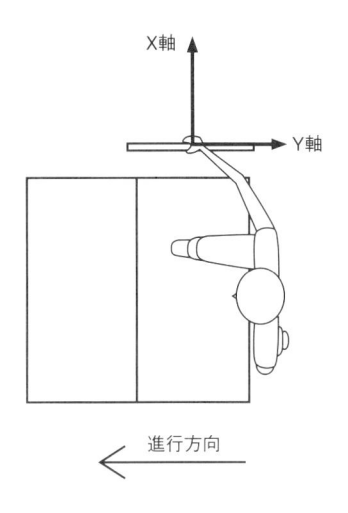

図5-15　真上からみた動作のイメージ

配がゆるやかでさっと上れる階段なら，手すりに頼ることも，力を意識する必要もないでしょう。また高齢者キットをつけた擬似高齢者状態，つまり手足に錘をつけ，首と膝の間がベルトで拘束されて動きに制約がある状態で，同じ手すり付き階段を上がってみましたが，図5-14（b）のように右側へ偏る特徴がみられました。方法①や②のほかに，体重心の軌跡を計算して表示したり，踏み面で足の床反力または足底圧力分布を同時に測定して，手と足を総合すれば，どこにどういう力がかかってこういう姿勢になるのかということがより納得いく形で理解できるでしょう。

　このように力の測定や分析を通して，意識して動きを見るようになると，「人動くところ力あり」で，負荷の大きい動作や危なっかしい動作とその原因に気づいたりします。階段を上がる際にも手すりを先に握ってからと注意するきっかけにもなります。力は見えませんが，意識して行動することはできます。若い人・若い頃と違って，いすから立ち上がる際にもいつの間にか，足をいすの方に引いて，前傾して力のモーメントを利用した立ち上がり方になっていることに気がつきます。力の使い方に応じた日々の繰り返しのうちに，負担の少ない動作に変わっていくようです。

【参考文献】
折茂 肇 2001 原発性骨粗鬆症の診断基準 Osteoporosis Japan. **9**（1）, 9-14.
福永仁夫・曽根照喜・友光達志 2001 骨塩量測定機器の特性と適性使用―互換的検討を含む― Osteoporosis Japan **9**（1）, 15-17.
河辺章子・矢野澄雄 1999 中年期女性における骨強度評価と身体運動の影響 体育・スポーツ科学 **8**, 11-22.
矢野澄雄・中林幹治 2000 前腕の固有振動数を利用した骨強度指標の基礎的検討 日本機械学会論文集 66 巻 641 号 C, 220-225.
矢野澄雄・福田博也 2007 前腕の固有振動数と生体特性を利用した骨強度評価に関する研究 平成 16-18 年度科学研究費補助金 基盤研究（C）研究成果報告書.

第３節　生理学的適応から見た高齢者の温度環境

　人を取り巻く温度環境は科学の進歩によって大きく変化し，室内であれば季節にかかわらず快適な温度環境を構築することが可能になってきました。また，この快適な環境は人が本来有している生理学的適応と密接に関係しています。ここでは物理的温度環境に対する人の生理学的適応に焦点をあて，これらをもとに高齢者にとって必要な温度環境を模索したいと思います。

1. 内部環境の恒常性

　体温などのからだの生理学的パラメータは驚くほどある範囲内に保たれています。これは内部環境を何とか一定にしようと多くの生理学的調節システムが積極的に働いているからです。このような内部環境を一定に保つ状態（恒常性）をホメオスタシス（homeostasis）と呼んでいます。ホメオスタシスは人が外部環境の変化に対して適応するための重要なシステムで，内部温度を一定に保つ機能を持つ恒温動物として人が今日存在し，色んな環境下で生活することができるもととなっています。つまり，通常体温は 37 ℃ですが，病気のときや運動時には 38 ℃や 40 ℃にもなり，状況によってからだ自身で内部環境を変化させ，そのときの状況に応じて都合のいい環境をつくることが可能となります。この意味で，ホメオスタシスは環境に対して積極的に適応していく仕組みのよ

☐ 核心部　☐ 外郭部

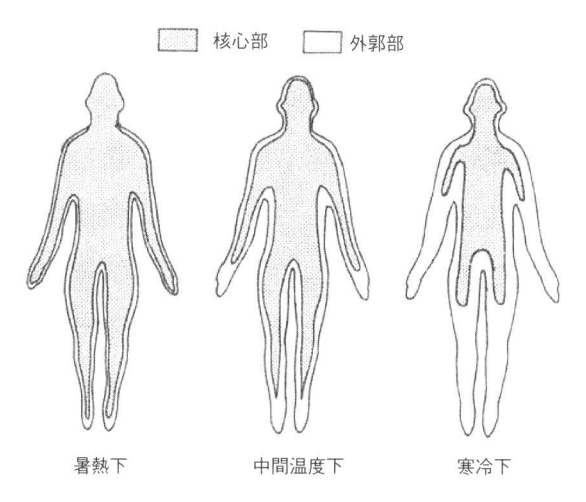

暑熱下　　中間温度下　　寒冷下

図5-16　身体の温度分布（黒島，1993より改変）
表層部温度は変化するが，核心部（中心）の温度は維持される。

うに思われます（彼末, 1999）。

2. 体温の調節

　日本では真冬には気温が0℃以下に，真夏には40℃以上になり，また，空調機などの利用で室温と外気温との差が10℃以上になりますが，私たちの体温は36〜37℃に保たれています。体温はどのように一定に保たれているのでしょうか。ここではその仕組みについてみていきたいと思います。

(1) 体　温

　からだの内部の温度は全身一様ではなく，環境温度に大きく影響を受けます（図5-16）。この図から寒いときには温度が高い部分は頭部から体幹部にかけてですが，暑いときはそれが皮膚まで拡大します。このように環境温度の変化にかかわらず，前述のように中心の温度はほぼ一定に保たれます。中心温度の代表として脳の温度があげられますが，この温度を直接計ることが難しいので，その指標として一般的には腋の下の温度（腋下温）が用いられています。図からもわかるように，寒いときには皮膚表面温度が深部の温度よりかなり低くな

りますから、腋下温を正確に測定をするためには腋の下を比較的長い時間閉じる必要があります。このようなことから、体温(深部温)の指標として舌下温も最近はよく利用されています。

(2) 環境温度の認識

前述したように物理的温度環境の変化に対して、人は身体内部の温度を一定に保つシステムを有しています。温度変化に対してある温度を調節しているものとして、人以外に空調機などがあります。空調機は設定温度に対していまの温度が何度なのかを感知し、現在の温度が設定温度に近づくように機械を調節します。人も同じような調節をしていますので、体温を一定に保つためには、まず、現在のからだの温度を知る必要があります。

からだの内部や表面には温度を感知するセンサー(温度受容器)があります。その種類は温度が高くなると働く温受容器とそれが低くなると働く冷受容器があり、皮膚には後者のものが多く分布しています。また、冷受容器は温受容器より浅いところに位置しています。一方、体の内部ではこの分布が逆で、体温調節中枢である脳の視床下部では温受容器の数が冷受容器のそれより多くなります。このように身体の内部と表面では温度受容器の分布が異なるわけで、これはこれまで外部から受けた環境変化に適応し、生命を守るために獲得した分布であると考えられます。この分布からからだの外部では温度低下が、からだの内部では温度上昇が人にとって脅威であったことが想像されます。

このようにからだに分布しているセンサーを利用して人は体温をある範囲に維持していますが、皮膚にある受容器は予測的な働きもしています。例えば、室内から寒い屋外にでると急にふるえを起こす場合がありますが、これは、皮膚の冷受容器からの入力が大きく働くためで、このとき体温はそれほど変化していません。つまり、寒い環境では体温が下がることを予測して、早めに反応を引き起こすためであると考えられます(彼末,1999)。

(3) 体温調節システム

人を取り巻く人工的な環境は体温維持に役立っています。冬など寒いところから屋内に入ると、まず、オーバーを脱ぐか、空調機のスイッチを入れます。

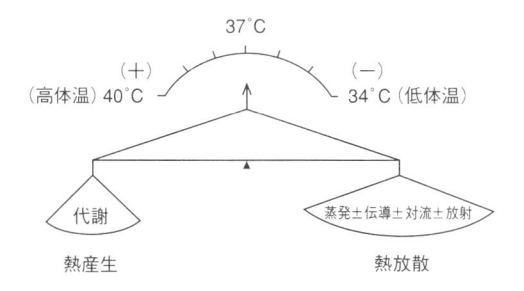

第3節　生理学的適応から見た高齢者の温度環境　*181*

図5-17　生体の熱平衡（黒島，1993より改変）
体温は熱産生と熱放散のバランスで決定される。

　また，夏では屋外に出ると薄着になり，それでも暑い場合は日陰に行ったりします。これらの人の行動はいずれも体温維持のためで，自分の意志に伴って起こります。このような調節を行動性体温調節と呼んでいます。一方，夏にかく汗，寒くなると震えるなども体温維持に役立ちますが，意志では調節できません。このような調節を自律性体温調節と呼んでいます。いずれの調節も体温維持には欠くことができません。

　ところで，運動しているときの体温調節システムは安静にしているときと異なっています。運動時では前述した体温や皮膚温をセンサーでモニターしているばかりか，運動しているときの筋での活動レベルもモニターしながら体温の調節を行っています。例えば，筋の中には疲労を感知するセンサー（筋代謝受容器）がありますが，強い運動を行ったときなど体温や皮膚温が変化していなくてもこのセンサーが働いて，汗をより多く出すように命令します（Kondo et al., 1999）。

（4）熱産生と熱放散

　体温は熱産生と熱放散のバランスで決定されます（図5-17）。熱産生の量は代謝量で表されますが，通常，一般成人でのこの値は約100Wで白熱電球1個に相当します。つまり，安静時には白熱電球1個をからだの中でともして，体温を維持していることになります。熱放散量は環境温度に影響を受け，皮膚表面の温度が環境温度より高い場合は，熱が対流・伝導・放射の物理的手段によ

ってからだの外に放散されます。一方，環境温度が皮膚表面の温度より高くなると，今度はからだの外から内部に熱が入ってきます。屋内で生活しているかぎり後者のようなことは起こりませんが，真夏などの屋外では起こりうる状況です。皮膚表面の温度変化は主として皮膚への血流量により調節されています。また，後者の条件のように皮膚表面の温度＜環境温度となると熱放散の手段は発汗が唯一となります。

　汗は人において唯一発達しているもので，この点から人は高温に対して特に優れた体温調節能力を持っています。汗を出す器官は汗腺ですが，これにはエクリン腺とアポクリン腺があり，前者が体温を維持するのに関係し，その数は200万〜500万個といわれています。ただ，この全てが汗を出すのではなく，汗を出せる汗腺（能動汗腺）はロシア人で約190万個，日本人で約230万個，フィリピン人で280万個といわれており，住んでいる環境で異なっています。また，この数は生後2歳半くらいで決定されると考えられています。つまり，フィリピンで生まれた日本人がそこで5歳まで生活し，その後，日本に戻って来た場合，能動汗腺数はフィリピン人のような値になります。このことは，生後2歳半くらいまでの生活環境が汗腺の発達には重要であると考えられます（小川, 1998）。

　ご存じのように汗の成分は体液ですので，暑い環境下ではからだの中の大切な水分を放出しながら体温を維持しています。男性でからだの約60％（女性では約50％）は水分ですので，からだにとって本当に重要な水分を出すことは危険を伴います。したがって，汗が出るような環境では水分の補給は欠かせません。一方，寒い環境下でも脱水が起こる可能性があります。寒いときには利尿が多くなりますので（寒冷利尿），冬といえども水分補給は欠かせないことになります。

3. 体温調節システムを修飾する要因

　体温調節システムには多くの修飾要因がありますが（平田ら, 2002），ここではそれとして体力・順化，年齢および概日リズムをとりあげて，その影響を見ていきます。

(1) 体力・順化

　環境温が低下した場合には体温を維持するために皮膚の血管を収縮（皮膚血流量を減少）させて熱放散を抑制し，また，一方では熱産生を増加させる必要があります。日頃，よく運動をする，また，スポーツを実施している人はそうでない人と比較すると体力が高いことは周知のとおりです。生理学的な観点から体力の指標として最大酸素摂取量（体内に取り込める酸素の最大量）が用いられており，一般的には体力がある人はこの値が高いとされています（池上，2000）。寒さに対する適応を評価する方法として，全身耐寒性と局所耐寒性があり，前者は熱産生の増加と熱放散の抑制に関する能力に，後者は熱放散を抑制する能力に関係する指標です。

　日頃運動している人は体力レベルが高く，耐寒性が向上しています。例えば，最大酸素摂取量の高い群と低い群について，薄着で気温12℃の部屋に1時間滞在すると，前者の群の代謝量は後者のそれより多く，また，体温の低下も小さくなります。また，局所耐寒性も全身耐寒性と同じように体力レベルが高い人が優れています。これらのことから，体力を高めることにより，寒さに対する適応は大きくなることがわかります。さらに，体力を高めなくとも，寒冷地で生活している人では耐寒性が向上しています（池上，2000）。

　一方，環境温が上昇した場合には熱放散量を増やす必要があります。このためには皮膚血流が多くなり，発汗量が増えます。したがって，この2つのパラメータを見ることにより，暑さに対する適応を知ることができます。寒さに対する適応と同様に，体力が高い人ほど暑い環境下での皮膚血流量が多くなり，また，発汗量も増します。さらに汗に含まれる塩分の濃度は暑さに適応すると低くなります。これは汗腺で塩分が再吸収されるからで，これにより多くの汗をかいたときに失われる塩分を減らすことが可能となり，生体内部の恒常性維持に役立っています。夏の方が冬より汗が多く，また，汗が出てくる時間が短くなり，さらに，塩分濃度も少なく，夏には薄い汗をかいています（黒島，1993）。夏の前に急に暑くなると気温以上に暑く感じますが，夏が終わりになると同じ気温でも前ほど暑く感じないことは多くの人が経験しています。これは暑い環境で生活していると，より暑い環境にも耐えられることになることを示し，暑熱順化と呼ばれています。この現象は前述した寒さの場合も同様で，

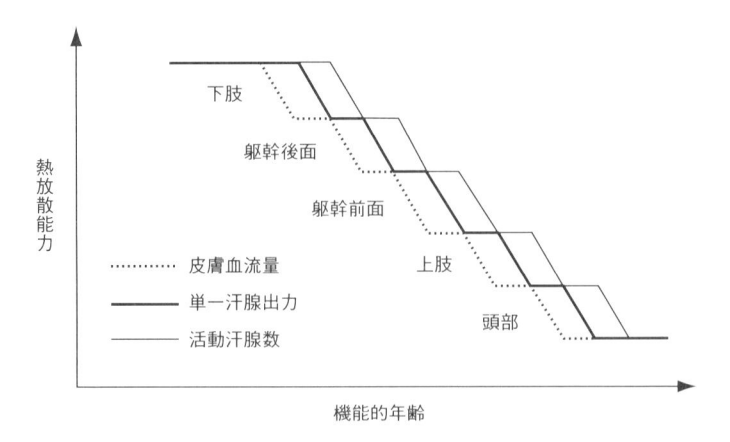

図中ラベル:
- 熱放散能力（縦軸）
- 機能的年齢（横軸）
- 下肢
- 躯幹後面
- 躯幹前面
- 上肢
- 頭部
- ········ 皮膚血流量
- ── 単一汗腺出力
- ── 活動汗腺数

図5-18　熱放散反応の老化過程（井上，2002より改変）
熱放散反応の老化は部位により異なり，また，皮膚血流が発汗より先行する。

寒さの場合は寒冷順化と呼ばれています。このように季節によって温度環境に対する適応は異なりますので，夏や冬に十分慣れていない季節の変わり目は安全の面からも注意が必要です。

(2) 年　　齢

年齢とともにからだの生理学的調節機能は衰えますが，これは体温調節システムでも同様に起こります。

寒い環境にさらされた場合，高齢者では皮膚血管収縮能力が低下し，その代償として熱産生量が亢進するものの，この環境下で体温を維持する能力は低下します。老化に伴って熱放散を抑制する能力（皮膚血管収縮力）や熱産生にかかわる代謝量も低下しているため，寒い環境下では体温維持が困難になります。同じような機能の低下は暑い環境にさらされた場合の体温維持に重要な皮膚血流や発汗にも見られます（井上，2002）。ある温熱を負荷してみると高齢者の皮膚血流量は若い人より低く，それは身体の部位によって異なることが報告され，老化に伴う一連の低下は下肢→体幹背面（背）→体幹前面（胸）→上肢→頭部へと進行する可能性が指摘されています（図5-18：井上，2002）。また，この低下はこれを調節しているシステムの低下と皮膚血管自身の萎縮なども関係して

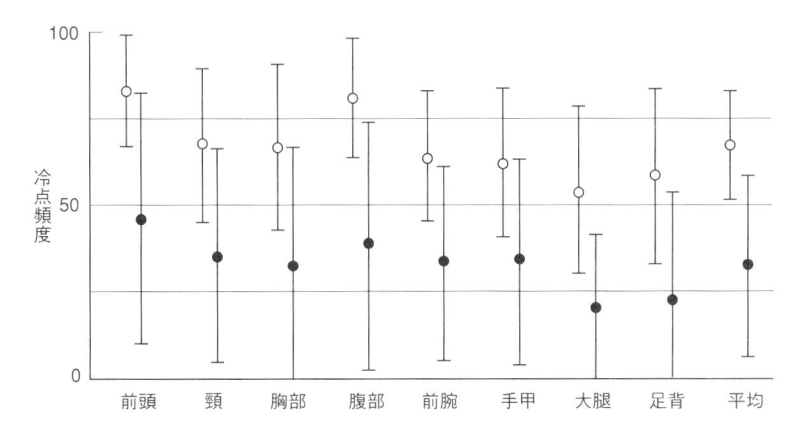

図5-19 冷点頻度と加齢（村田と入來，1974より改変）
いずれの部位においても高齢者（●）は若者（○）よりその頻度が少ない。

いるようです。

　もう1つの熱放散システムである発汗も高齢者では低下していることが報告されています。この低下は汗腺機能の低下に関連するもので，これは汗腺での塩分の再吸収能の低下にも見られます。前述した皮膚血流量の低下と同様に部位によってその程度が異なっています。ここでそのことを少し，詳しく見てみます。井上と芝崎（Inoue & Shibasaki, 1996）の横断的・縦断的な研究から高温下での温熱負荷実験において，65歳のときに若者より顕著な低値を示した大腿の発汗量は70および75歳時には変化が見られず，その後5年間は変化しませんでした。また，70歳時に若者とほぼ同等だった胸と前腕の発汗量は5年後に低下し，その低下率は胸の方が前腕より大きく，一方，70歳時に若者とほぼ同じであった前額の発汗量は増加を示しました。このような老化に伴う変化から熱放散反応の老化は下肢→体幹背面（背）→体幹前面（胸）→上肢→頭部の順で起こることが明らかとなりました。さらに，皮膚血流量と発汗量のどちらが早く老化の影響を受けるかと考えると，皮膚血流量→汗腺の機能低下→活動汗腺数の順になるのではと指摘されています（井上，2002; Inoue & Shibasaki, 1996）。

　季節的な変化を見た研究によると，発汗反応の季節順化は高齢者では夏に向

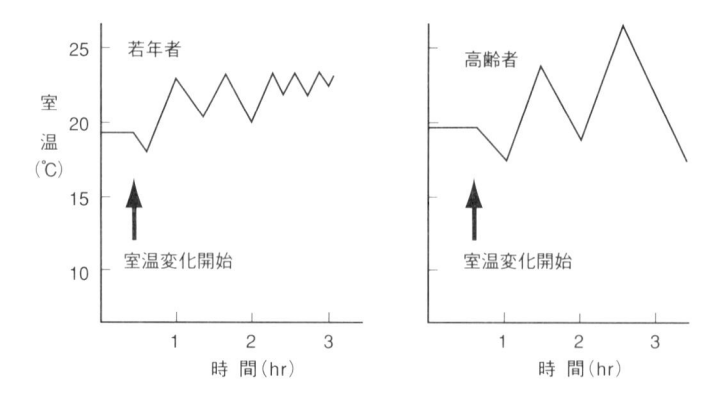

図5-20 高齢者と若者の快適温の調節度（川島，1994より改変）
快適温は高齢者と若者で変わらないが，
高齢者の温度制御の頻度は少なく，また，設定温度の振れ幅が大きい。

けた発汗能の亢進が遅延し，獲得した発汗能を若者より早く消失することが指摘されています（小川，1998）。このことから，高齢者では若者より季節変化に対する体温調節システムの適応が衰えている可能性がありますから，若者以上に注意が必要になります。

　温度受容器に関連する温度感覚の特性では，高齢者における冷点の頻度は若者と比較するといずれも減少し，特に，下腿部と足甲部でその減少が著しいことが報告されています（図5-19：村田と入來，1975）。このことは，高齢者は寒さを感じにくくなっており，高齢者における一般的特徴である体温調節応答の遅れや低下と関連する可能性も指摘されています。これに関して，次のようなデータがあります。快適な温度設定を高齢者と若者に自分自身で決定するよう指示すると，両者で設定温度（23℃）には差がありませんが，高齢者の温度制御の頻度は少なく，また，設定温度の振れ幅が若者より大きいことがわかります（図5-20）。これも温度変化に対する感受性の低下が高齢者で起こっていることを示しています。体温を維持する反応ではありませんが，温度が急激に変化した場合，高齢者の血圧変化は若者より大きく，特に，寒い環境への急激な温度変化の場合では顕著になります（川島，1998）。これらの反応から室内での各部屋の温度差は5℃以下にすることが提案されています。

これまでのことから，高齢者の体温調節特性を概略すると以下のようになります。年齢とともに体温調節反応が衰え，暑さや寒さに弱くなります。気温が上昇した場合でも皮膚血流が増えるのが遅く，その増加度も少なくなります。また，汗が出始めるのも遅く，高い体温で汗が出始めます。これらの体温調節反応の低下はからだの部位によって異なり，末梢部でその低下が早く起こることが推察されます。さらにこのような低下と温度受容器の機能の低下との関連性が見受けられます。

これまで示した高齢者の体温調節能力は若者と比較して劣っていますが，日常的な身体活動を積極的に行うことによって，その能力を高めることが可能です（井上, 2002）。高齢者の耐暑性や耐寒性は日常歩行量や最大酸素摂取量が大きくなるほど高くなることが指摘されていますし，高齢者に運動トレーニングを実施すると皮膚血管拡張機能や発汗機能が改善します。このことから高齢者においても日頃から積極的に身体活動を行うことで自らの適応能が高められ，これが最終的には高齢者の室内環境の改善にも関連してくる可能性があります。

(3) 概日リズム

人の体温は24時間で変動し，早朝に最も低く，日中活動時に上昇を続け，夕方に最も高くなった後，深夜から早朝にかけて再び低下するリズムを示します（図5-21）。この24時間を1周期とする体温の変動は概日リズムと呼ばれています。しかし，その周期は正確には24時間ではなく，時間を隔離した実験によると人の場合には約25時間になっています。このような規則正しい周期を体温が持っているのはからだの中に体内時計が存在しているからです。体内時計は脳の視交叉上核にあり，ここは視神経から直接情報を得ています（彼末, 1999；黒島, 1993）。また，体温の概日リズムはメラトニンというホルモンに影響を受け，このホルモンは体温リズムと逆の位相を示します（図5-21）。

からだの概日リズムは約25時間ですが，実際には外部因子に同調して24時間に保たれています。すなわち，少し体内時計が狂っても社会因子がそれを正確なリズムに戻してくれます。外部因子の中でもっとも影響の大きいものが光であると考えられています。私たちは朝起きたときに太陽の光を浴びて，狂っ

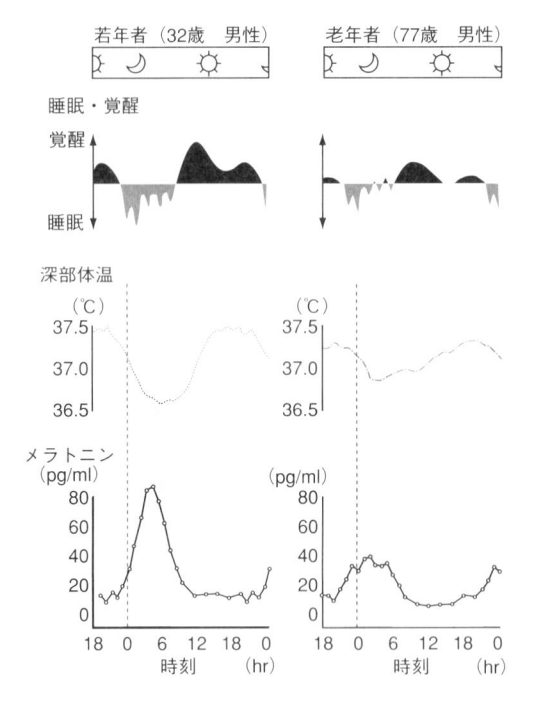

図5-21 高齢者と若者の生体リズムの違い（早石と井上, 2000より改変）
体温やメラトニンの概日リズムは高齢者で振幅が小さく，これに関連して睡眠覚醒度も低い。

た時計を無意識にもとに戻しているのです。

　概日リズムは生後8週間程度で認められ，はっきりと朝と夜のリズムが見えるのは生後20週頃からです。一方，高齢者になるとこのリズムに変化が起きてきます。すなわち，高齢者になるとこのリズムの振幅（大きさ）が小さくなることが認められています（図5-21）。この振幅の変化と連動して，睡眠の深さも変化し，高齢者になると睡眠が浅いことが示されています（早石と井上，2000）。このような状態は部屋からあまり出ないで生活している高齢者ではより顕著に起こっていることが想像されます。しかし，体温の概日リズムがはっきりしない高齢者に日中人工的に光を浴びさせると，そのリズムがはっきりしてくることも知られていますので（インテリア産業協会，2000），何らかの方法で日中に光を浴びる環境を高齢者に提供することは重要であろうと思われます。

4. 高齢者の飲水

　高齢者では渇中枢などの老化により口渇感の低下，頻尿などによる意図的な飲水行動の制限が指摘され，これに伴って高齢者は脱水に陥りやすいことが知られています。最近の研究によると，飲水量は男性より女性の方が多く摂取し，また，その量は同居より独居に多いことが指摘されています（小松ら，2004）。さらに，高齢者になると脱水に陥りやすいと考える者はそうでない者よりも水分を多く摂取していたことも示されています。このことは高齢者に対して飲水の重要性を提供するとともに，同居といえども自立した生活を促すプログラムの必要性を指摘していると思われます。

5. 生理学的特性から見た温度環境を考える視点

　これまで見てきた生理学的な特性から高齢者の温度環境を検討する場合の視点を示します。

　① 若者と比較して高齢者では体温調節能力が劣っています。また，高齢者では温度感覚も低下していますので，できるかぎり温度変化がないような環境にする必要があります。これに関連して，やはり，急激な温度変化が起こらないような環境づくりも忘れてはいけません。

　② 高齢者でも体力が高まると体温調節能力も改善されますので，日常的な身体活動が積極的に行える環境を整えることも大切です。

　③ 日中には太陽光を浴びられるような場所を設け，概日リズムを利用した生活ができるよう環境を工夫する必要があります。

　④ 高齢者では飲水行動も劣っていますので，飲みたいときには水分を補給できる状況を構築しておくことも大切になります。これに伴って，トイレへ行きやすい環境づくりも必要です。

　以上，高齢者の温度環境を考える視点を述べましたが，何でもそうですが，過剰な保護はかえってマイナスになる場合があります。②でも示したように日常身体活動が多くなるとからだの調節機能が改善されます。温度環境があまり快適すぎると，今度は，からだをあまり動かさなくなりますから，この点からも高齢者への温度環境を考えていかなければならないように思います。

【参考文献】

池上晴夫　2000　スポーツ医学Ⅱ－健康と運動－　朝倉書店　22-105.
村田成子・入來正躬　1974　老人の体温－皮膚感覚点分布頻度に及ぼす加齢の影響　日本老年医学誌　**11**，157-163.
彼末一之　1999　生理学はじめの一歩－ホメオスタシスの維持と脳　メディカル出版
小川徳雄　1998　汗の常識・非常識　講談社ブルーバックス
平田耕造・井上芳光・近藤徳彦　2002　体温－運動時の体温調節システムとそれを修飾する要因　ナップ出版
井上芳光　2002　発育と老化による修飾作用　平田耕造・井上芳光・近藤徳彦　体温－運動時の体温調節システムとそれを修飾する要因　ナップ出版　180-198.
小松光代・岡山寧子・木村みさか　2004　日常生活行動の自立した在宅高齢者の飲水量－飲水行動要因との関連－　日本生理人類学会誌　**9**，25-30.
厚生省老人保健福祉局老人保健課老人福祉計画課監修　1996　高齢者ケアプラン策定指針（第1版）厚生科学研究所
Inoue Y, Shibasaki M.　1996　Regional differences in age-related decrements of cutaneous vascular and sweating responses to passive heating. *European Journal of Applied Physiology*, **74**, 78-84.
黒島晨汎　1993　環境生理学（第2版）理工学社
Kondo N, Tominaga H, Aoki K, Shibasaki M, Koga S. & Nishiyasu T.　1999　Modulation of the thermoregulatory sweating response to mild hyperthermia during activation of the muscle metaboreflex in humans. *Journal of Physiology,* **515**, 591-598.
早石　修・井上昌次郎　2000　快眠の医学－眠れない謎を解く－　日本経済新聞社
川島美勝　1994　高齢者の住宅熱環境　理工学社
インテリア産業協会　2000　高齢者のための照明・色彩設計－光と色彩の調和を考える－　産能大学出版部

6
自立支援福祉サービスからのアプローチ

はじめに

　本章では，地域一体型老人介護施設における自立支援福祉サービスの開発とその評価にどのように取り組んでいくのかという側面からせまっていきます。

　まず第1節では，私たちの考える地域一体型老人介護施設での福祉サービス機能の基本枠組みについて説明し，サービスの体系性についての1つの試案を提示します（城, 2001）。さらに大阪府と京都府下の老人福祉施設の協力を得て，現在実施されている福祉サービスの実態調査を行いました（城, 2004）。そして私たちが提示した福祉サービスの体系性に照らしあわせたとき，どのようなサービスが不足し今後必要になってくるのかを指摘したいと思います。さらにサービスの提供の仕方や介護のあり方を根本から見直す必要性についても提言したいと思います。

　次に第2節では，デンマークでの福祉サービスの最前線について松岡氏から紹介してもらい，今後の日本の高齢者福祉環境や施設福祉サービスのあり方について，これからの日本の福祉ビジョンの参考になる視点をまとめます。

第1節　高齢者の発達を支援する地域一体型老人介護施設とは

　平成12年度から介護保険が実施されていますが，介護施設においてどのよ

うな福祉サービスが用意されなければならないのかといったソフトの問題やどのようなサービスが受け取れるのかといった利用者側の心理的不安がまだまだ問題として残っています。そのような中にあって，「高齢者の主体的な発達を支援する環境づくり」という基本テーマのもと，高齢者をはじめとする地域のあらゆる人々の生活の質を高めていくために，地域一体型の老人介護施設のあり方の基本理念と施設機能を以下のように考えました。

① 基本理念：利用者の声を聞き，地域住民との交流を活発に行って信頼関係を築きながら利用者主体・住民主体の姿勢を貫く施設でありたい。

② 施設機能：そのため次の4つの機能を施設に持たせ利用者主体の評価基準で質の向上を図る。

1) 自立支援を基本姿勢とし，個別に最適な療育プログラムを提案する機能
2) 介護者，利用者の家族，ケアスタッフの負担を軽減する機能
3) コミュニティケアに関する知を管理し，知識共有，相互発信を促進する機能
4) 地域交流，異世代交流を促進させる機能

③ 運営：サービスの持続性の追求や責任ある運営システムの導入。

以上のような地域一体型老人介護施設の基本理念と施設機能を実現するためには施設が提供する福祉サービスはどのようなものでなければいけないのでしょうか。まずサービスの機能の基本枠組みについて説明し，次にサービスの体系性についての1つの試案を提示します。

1. 基本枠組みとサービス体系

施設がその地域コミュニティの中で活動を展開する場合，活動の主体が施設の場合と地域団体の場合に大きくわかれます。そしてサービスを受ける対象が施設内の人たちである場合と地域の人たちである場合に分けると，2×2の4つの区分ができます。活動の主体が施設でしかも施設内の人たちが対象であれば現在行われているような施設内活動になります。活動の主体が施設で対象が地域の人たちであれば施設の地域に対する活動になります。活動の主体が他の団体で施設は支援側にまわる場合は巻き込みによる地域活動となります。つまり，施設に地域の活動を誘致しそこに地域の人たちが参加するというものです。

表6-1 施設が提供する福祉サービスの基本枠組み

		活動の主体			
		施　設			地域団体（施設は支援）
		自立支援	介護支援	知識共有	地域交流
対　象	施設内の人	施設内活動			巻き込みによる地域活動
	地域の人	施設の地域での活動			別団体との連携

最後のカテゴリーは，地域の団体が別の団体と連携して，地域の人たちが利用するというものです。施設を利用するだけということにもなりますが，これも施設の地域に対する重要な役割だと考えられます。さらに施設が提供するサービスを，(1) 自立支援，(2) 介護支援，(3) 知識共有に細分し，これに (4) 地域交流を加えます。そうすると施設が提供する福祉サービスの基本枠組みは活動の主体で2分され，それぞれに4種のサービス機能があるので2×4の8種類のサービスにまとめることができます。それを表6-1に示します。

(1) 自立支援

自立支援サービスから説明します。施設内のサービスとして，デイサービス，ショートステイ，グループケア（ユニットケア），重度用特別ケアなどがあります。自立支援はデイサービス，ショートステイ，グループケアの3つのケアを基本にしながらこれらの組み合わせで個別のプログラムを作成することができます。特に，デイサービスとグループケアの交流プログラムによって日常に変化をつけることができます。デイサービスの地域利用者と施設の入居者が交流している場面というのはいまでもときどき見られますが，もっと自由度を大きくして活性化していく必要があります。個別のプログラムの部分は，その人のリハビリの必要性や要介護度と関係してくるので，本人，家族がケアマネージャーやケアスタッフとともに細かいプログラムを組み立てていきます。

次に施設が地域で行う自立支援サービスです。施設からヘルパーが派遣され在宅介護を行うサービスがこれに該当します。その他まだ健康な高齢者を対象に老いに備えての様々な学習会を施設のスタッフが講師となり地域で実施する

サービスが考えられます。

(2) 介護支援

第2に介護支援サービスです。施設内で行うものとして代表的なものに教育用のショートステイがあります。被介護者とその家族が一緒に施設に何日か寝泊りして，介護の実際を勉強します。その経験を在宅介護に生かすという教育的な機能を持つプログラムです。これは地域における在宅介護から施設介護，それとは逆に施設から在宅介護に戻す場合の移行プログラムとして大きな役割を果たすものです。施設の中にこういった機能を充実させていくことが今後期待されます。

施設内で実施されている園芸療法や，音楽療法，ドッグセラピーなど各種セラピーサービスは，被介護者だけではなく介護者にも積極的にプログラムに参加してもらうことによって，自分自身も楽しみながら療育の効果を高めていくことができます。介護者自身には強い介護ストレスがかかるので，それを疲労回復させるための機能も施設の中にあるといいと思います。例えば疲労回復のためのリラクゼーションプログラムを準備したり，ショートステイで被介護者を預け，介護者がゆっくり施設のお風呂に入ったり，居酒屋やカラオケなどでくつろぐことができるといいです。また，入居者と一緒に食事，団欒をする時間や空間があるといわゆる「施設に預けている」という感覚ではなく在宅介護に近い感覚に近づけることができます。その他ちょっとした喫茶室やビデオルームなどがあると介護者の疲労回復につながります。

地域に対するものとしては在宅介護支援センター機能があります。例えば，ヘルパーの派遣，介護用品の紹介，車イスや介護機器のレンタル，食事や弁当の配達など地域に対する貢献としてはとても大事な部分です。それから介護にかかわる様々な情報をセンターの窓口を通して提供していくということです。また，デイサービスの受け入れ窓口，休日診療所の受け入れや施設内への組み込み，相談員による介護コンサルティングなど色々なことが考えられます。地域と切り離された施設ではなく，地域に対してもっと開放的なものにしようとすればどうしてもこういうサービスを広げていく必要があるのです。

(3) 知識共有

　知識共有は主に施設運営のノウハウやケアスタッフによる介護技術や知識の伝達などに関することです。まずケアスタッフによる各種ミーティング，研修制度，ケア現場での問題提起のとりあげ制度といった，主に施設のスタッフによる知識共有の側面です。もう1つは施設と利用者とのインターフェイスでの情報共有の側面があります。施設の利用規程から施設の介護に関するポリシーや身体拘束に関するルール，施設利用者のクレーム処理などが含まれます。その他それらの情報公開をどのようにするか，例えばインターネットでの情報サービスなどです。また，地域に対する情報共有サービスとして，各種行政サービスの窓口や銀行や郵便サービスや各種相談窓口サービスなどが施設内にできれば地域住民にとって非常に便利なものになります。日常的に施設が地域住民にとって身近で便利なものになることが地域の中で施設がとけ込むために重要なことなのです。

(4) 地域交流

　最後は地域交流です。まず，施設内で行う地域交流活動です。いわゆる地域の巻き込み活動ですが，これはあくまでも主体は地域であり，施設は環境づくり，場所の提供，そこへの積極的な参加といった形になります。当然地域の主体性が前提となるので，NPO，NGOの協力なしではとてもできないことです。その中での施設側の活動はその組織づくりの促進，企画段階での参加，運営の手伝い，調整といったものになります。すなわち，絶えず地域の活動をモニターしながら，それを施設の中に導入していく，企画を持ち込む，受け入れるというような積極的な地域との交流が前提となります。このように継続的で根気のいる業務をこなしていくためには，専任のコーディネータを施設に置くことが必要不可欠だと考えます。具体的にその業務をあげると，幼稚園から高校生に至るまでの総合学習の一環としての福祉体験学習の受け入れ，また介護福祉士，教職免許の取得に義務づけられた介護実習生の受け入れなどです。それから，趣味などを通じての交流の場，ボランティア活動の発表の場の提供など，それらの企画，スケジューリング，運営といった業務が考えられます。

　介護保険対象外の人も視野に入れた地域交流サービスも考えられます。もち

表6-2 地域一体型老人介護施設のサービス体系

	自立支援	介護支援			知識共有		地域交流	
施設内の人を対象	デイサービス ショートステイ グループケア 重度用特別ケア	各種セラピー	憩いの場	教育用ショートステイ	研修・ミーティン 利用者への情報提供	スタッフから の問題提起 利用者からの要望	巻き込みによる地域活動	健常者の日常的利用の促進
地域の人を対象	在宅介護 各種サービス 健常者向け 自立支援講座	各種派遣業務サービス	各家庭での介護／改築アドバイス		各種窓口業務 各種相談業務 政府業務の代行 地域／家庭専用情報提供		施設・地域間団体との連携	NGO, NPOとの連携

ろん保険対象外の人ですから施設の利用をまったく必要としない人のことです。これらの人たちに対しては公開講座のようなものを考えたらどうでしょう。例えば介護のシステムや介護方法,「老い」への準備,遺書の書き方などの講座を開きます。さらに新聞などで講座への参加を促したり,地域ボランティアの活動紹介などを行うことも大切です。

　次に,地域団体が地域の人たちを対象に行う地域交流活動です。地域には地域で組織する様々な団体があり,地域の中の施設づくりにはそのような住民組織との連携・協力が不可欠です。地域には長い間の伝統があっていきなりそこに施設ができたからどうぞといっても利用してもらえません。息の長い活動が必要です。どういう形で連携のネットワークを張っていけばいいのでしょうか。このとき施設と地域の間にあってそのリンクとなる団体が施設利用者の会です。これは施設に入る段階で加入してもらう会で,利用者自身が組織する会と利用者の後見人(多くは家族)が組織する会などがあります。そして施設を取り巻く地域の会などです。これらの団体と連携を取りながら,親睦を深め,その地域の意見や必要としているサービスなどを発掘し,施設機能の向上に役立てていくわけです。また別の地域団体としては,地域のNPOやNGO,街づくり協議会,自治会,民間による組合などがあります。

　今後検討しなければならない課題としては,先にも述べましたがコーディネータの育成と配置です。施設と地域を結びつけるコーディネータの役割は今後ますます大きなものとなっていくでしょう。そのような人材をどのように育成しどこに配置すればいいのかは今後の大きな検討課題となるでしょう。

以上述べてきたことをまとめると表 6-2 のようになります。

多くのサービスがすでに実施されていますが，まだまだ不十分なものもあります。これから重要になってくるのは，介護支援や知識共有，地域との交流活動の部分です。特に地域との交流活動は，施設の立ち上げ段階では目玉としてうたわれているのですが，実際にはあまり機能していなかったり，なかなか定着しないという現実があります。施設が地域に対して閉じたものではなく，普段から施設環境を日常的にどんどん使っていけるような利便性の高いサービスの導入が望まれます。

2. 大阪府・京都府下の老人介護施設の福祉サービスの実態調査

以上述べてきた福祉サービスの体系に基づき，大阪府下（大阪市を除く）と京都府下（京都市を除く）の老人介護施設を対象に福祉サービスの実際がどうなっているのかを調査しました。調査対象施設の概要は以下のとおりです。

1) 調査対象施設数

・社会福祉法人大阪府社会福祉協議会（三上了道会長）… 124 施設から回答（有効回答数 124 施設）

・京都府老人福祉施設協議会（櫛田匠会長）… 100 施設から回答（有効回答数 94 施設）

分析対象としたのは，大阪府社会福祉協議会の会員施設（以下大阪と表記）で 124 施設，京都府老人福祉施設協議会の会員施設（以下京都と表記）で 94 施設，合計 218 施設です。

図 6-1 に調査対象施設の内訳を示します。調査対象の約 70％の施設が特別養護老人ホームです。その他，ケアハウス，養護老人ホーム，軽費老人ホームと続きますが，いずれも特別養護老人ホームに併設するケースがほとんどです。その意味で，今回の分析対象となる福祉サービスは特別養護老人ホームで行われているサービスが標準になっていることを念頭においてください。

2) 調査期間

平成 14 年 6 月上旬～8 月上旬

3) 調査方法

両福祉施設協議会の会員施設に郵送で調査票を送付し，回収する方法を用い

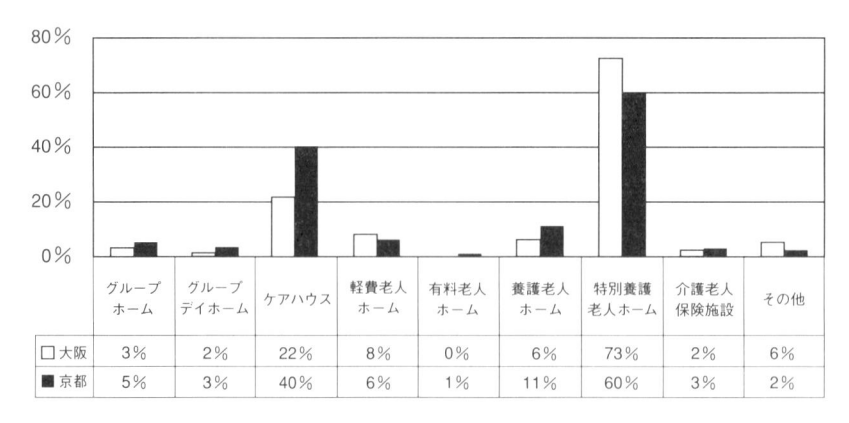

図6-1 調査対象施設の種類と割合

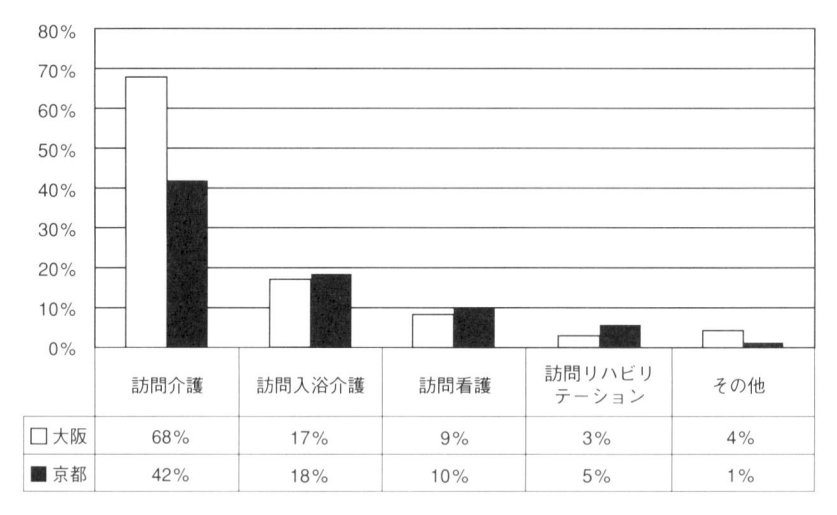

	グループホーム	グループデイホーム	ケアハウス	軽費老人ホーム	有料老人ホーム	養護老人ホーム	特別養護老人ホーム	介護老人保険施設	その他
□ 大阪	3%	2%	22%	8%	0%	6%	73%	2%	6%
■ 京都	5%	3%	40%	6%	1%	11%	60%	3%	2%

図6-2 在宅介護

	訪問介護	訪問入浴介護	訪問看護	訪問リハビリテーション	その他
□ 大阪	68%	17%	9%	3%	4%
■ 京都	42%	18%	10%	5%	1%

ました。調査内容は先の基本枠組みに基づいて8種類の福祉サービスにわけて調査していますが、ここでは地域一体型の老人介護施設の福祉サービスはどうあるべきかというテーマですので、「地域住民へのサービス」に焦点をあててその結果の概要を見ていきたいと思います。

第1節　高齢者の発達を支援する地域一体型老人介護施設とは　　*199*

	標準型通所介護 （デイサービス）	認知症型通所介護 （デイサービス）	通所リハビリテーション （デイサービス）	その他
□ 大阪	69%	23%	4%	0%
■ 京都	69%	17%	5%	1%

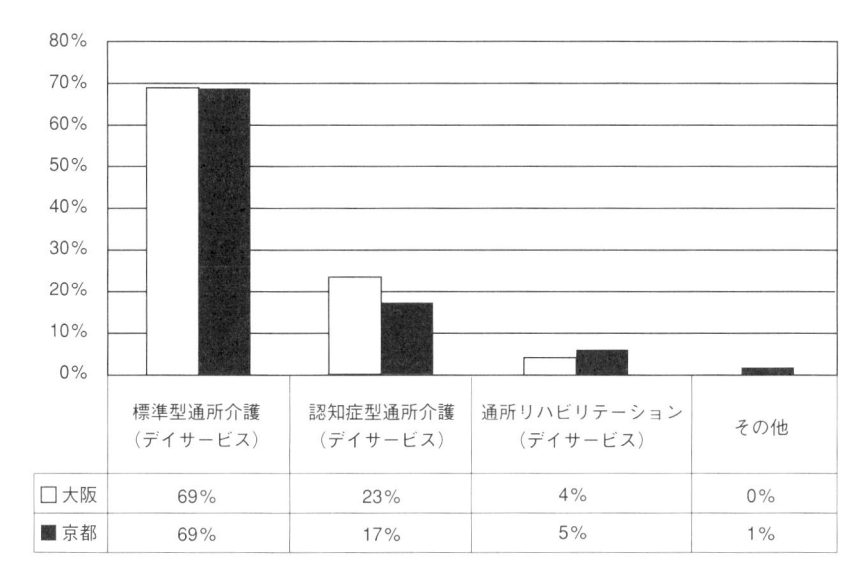

図6-3　通所サービス

（1）自立支援サービス

　施設が地域の住民に対して行う自立支援サービスの実施状況です。その結果を図6-2に示します。サービスのほとんどが訪問介護になっています。大阪では70％弱の施設が実施しているのに対し京都では40％にとどまり地域差が見られます。次に訪問入浴介護です。実際に専用の車を出してお風呂のサービスをするということですが，設備の問題からか実施率は17％と低いようです。さらに，訪問看護は10％をきっており，訪問リハビリテーションに至っては4％くらいの実施率に下がってしまいます。これらの結果から，訪問介護の実施率はある程度高いといえますが，それ以外の訪問サービスは非常に手薄な状態であることが明らかになりました。

　次は，皆さんがよくご存知の通所サービスです。図6-3を見てください。標準型通所介護いわゆるデイサービスは地域に関係なく70％近くの施設で実施されています。しかし施設入居者とは別のメニューでやる所がほとんどです。また，このデイサービスの大半は集団ケアで行われています。

　一方，実施率が低いのが認知症型通所介護（平均20％）です。通所型のリ

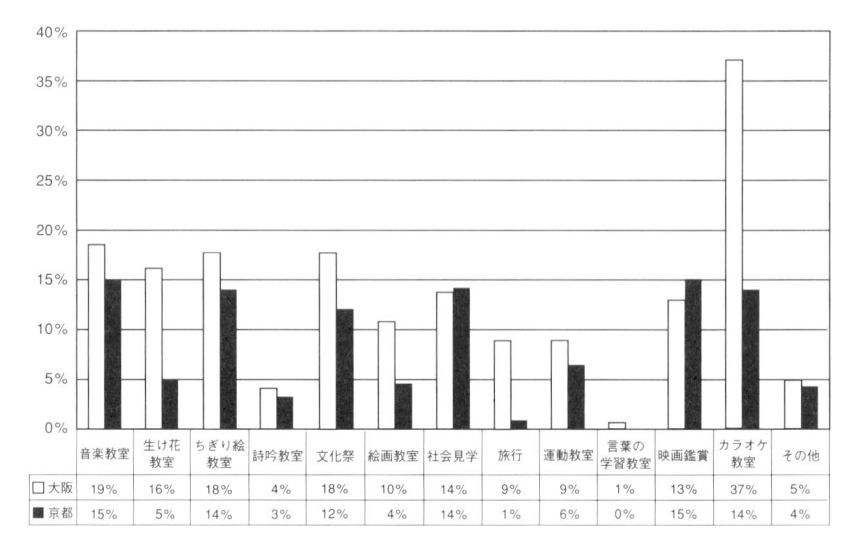

	音楽教室	生け花教室	ちぎり絵教室	詩吟教室	文化祭	絵画教室	社会見学	旅行	運動教室	言葉の学習教室	映画鑑賞	カラオケ教室	その他
□ 大阪	19%	16%	18%	4%	18%	10%	14%	9%	9%	1%	13%	37%	5%
■ 京都	15%	5%	14%	3%	12%	4%	14%	1%	6%	0%	15%	14%	4%

図6-4　地域高齢者自立支援アクティビリティ

ハビリテーションもほとんど実施されているとはいえません。こういったところが将来的な課題となるでしょう。問題ならもっとやればいいと思われるかもしれませんが，施設側はとても対応する時間がないと悲鳴をあげています。実際，施設入居者のケアで精一杯で地域まで手を伸ばせないのが現状です。

　それから短期のショートステイについては70％近くの施設が実施しているのに対し，高齢者緊急ショートステイは5％しか実施されていません。施設は空きベッドを確保して，いつでも受け入れる必要があるわけですが，どうしても入居を待ち望んでいる人たちへそれらのベッドをまわしてあげたいということがあるようです。とはいえ本当は地域における在宅介護者のためにも，緊急用ショートステイの受け皿がなくてはいけないと思います。

　次に地域住民に対する自立支援サービスの内容についてふれたいと思います。図6-4に示すように，驚くほど多種多様なものがあります。地域に住む高齢者の自立支援の為のアクティビティメニューとして，デイサービスなどで行っています。大阪と京都で若干差はありますが，もっとも多かったのがカラオケです。それから音楽教室。さらにちぎり絵。なぜかちぎり絵の実施率が高い

第1節　高齢者の発達を支援する地域一体型老人介護施設とは　　201

	移動入浴派遣サービス	日常生活用具，福祉用具の給付・貸与サービス	緊急通知システム貸与サービス（緊急電話などの貸与）	配食サービス	外出支援サービス	寝具類洗濯等サービス	その他
□大阪	5%	11%	4%	24%	8%	3%	1%
■京都	4%	14%	9%	32%	6%	4%	2%

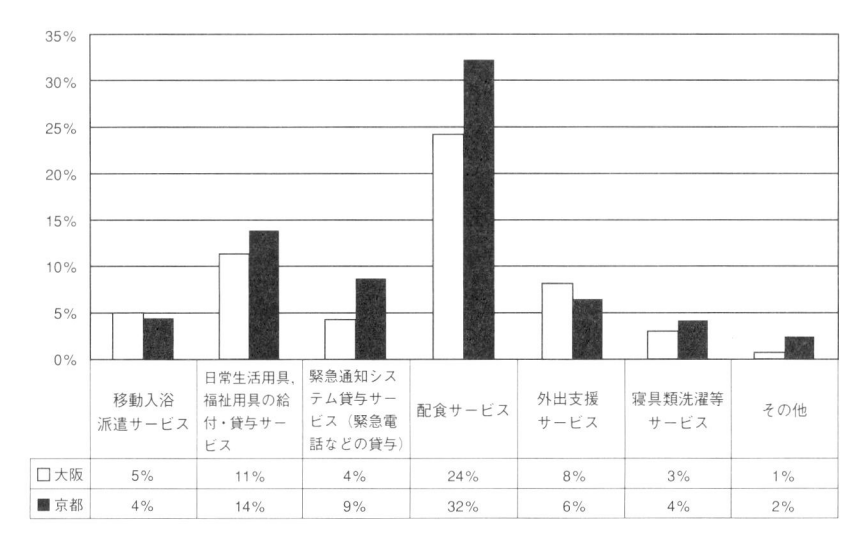

図6-5　派遣・貸与サービス事業

ようです。おそらく指先のリハビリをかねているのでしょう。旅行などは大阪の方が実施率で高いようです。

しかしいずれにせよ，これらのアクティビティメニューをこなすにはスタッフ側だけではなく，利用者にもすごいエネルギーがいるわけです。とにかく行事表というのを1回見ていただくとわかりますがが，本当に忙しいようです。

(2) 介護支援

図6-5は介護支援サービスのうち派遣・貸与サービス事業についてその実施率を示したものです。

まず配食サービスの実施率が高く平均28％にのぼっています。次に生活用具や福祉用具の給付・貸与サービスが約13％，外出支援サービスが7％と続きます。地域住民としては介護老人ばかりでなく単身高齢者などへの食事サービスの需要がこれから急速に高まると予想されますが，現状は地域住民の要望に応えるものではないようです。その他，入浴派遣サービスや洗濯サービスも3～4％ときわめて低く外出困難な高齢者にとって厳しいものとなっています。

緊急通知システム貸与などはこれから地域介護問題に直結すると思われますがその実施率はきわめて低いといえます。しかし一方で，通院，病院の受付サービス，社会福祉協議会との連携による過疎地へのミニデイサービスの出張などがあり，きめ細かい対応をしている施設もありました。

(3) 知識共有

地域に対する知識共有サービスとして，銀行や郵便サービスや各種相談窓口サービスなどが施設内にできれば地域住民にとって非常に便利なものになり，日常的に施設が地域住民にとって身近で便利なものになると述べましたが，施設内のこれらの各種サービスの実施状況を見てみます。

まず，業務情報サービスとして施設内に併設，または施設敷地内に設けているサービスについては，地域住民にも利便性の高い銀行，郵便局，コンビニエンスストアなどの併設は1～2％でほとんどない状況でした。クリーニング店の併設でも3％くらいです。その他としてあがっている例は，売店，自動販売機，喫茶店などです。また，相談業務は80％以上の施設が行っており，その内容の大半は「家族との調整ごと」と「自立生活支援」の相談であることがわかりました。それに続き「仲間づくり支援」（13％），「財産保護」（9％）などがあがっていました。最後の財産保護に関する相談業務は今後施設に期待されるサービスになる可能性があり注目されます。

(4) 地域交流

地域の各種施設や機関との連携については，図6-6に示します。

図から明らかなように，ほとんどの施設が医療機関との連携を行っています。内科，外科，精神科などとの連携では平均82％，歯科とでは69％が連携していることがわかります。次に多いのは地域ボランティアの受け入れで，84％の高い割合で施設に受け入れています。また職業体験実習や教育機関との連携も進んでおり，介護実習や生徒・学生ボランティアの受け入れとして大いに機能している様子が窺えます。

ただし，施設での生活を体験したり，介護の実際を体験したりといった，体験学習の機会はあまり提供されていないこともわかりました。このような地域

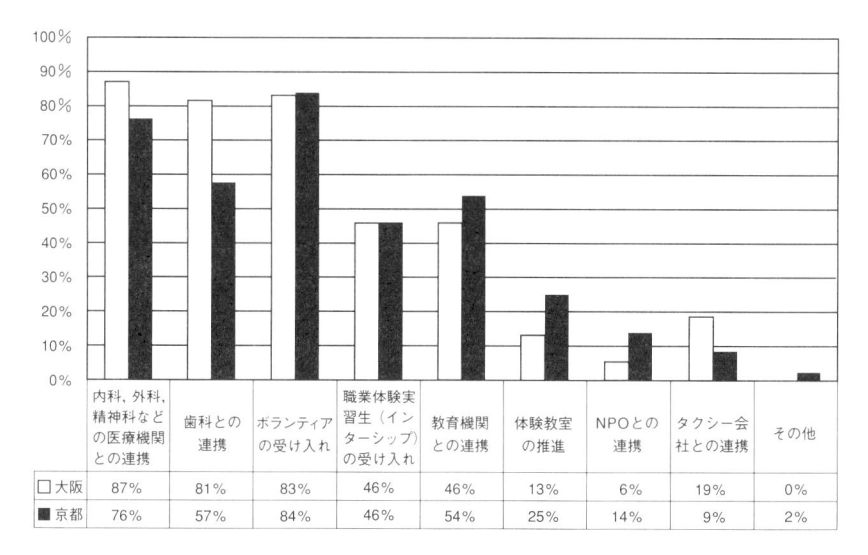

第1節　高齢者の発達を支援する地域一体型老人介護施設とは　　*203*

	内科,外科,精神科などの医療機関との連携	歯科との連携	ボランティアの受け入れ	職業体験実習生（インターシップ）の受け入れ	教育機関との連携	体験教室の推進	NPOとの連携	タクシー会社との連携	その他
□大阪	87%	81%	83%	46%	46%	13%	6%	19%	0%
■京都	76%	57%	84%	46%	54%	25%	14%	9%	2%

図6-6　各種施設や機関との連携

住民に対する施設生活や介護の体験は施設の評価にもかかわってくる重要な分野となることを考えるとさらに充実する必要があるといえます。またNPOとの連携については平均10％と低く，その内容については住宅改造や福祉用具購入についての専門的助言などの分野に特定化していました。

　地域住民に対する施設サービスとしてもっとも実施率が高かったのは配食サービスです。しかしいまだ30％にも満たないことや今後の需要の高まりを考えれば，施設での食事を地域の高齢者用に配食するサービスを充実させる必要があるでしょう。あるいは配食サービス専門企業がこれらの需要を受けて充実していく方向も考えられます。さらに，生活用具や福祉用具の給付・貸与についてはいまだ低く，福祉先進諸国と比較して大きく立ち遅れていて，今後のサービス充実分野ということができます。

（5）施設内サービスの特徴

　以上の結果から，特別養護老人ホームに見られる福祉サービスの特徴をまとめてみます。とにかく施設内外であらゆるサービスを行っていることがわかり

ました。まず、施設内自立支援サービスです。このサービスは特別養護老人ホームの標準サービスに準じています。食事、洗濯、排泄、入浴、投薬、リハビリテーション、レクリエーションなどの活動は標準です。これをきちんとこなしていこうとすると、スタッフの負担はものすごいものになります。この標準といわれるサービスがいかに多いかということです。しかもほとんどのサービスが、施設のタイムスケジュールに沿って行われています。ですから、キンコンカンコンと鳴ると、食事に行かなくてはいけないのです。その度ごとに大集団が移動することになります。車椅子に乗って移動しますから、渋滞が起こります。食事の度に大体1時間はかかります。そうすると朝ご飯が終わったなあと思っていると、すぐにお昼ご飯が始まることになります。やっとお昼ご飯が終わったなあと思っていると、もう夕方です。利用者もスタッフも1日中食べるために準備したり移動したりでへとへとになっています。入居者の自由選択意志によって、実施されているわけではありません。「今日はいらないよ」とはいえないのです。「食べなきゃいけません」と叱られるかもしれないのです。

今度は地域住民を対象としたサービスです。先に示したように居宅介護サービスの半数が訪問介護です。これは将来的にも施設から訪問介護、つまり在宅支援はどうしても必要になってきます。しかし訪問看護や訪問リハビリテーションは非常に少ないことがわかりました。

一方、施設を利用したデイサービスは7割近くあり、そういう意味でいうと、実質的にも地域との交流は実現していると思います。本当にこの部分はものすごく努力されています。しかも多種多様な活動をしていて、アクティビティメニューも充実しています。

次にショートステイです。緊急のショートステイは非常に少なくて、今後課題となることがわかりました。

3. 地域の中で施設が生き生きするには

地域の中で施設が生き生きとするためには、どうしても地域の人が施設活動に参加する必要があります。そのためには施設の中にNPOの活動センターのようなものがあればいいと思います。すなわち施設の中にボランティアがなじめるような空間や地域の人が気楽に入って楽しめるような空間が必要なので

す。例えば介護者が施設にあずけている時間に，施設内の美容院に行っておしゃれをするとか，喫茶室で談話したりカラオケルームやビデオルームで気分転換するなどちょっと休んでリフレッシュする空間がほしいものです。

次に地域における教育機能です。これは地域の人が将来は老いていくわけですが，老いていくための準備教育とか高齢者のためのコンピュータ教育とか，あるいは仲間が集まって料理をしながら談笑できる場など，気楽に来て，継続性のあるような活動をするための施設でありたいと考えます。しかし一方，こういった機能を持たせるための空間や設備を施設内に設置することには様々な制約があります。施設空間や設備設置に関する規制緩和方策が期待されます。

もう1つの面は，施設の規模の問題です。施設がどうしても，建設的な問題もあって，病院的な大規模空間になりがちです。そういった空間が施設病を引き起こすことも事実です。なるべく家庭生活に近い空間をつくりだしていく必要があるということで，われわれはグループケア（ユニットケア）に着目しました。なるべく10名程度のグループを形成し，生活の場としてはそれを1つの単位として，なじみの人間が共同で生活していくものです。個室をベースとしたいくつかのグループを形成しながら，例えばそれを10ユニットつくると100人となるわけですが，収容人数は大規模になったとしても生活のベースは1ユニットの10人のペースで合わせていけるわけです。できれば，1ユニットに対し2人のケアワーカーで対応できると理想的なケアとなるでしょう。

老人のみならず，だれでも身の置き所を確保したいという願いがあると思います。そこで，少なくともプライベートな生活に関しては，個室を用意するというのが基本です。そこに私物を持ち込むことを許して，安心という空間をつくることが何よりも大切です。各ユニットにはトイレを完備した個室と共用空間としての和室，キッチン，リビングルーム，そしてスタッフルーム，浴室，洗濯室，倉庫室などが配置され，できれば専用庭，ガーデニングスペースがあれば自宅のような環境に近づくことができます。

各ユニットの構成は，入居者の障害の程度に応じて本人がもっとも適したユニットに入居してもらうのがいいと思います。他者と協調できない，あるいは重度の要介護の場合は，専用のユニットを形成し，専門のチームによって対応します。そして，各ユニットを結んだ中間に共有スペースを設けて，他のユニ

ットとの交流活動を広げていく準備をしておきます。関心がユニット内からユニット間そして施設空間へと拡大していき，最終的には地域に向けられたときに施設の地域交流スペースに誘導します。地域交流スペースは日常的な接触だけではなく地域の行事などを通じて地域の人と自然に交流できる空間です。このように在宅から施設，施設から在宅への環境移行では，関心や意欲の方向と連動させて自然な形で空間的な移行を行う必要があるのです。

4．サービス体系のフィードバック的評価

　以上，自立支援福祉サービスの基本枠組みに基づいて施設によるサービス体系を解説してきました。それでは次にこのサービスの評価とフィードバックをどうするのかという問題に移ります。

　まず，評価の対象ですが，もちろん施設利用者から見た施設サービスが基本です。これは受けてきたサービスの内容から始まってスタッフの配置や医師の配置，法人運営の知識情報的な部分などがあります。それから，介護チーム，介護スタッフ，施設設備の評価，施設の福祉モデルやそれを実現するシステム，地域との連携などです。色々な階層がありますが，個人のレベルから地域に至るまで，多重な層から評価してもらい，それをフィードバックして，次のステップに生かしていくシステムが必要になります。評価のレベルを大雑把ですが，いくつか紹介したいと思います。

　最初の水準は利用者による評価ですが，利用者個人の生活のシナリオにそってそれぞれの場面で身体機能面や精神面を評価していきます。その人が希望している生活スタイル，癖や習慣，医療カルテ，その他必要と思われる個人情報を日常的に整理して，利用者から評価を受けます。利用者本人の評価が難しい場合は，その人にかわる代理人が評価したり，外部評価機関に委嘱します。その結果に基づいて，個人の満足する生活スタイルに合わせながらバランスよく生活行動のプランニングと実施方法をケアマネージャーと本人や代理人が話し合いながら組み立てていきます。さらに介護スタッフがその情報をもとにケアを行い，さらに不都合があればその情報を付け加えて修正するということを繰り返していきます。これはすでに施設で行われているものですが，さらに体系化して細かく対応していくことが求められます。

第2の水準は介護スタッフです。施設管理者がスタッフの介護時間，介護内容など客観的で事務的な仕事量を評価しデータを管理します。またチーム内のスタッフがお互いに評価していきます。評価項目としては，コミュニケーション，介護技術，専門知識，被介護者の理解度といったものです。それらのデータをもとにミーティングを通して共有の知識にしていきます。そして第1水準の利用者の評価結果と照合して，その食い違いをフィードバックして，担当のスタッフの介護の問題点を整理し，改善点を導きだします。

　第3の水準は介護チームの評価です。施設管理者が介護チームの介護時間，介護内容など客観的で事務的な仕事量を評価しデータを管理します。各チームの責任者がそれぞれのセクションについて評価を行います。そしてスタッフによるチームの自己評価を行います。これに利用者の評価結果を加えて，問題点や今後の改善内容などを洗い出して介護体制を改良していきます。

　第4水準は施設設備の評価です。日頃利用している利用者，スタッフ，利用者の家族，地域，他の法人などによりそれぞれの視点から施設環境の評価を行い，問題点や今後の改善内容などを考えていきます。

　第5水準は福祉モデルやそれに基づくシステムの評価です。この評価はホームページに載せるなどして，情報をオープンにし，外部からの様々な批判を敏感に捉える姿勢が大切です。福祉モデルの提案やその後のモデルの修正については施設間の情報公開あるいは様々な地域での意見を吸い上げる工夫をしなければならないと思います。

　最後の第6水準は地域連携の評価です。施設が地域における役割をどの程度担っているか，施設側が意図したとおりそれができているかということを評価してもらい，地域に対する貢献度をより良いものにしていくということです。

　評価については利用者や施設のスタッフ，地域の人たちなどの他に定期的に外部評価機関に委託して第3者評価を受け，評価の妥当性を検証してもらうことが今後ますます求められていくでしょう。

第2節　デンマーク高齢者福祉最前線―「脱・施設」と「早めの引っ越し」から見えてくるもの―

1. 高齢者福祉の価値観
(1) 高齢者は「生きる主体」

自立支援福祉サービスについて，高福祉高負担の国として名高いデンマークの挑戦を例にとって見てみましょう。

福祉の世界では，ケアやサービスのあり様を価値観，理論，技術という枠組みで捉え，価値観をもっとも重要な要素としています。日本とデンマークの高齢者福祉を比較して考えるうえで，根本的に異なっているのがこの価値観です。つまり，日本での高齢者観は「弱い存在」「ケアをしてあげる対象」というもので，そのケア観は「弱い立場の人のために手をさし伸べる」というものです。もちろん日本でも「自立支援」を最高価値として掲げてはいますが，それは目標であって実際のケアの現場では日本人特有の「やさしさ」がかえって依存を助長してしまうような負の作用を及ぼし，「自立支援」の価値観が実践されていない，あるいは実践されにくいというのが現状のようです。これに対して，デンマークの高齢者たちは「自分の人生は自分でデザインし，自己決定して自分で責任を持って生きていく」という前向きの生き方をします。ケアのあり様もそれに呼応して「いまある能力に目を向けて，彼らが希望する生活を自立支援していく」というテーマに収束されます。よってそのケア観は「〜のための (for) ケア」ではなくて，「〜と共にある (with) ケア」というものになります。これは，「自立支援」型のケアということができるでしょう。

しかしここで考えなくてはならないのは，高齢者自身に「私はこう生きたい」という意思や，「自分のことは自分でしたい」という意欲がなければ，「自立支援」型のケアはかえって負担になってしまうということです。この点において，日本の高齢者は自分の人生や生活を自分でデザインする意欲がまだまだ稀薄なのではないでしょうか。ケアは「与えてもらうもの」であって私は「受ける人」という意識が強いと，その受動的で依存的な姿勢ゆえにケアの供給が需要に追いつかないこととなり，社会的な費用負担の増大につながってしまいます。

現在の日本で 80 歳代以上の方に「自分の人生は自分でデザインして下さい」というのは，こうした思考に彼らが慣れていないという意味で酷なことですが，少なくとも団塊世代以降からは「自己決定する生き方」によって，その人自身の幸福感の向上はもちろん，社会経済的にも安上がりにつく「自立支援」型のシステムを構築していくことが求められるのではないでしょうか。

(2) 福祉の基盤は「住宅」

日本では福祉というと，まず「施設」「ケア」という言葉がイメージされますが，北欧では「福祉の基盤は住宅である」といわれています。これは，19 世紀末から 20 世紀初頭の工業化の波にのって農村から都市への人口移動があり，都市は貧困と住宅不足に悩まされました。このとき住宅供給に活躍したのが非営利組織であり，この運動とともにデンマークの民主主義は大きく発展して社会民主党が生まれる土壌が形成されていきました。1924 年に社会民主党が生まれ，1929 年初めて政権をとります。都市労働者を支持母体として持つこの党は，公営住宅の供給に力を入れました（Lind & Møller, 1994）。また世界大戦の終結後，ヨーロッパでは一般国民が払える家賃で住める住宅の供給に力を入れました（OECD, 1999）。特に力をいれたのがデンマークなどの北欧諸国とオランダ，イギリスです。特に北欧では生活の器である「住宅」を福祉の基盤として捉え，公営住宅として供給してきました。現在デンマーク国民の 5 人に 1 人が公営住宅に住んでいます。ですから 24 時間介護が必要になった高齢者のための施設についても，「介護の場」というより「生活の場」という発想で捉える土壌が早くからあったということができます。また，1988 年 1 月 1 日をもってデンマークの高齢者施設である「プライエム」の建設を凍結し，それ以降は高齢者の住まいを「高齢者・障害者宅法」の下に一元化していきますが（松岡, 2001），この時点でプライエムが 4.9 万戸（当時の高齢者人口の 7％）あり，年金受給者住宅などケアが付かない自立型の住まいも 3.3 万戸（同 4.7％）あり，そのノウハウが十分に蓄積されていたことがこの施設凍結の成功要因の 1 つとなっていると考えることができます。

筆者はこうした住宅政策（公営住宅政策）の充実を「施設凍結を可能にした三種の神器」の 1 つとして注目していますが（松岡, 2005），デンマークにおい

ては住宅政策が福祉の基盤としてあり，自立支援という価値観に基づく福祉のあり方を根底で支えているということになります（松岡，2005）。

(3)「社会的交流」

また，デンマーク人が豊かな生活を表現するのによく使う言葉として「ヒュゲ（Hygge）」，「ソンベヤ（Sombær）」というものがあります。前者は「ろうそくの火のもとに集まってみんなで語らう心地よさ（comfort）」ということであり，後者は「共にある（getting together）ゆたかさ」という意味です。

デンマークでは高齢期の暮らしにおいても「社会的な交流」を非常に重視します。これは，「福祉国家の危機」を乗り越えて来たるべき時代に向けての高齢者福祉の政策指針を策定するために，1979年に政府内に結成された高齢者政策委員会が提言した報告書に由来します。それは「高齢期には様々なものを失うが，身体的能力の喪失よりも役割や交流の喪失といった社会的喪失感の方が重大な意味を持つ」というものです。だからこそ，高齢者福祉施策の重点は身体的な介護より以上に，「役割や社会的交流」の創出という社会的な側面に置かれるべきであるということになります。これは，「介護の対象」から「生きる主体」へという高齢者観の変化とシンクロナイズしています。こうした文脈において，プライエムに暮らしていてもできるだけ地域へ出る，そして高齢者住宅についてもハード面を良くするだけではなく，デイセンターやアクティビティハウスなどをセットとしてつくり，外出して共に出会う場をつくることに力を注ぎます。しかも要介護状態になる前の元気なときから「社会的交流」を持ち続ければ，それによって虚弱化が防止され，より長く元気にいられて，ひいては介護・施設費用などの社会的費用の削減につながると考えるのです。

高齢者は「生きる主体」であり，福祉の基盤は「住宅」であるということ，そして「社会的交流」の重視。これが，デンマーク高齢者福祉の価値観でありキー・ワードです。

2. デンマーク高齢者福祉を支える3つのインフラ

(1) 精神的インフラと生活

次に，自立支援の価値観に関連する重要な要素として，デンマークの高齢者

福祉を支える3つのインフラ，つまり精神基盤，社会経済基盤，福祉制度基盤について見ていきましょう。

精神的な基盤ということについては，デンマークは非常に平等を重んじる社会だということができます。この起源は，18世紀後半から19世紀にかけて生きた宗教家グルントヴィに遡ることができます。グルントヴィは「貧乏人の少ない国をつくろう，それ以上に金持ちが少ない国をつくろう」と唱えて，農民教育に力を注ぎました。彼は「王宮での暮らしは素晴らしいが，同様にその農民のあばら家の暮らしも素晴らしい」という詩を詠んでいます。これは「普通に生きる人間が幸せである国」であり，収入や地位には関係なく自分の生活を充実することによって得られる幸福感を重視し，この点においての平等を重視する国づくりを目指したことになります。

「普通に生きる人が幸せである国」では，その幸福感の底流に多元的な価値を認める社会の風潮があります。日本では目的がなくてもとにかく大学に進学し，安定した企業に勤めて高収入を得るというのがサクセス・コースとしてあります。しかしデンマークでは大学進学率は14％と低く，高校卒業後は専門学校へ進む若者が多く，それぞれの人間が自分の決めた目標に向かって進みます。他人と比較して自分の価値が決まるわけではないので，自分なりの満足感があり，その結果ストレスが少ない人生を送ることができます。

そして家庭においては，子どものころから「自分で考えて，自分で決める」という生き方が素晴らしいものであることを教育しています。この結果，それぞれの決断を尊重して，異なる価値観を認め合うということになるのですが，高齢者の自己決定を重視するという原則も，こうした幼少期からの延長線上にあるものであることがご理解いただけると思います。

「私とあなたの目指すところは違う。でも，どちらも素晴らしい」と考え，多様な価値観を認めながら生きているデンマーク人は自分なりの幸福感を感じながら，とてもいい顔をして生活しています。

次に，民主主義と強い連帯感をあげることができます。

「デンマーク人は2人集まると組合をつくる」といわれる程に連帯感の強い国民です。困った人を見捨てておけず，目的達成のためにしっかり話しあって歩み寄り，合意点を見つけだします。こうした連帯感はどのような歴史的背景か

ら生まれてきたのでしょうか。

19世紀の終わり頃,デンマークの酪農家たちは,ミルクを絞ってバターなどに加工する機械を購入するために大きな資本が必要でした。そのときに資金を出しあって協同で機械を買い,そこから得られた収益を分配するという組合を発達させてきました。小異を捨てて大同をとり目的達成のために協働するという連帯感の中に,デンマークの民主主義の萌芽がありそのあと鋼のような強さをもって育てられていきました。

また,夫婦間での扶養義務はありますが,子どもには親を扶養する義務はなく,親世代との同居はわずか4％にしかすぎません。多くの高齢者が夫婦のみで,あるいは1人暮らしをしています。しかし家族は精神的には強い絆で結ばれており,近くに住んでいれば週末には親を訪ねます。出勤前に声をかける人もいますし,それが不可能ならば頻繁に電話をかけて親の心の支えになっているのはよく見る風景です。

また労働人口（15歳〜64歳）における女性の就業率は71.6％（EU平均は54.0％,男性は80.8％）であり,特に公務員や福祉の分野では女性が活躍しています。1960年代から1990年代にかけて女性の社会進出が進展したことが高齢者福祉発達のきっかけの1つとなり,税負担はGDPの30％から50％へと膨れ上がりました。しかしその分GDPが2.5倍に増えたのです。福祉が充実して女性が働きやすい環境が整えられ,ひいてはそれが経済成長に貢献したということです。現在デンマークでは在宅ケアが行き届き,介護はほぼ完全に社会化されていますので,配偶者や若い世代が介護疲れすることはなく,自分の仕事を続けて自分自身の家庭を築きながら,親世代とは本来の愛情でつながり続けることができるのです。

(2) 社会と政治のインフラ

政治経済については,高福祉・高負担,大きな政府,地方自治というキーワードでその特徴を説明することができます。

まず高福祉・高負担についてですが,デンマークは所得の半分以上（平均所得税率58.3％）が税金として徴収され,税方式によって提供される福祉は普遍主義的なものです。高負担については国民はおおむねこれを受け入れており,

それは「政治の主役は国民・市民であり，政治家は単なる道具である」という意識に基づいた高度な政治のクリーン性と透明性に支えられているといえます。

　また，施設ケア・在宅ケアを問わずにサービス提供は公共セクター中心でなされています。2003年1月1日よりスタートされた「自由選択（Frit Valg）」の導入によって民間業者を選ぶことができるようになりましたが，施行後1年半経ってもまだ民間業者の利用率は10％にしかすぎません（Hansen, 2004）。公共サービスの歴史が古くて利用者からの信頼が厚く，公共セクターはそのサービス提供のあり方に自信を持っている感さえあります。

　地方自治が徹底していることも，デンマーク政治の特長です。この国は人口538万でこじんまりとしていますが，その国を13の県（アムト）と271の市（コムーネ）に分割して地方自治を徹底し，コムーネには福祉を，県には医療と高等教育（大学）を任せています。2007年1月より，市（コムーネ）は5万人規模に整えられて98市となり，県（アムト）は廃止され5つの保健圏域（レギオナ）に整備されました。

　以前の市（コムーネ）は人口2万人で，小学校区・中学校区のサイズに相当します。市（コムーネ）の規模が大きくなっても市内を人口1万～2万人を単位とする小さな福祉地区に分割して，サービスを届けやすいサイズに整えるやり方は継続されています。例えば，最大の市である首都コペンハーゲンは人口約50万人ですので市内を15の福祉地区に分割し，その地区の中で完結した福祉システムをつくっています。つまり，1つの福祉地区に高齢者センターをつくり，そのセンターはかつては日本の特別養護老人ホームに当たるような施設を中心に，現在ではアクティビティハウス，在宅ケアステーションなどを中心に構成されています。地域の高齢者はこのセンターに遊びに来て，ケアもここから届けられるわけです。

　そして高齢者福祉はコムーネに一任され，医療はレギオナの管轄です。こうした医療と福祉の機能分割は，社会的入院の防止に有効に働きます。医療費が高いため病院では早期退院が原則で，65歳以上でも平均入院日数はわずか8日です（Danmark Statistik, 2004）。高齢者が退院した後，自宅に戻れない場合は地域の施設「プライエム」に入居することになります。ここで，「プライエム」

に受け入れの余裕がないと退院することができません。これが社会的入院ですが、この場合市は県に無駄な出費を強要することになりますのでペナルティを払わなければなりません。コムーネとしては、高い医療費をベースにしたペナルティを支払うくらいなら、受け入れの場を用意した方が合理的であると考え、居住の場をコムーネ内につくろうとするわけです。こうして無駄な社会的入院は絶妙のシステム設計によって防止できるわけです。

医療はホームドクター制をとっており、プライマリーケアはホームドクターが担当します。生活のごく近くにいる医者は予約制であるため、申込みから診療まで約1週間かかります。こうなると風邪などの病気は診察までに治ってしまうのです。専門医にはホームドクターの紹介がなければアクセスできません。重篤な病気なのに、すぐに手術してもらえないという話は日常茶飯事のようにあるようです。このように、医療については利用しにくい制度になっていますが、これはホメオスタシス（恒常性、自然治癒力）を生かしつつ過剰医療を排除するという意味では有効に機能し、高齢者の在宅での「自然な死」を可能にしてくれる装置であるということもできます。

(3) 高齢者福祉システム―在宅ケアと施設ケア―

高齢者福祉については、税方式と徹底した地方分権によって公的責任のもとにサービス提供がなされています。そして『できるだけ長く自宅で』というスローガンのもとに、在宅に重点を置いた政策が展開されてきました。在宅ケアの内容は「在宅ケア5点セット」と呼ばれ、ヘルパーや訪問看護師の派遣、デイセンター、配食サービス、ショートステイ、補助器具の無料貸与と住宅改造で構成されています。

特に、デンマークでの在宅ケアサービスは、第2次大戦中に始められて1970年代に広がり、24時間ケア体制は1980年代に75％のコムーネで整備されるに至っています。

在宅でできるだけがんばって、最後に24時間介護が必要なまでに重度化したときの「ついのすみか」として、日本の特別養護老人ホームにあたる施設「プライエム」が用意されていました。しかし、人生の最後の場面で施設に移ることの愚かさや施設内での生活において生命の輝きが失われていったことな

ヘルパーステーションの朝のミーティング

どが問題となり，プライエムは1988年1月1日をもって新規建設が禁止されたのです。まず，在宅ケアについて見ていきましょう。

ホームヘルパー・訪問看護師の派遣では，市内を人口1万～2万人の福祉地区に分け，小さな単位の中で完結するようケアを包括的に届けています。100人の高齢者を対象に10人のヘルパーでケアにあたるというのが，各コムーネに共通した目安と考えてよいでしょう。在宅ケアの費用については，施設凍結と同時期の1989年より無料化されました。

施設がなくても，在宅で最期まで生活を続けるためにもっとも重要なのは，在宅ケアが24時間にわたって提供されるかどうかということです（Hansen, 1998）。デンマークの研究家 E. B. Hansen の研究結果をもとにして，筆者は「24時間ケアは1980年代に整えられ，75％以上のコムーネで整備されてから施設凍結に踏み切った」という説をたて，施設凍結に向けての「三種の神器」の1つとして提言しています（松岡, 2005）。ことそれほどまでに，在宅24時間ケアは，地域で自立しながら暮らし続けるために重要な要素なのです。

次に補助器具の無料貸与についてですが，ノーマライゼーションの考えの基本は「障害は環境との交互作用によって生まれるのであるから，環境を変えれば障害は障害でなくなる」というものです。ここで身体的な障害をカバーして活躍するのが補助器具です。1人ひとりの身体と生活に合わせて，作業療法士がピッタリなものを選定して調整しますので，車いすなどはフィットして体の一部のようになります。残存能力を徹底して活用するために，手や脚でこいで

各県(アムト)にある大規模な補助器具センター

歩くことができるように調整するのです。だめなら,電動車いすがあります。日本の車椅子はまだまだ人を乗せて運んであげる道具でしかありませんが,デンマークではまさに身体の一部として足りない部分を補ってくれます。小さなスプーンから車いす,天井走行リフトまで揃え,ショールームとデポ(倉庫)を兼ねたセンターが各県に1つずつあり,各コムーネにいるOT(作業療法士)・PT(理学療法士)の相談に応じたり,最新情報の研修にあたったりします。各コムーネではデイセンターにOTがいて補助器具の選定とトレーニングにあたっています。

デンマークのデイセンターは,最近ではアクティビティハウスと呼ばれることが多く,元気なペンショニスト(年金受給者)が集まってビリヤードや手芸,

アクティビティハウスでビンゴゲームを楽しむ高齢者たち

典型的な「プライエム」の室内

陶芸，ダンスや食事などを楽しんでいます。それは地域の社交場であり，カルチャーセンターのようでもあります。アクティビティハウスにはコムーネの職員である所長とその他数名の職員がいますが，運営は高齢者自身が利用者委員会をつくって主体的に進めます。利用者はお客様でなく，自分たちの遊び場を自主運営しているようなイメージです。

またデイセンター（アクティビティハウス）は，リハビリの拠点でもあります。病院は早期退院が原則ですので，病院で立てられたリハビリ・プランに基づいてデイセンターにいる OT・PT がリハビリを指導します。在宅に出かけていく訪問リハビリに力を入れている市もあり，在宅での普通の生活に復帰できるように地域の中でサービスが提供されていきます。

最後に，日本の特別養護老人ホームにあたる施設「プライエム」についてふれます。この施設は「介護（プライエ pleje）の家（イェム hjem）」という意味です。「できるだけ長く自宅で」がんばったけれども，どうしても施設でのケアが必要だという場合の最後の受け皿だったわけです。しかし，プライエムはケアを一方的に与える「ミニ病院」のようなものであり（182 ページ写真），そこで高齢者は生活能力をそぎ落とされていったわけです。在宅と施設の生活環境はまったく異なるため，引っ越した際のリロケーション・ギャップ（環境の激変）も大きかったわけです。プライエムは 1988 年以降は建設されておらず，社会省と建設省の間で，2005 年をもってこれを全廃するという合意がなされて消え去る運命にあります。

長い廊下（coridor）が走る「プライエム」は病院のよう

　プライエムはその98％が完全個室で，各部屋15㎡前後の広さがあります。部屋の中には自分が使ってきた愛着のある家具を持ち込み，家族の写真を飾って暮らしています。多くの日本人が訪れてこの様子を視察しましたが，デンマークではその頃，すでに人間の尊厳を踏みにじるこの施設を否定していたわけです。

　施設の典型的な負の財産を見ていきましょう。上の写真は，長い廊下（Coridor）の両脇に個室が並ぶ典型的な病院モデルです。1960年代，1970年代につくられたプライエムは100人以上の大規模なものが主流で，フロアに分けても1フロアは30人前後の巨大な集団です。

　下の写真は，プライエムでの食事の風景です。1997年に撮影したものです

「プライエム」での食事風景は集団処遇そのもの

が，私たちが家の中で食事をする風景とはまったく違い，デパートの大食堂のような様子です。職員が食事をつくってくれて，高齢者は病院のような長い廊下をとぼとぼ歩いて大きな食堂へと向かいます。座ると食事が運ばれます。食べ終わって「はいごちそうさま」。終わったらまた廊下を歩いて個室に帰る。朝が来れば同じように食堂に向かい，昼がくれば同様の繰り返しです。与えてもらうだけの受け身の生活は「生きる主体」としての生活からはほど遠いものです。こうした過剰サービス，過剰介護の単純な生活の中で，高齢者は生活能力を喪失し虚弱化していきました。逆に在宅ではまだケアが不足しており，施設に入らないかぎり十分なケアが受けられない，というのが1970年代の状況だったのです。

プライエムが病院のようになってしまった様子を，元社会大臣ベント・ロル・アナセンは著書「Ældrepolitik på afveje（軌道を外れた高齢者政策）」（1999）の中で次のように書いています。

「プライエムの多くが孤立していて不毛で活力がなく，人間の権威を失わせるようなミニ病院，人間の最後の最期を迎える待ち合い室へと化していった。プライエムに住む人々にとって，イキイキとした生活はプライエムに引っ越したその日を境に幕を閉じた」

3.「施設」から「住宅」へ
(1) 高齢者政策委員会の報告—プライエムから高齢者住宅へ—

1973年オイルショックが世界を襲い，財政危機と高齢化の進展を背景に「福祉国家の危機」がいわれ始めます。1979年，デンマークでも今後の高齢者福祉施策の指針を模索するために政府内に高齢者政策委員会が結成されました。

第1回報告書では「高齢者はケアの対象ではなく，生きる主体である」という理念が提言されました。有名な高齢者福祉三原則（「自己決定」「継続性の維持」「自己資源の活性化」）も，この委員会の報告書の中に含まれています。

第2回報告書では，高齢者の住まいとケアの問題に焦点があてられ「施設では『居住』と『ケア』がパッケージになっている。だから，施設入所と同時に

過剰介護を受けることとなって，かえって虚弱になってしまう。逆に，施設に入所しないかぎり十分な介護サービスを受けることができない。『居住』と『ケア』を切り離すことが必要である」という提言がなされました。

また在宅では，高齢者が住んでいる住宅の多くが身体機能の衰えに対応した構造になっていないという事実が発見され，1970年代末には10万人の高齢者（65歳以上）がエレベータのない集合住宅などの中で外出できにくい状態にあることが判明しました。10万人は，当時の65歳以上高齢者の15％にあたります。外出できないということは，「遊びに行きたい」「友達に会いに行きたい」「映画を見に行きたい」と思ったときにそれができないのですから，「自己実現の深刻な妨げ」になります。ここで，住宅政策こそ高齢者政策の重要なテーマの1つであるということが決定的となりました。

最終の第3回報告書（1982年）では，高齢期の暮らしに対応した質の良い住宅を統一ルールのもとに供給すること，ケアは在宅24時間ケアを広め，福祉と保健の領域・施設と在宅の領域を超えて協働していけるシステムにすること，趣味活動や交流をさかんにし，これを高齢者自身の運営に任せるようにすることなどが提言されました。高齢者の思いに沿って，自己決定を支援するようなケアのあり方を実現する福祉職員の教育のあり方についても言及されています。

ここで描かれたのは，今後デンマークが目指すべき高齢社会，つまり役割を持って交流を楽しみながら健康的に生きて，「居住」と「ケア」を柔軟に組み合わせながら地域で最期までとどまることができるような新しい高齢社会像であったということができるでしょう。

高齢者政策委員会の報告を受けて，1988年1月1日以降はプライエムが建てられないことが「社会支援法 （lov om social bistand）」の改正法によって規定されました。そして今後は，高齢者の住まいは「高齢者・障害者住宅法（以下高齢者住宅法と略す）」によって建築していくこととされました。これによって，デンマークでは高齢者の住まいが一元化されたわけです。さらに，1989年以降は高齢者ケア（住まいの種類にかかわらず）は無料にすること，これまで年金は施設に支払われており入居者は費用を差し引いた差額を小遣いとしてもらっていたものを，在宅の高齢者と同様に本人が直接年金を受け取り，家賃

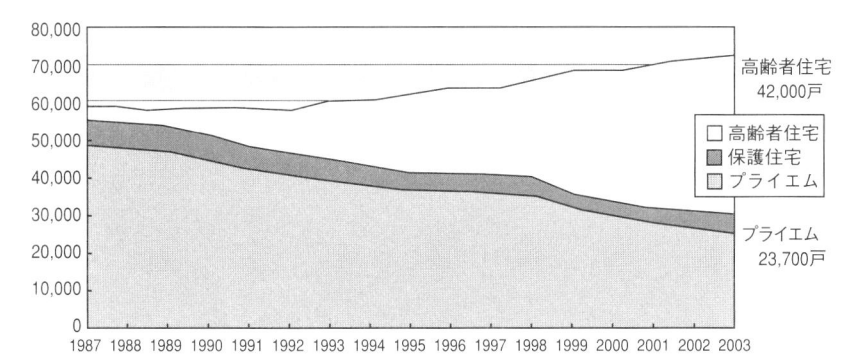

図6-7 デンマークにおける住宅・施設数の変遷（Statistike Efterretninger 2000-12より筆者作成）

と食費などを個別に支払う方式にすること，などが決められました。

図6-7をご覧ください。1987年に49,000室あったプライエムは，2003年には23,700室まで減り，逆に高齢者住宅は3,300戸から42,000戸まで12倍以上に増えています。10年の間に施設と住宅の数がまったく逆転してしまったのです。

現在デンマークでは「ケア」と「住宅」は切り離され，「在宅」と「施設」の垣根は取り払われて，その区別をすることはもはや困難であるといわれています。

(2) 高齢者住宅の時代

高齢者住宅は高齢者住宅法に準拠して，高齢期の暮らしに配慮して建てられた公営賃貸住宅です。この法律は，驚くべきことに1997年に公営住宅法に統合されています。

高齢者住宅の特徴は住戸の構造的バリアフリー（①）だけでなく，むしろ外出のしやすさを考えて，社会的バリアフリー（②）という点に注意して建てられています。

①住居内の構造的バリアフリー

構造的バリアフリーについては「公営住宅法（1998）」の記述から見てみましょう。

・車いす利用者を含む高齢者や障害者に配慮してつくられなければならない。

高齢者住宅は構造的にも社会的にもバリアフリーを配慮した住宅

・その床面積は，共用部分を含めて110㎡を超えてはならない。
・水道と排水がついて専用のトイレ，風呂（シャワーを意味する），キッチンがなければならない。特別な場合には専用キッチンをつけなくてもよい。
・24時間にわたっていつでも緊急支援が呼べること。(「公営住宅法　110条」訳：松岡)

　実際の設計にあたっては法律で決められたことだけでなく，住宅こそ「自立した生活」を支えるもっとも重要なファクターとして，キッチン，トイレ，ベッドまわりでの車いすの使い勝手のよさが徹底的に検討されます。生活とは，朝起きてから夜寝るまでの一連の生活行為です。ですから，洗面やトイレ行為はもちろん，料理や洗濯も含めて，総合的に多面的に検討されていきます。
　もちろん，プライエムの代替として登場しているプライエボーリ（介護型住宅）も同じ公営住宅法に則って建てられます。高齢者のための住宅が，公営住宅法のもとに「施設」と「住宅」の垣根を超えて一元化されて建築されているのです。
　②交流を促進する社会的バリアフリー
　デンマークでは「社会的交流」を非常に重視しています。ですから「高齢者住宅」については，住宅内の構造的なバリアフリーだけでなく，次のように行きたい場所へのアクセスが良いかどうかという点でも規定が設けられています。
・障害があるものも住宅へアクセスができなければならない。既存住宅を改

築して高齢者住宅にするものについては，市は特別な配慮によってエレベータがなくても認めることができる。(「公営住宅法　110条」訳：松岡)

これらに加えて，高齢者向けの住まいのハンドブック「Hjerete Rum（心の部屋)」には良い高齢者住宅の条件として以下のことが述べられ，これらは法律にうたわれていなくとも建築家には高齢者のための住まいづくりの常識として認識されています（Kåhler, 1992)。

・郵便局，医院，店に近いこと。
・活動の場所へのアクセスが良いこと。
・公共交通機関へのアクセスが良いこと。

バス停に近くて公共交通機関が利用しやすいと，バスと電車を乗り継いで行動範囲は大きく広がります。また，医院や郵便局，市役所，デイセンターが近いと，生活がとても便利になって，自分でしよう，行こうというモチベーションを高められるのではないでしょうか。

実際に，高齢者住宅の近くにはアクティビティハウスがあります。お年寄りたちは毎日のようにアクティビティハウスに行って食事をし，お茶を飲んで，好きな趣味の活動に参加します。リハビリ室で軽い体操をしたり，美容院でパーマをかけてもらったりして，互いに影響を与えあいながら，元気な生活を続けています。

③素っピン住宅

日本で「高齢者住宅」というと何らかの形でケアがついていますので，イメージが正確に伝わりません。しかし，デンマークの高齢者住宅は，介護スタッフは常駐しない「素っピン住宅」です。必要なケアは近くの在宅介護ステーションから届けられるのです。

安心という面では，ベッド横などに緊急警報装置が取りつけられており，緊急時には介護ステーションに救援を頼むことができます。携帯アラームには首から下げるタイプがありますが，最近ではそれとはわからないおしゃれな腕時計タイプのものに人気が高まっているようです。

④家賃

高齢者住宅は，市（コムーネ）の賃貸住宅です。家賃は市ごとに決められているため，様々ですが，概して60㎡の2部屋タイプで約12万円（6,000クロ

ーナ）前後です。ケア費用は無料であり，家賃はプライエボーリのそれと同等ですので，どこに住もうが経済的負担も同じだということになります。

家賃は入居者の収入に関係なく一律です。年金収入のみで家賃が払いにくい場合には，市から家賃補助が支給されます。

(3) 「できるだけ長く自宅で」から「早めの引っ越し」へ

先程，プライエムでサービスを受けるだけの単調な生活の中でかえって虚弱化が促進され，施設が病院のようになってしまったことにふれました。在宅においても「できるだけ長く自宅で」をスローガンとする施策が展開されてきましたが，このスローガンをナンセンスであると否定せざるをえないような事態が起きました。

「できるだけ長く自宅で」と頑張っているうちに自宅に閉じこもることになってしまった，ということです。元気なうちはいいのですが，身体機能が低下して歩行が困難になってくると外出しにくくなってきます。そうすると，玄関先の階段とかエレベータのない集合住宅の階段が外出時の大きなバリアとなります。また，戸建て住宅は郊外に建っていますのでバス停やお店，郵便局などが遠くて歩いていけません。そのうちに車にも乗れなくなると，どこにも行けなくなってしまいます。先程高齢者政策委員会の調査で，10万人の高齢者が自宅から外出しにくい状況にあったことを紹介しましたが，その内容はこういうことだったのです。

アナセン元社会大臣は，デンマークでは「できるだけ長く自宅で」はいまや明白なナンセンスになっているといっています。しかしこれは，「できるだけ長く自宅で」の考え方全てが間違っているというわけではなく，「自宅」のあり方について考え直す必要があるということです。これまで暮らしてきた自宅には多くの思い出が詰まっていて，離れがたいものであることは事実です。しかし，これまで暮らしてきた自宅がこれからの豊かな生活の障害になる可能性があるのではないか？　このような反省が行われるようになったのです。そして，これまで暮らしてきた自宅ではなく，バス停に近く，そして遊びに行く場所にも，郵便局や医院や店などの生活施設にも近い「新しい自宅」を考える必要性が唱えられるようになりました。

ソフィルン高齢者タウン

　そして,「高齢者住宅」こそ「新しい自宅」だというわけです。現在デンマークでは,高齢者住宅への「早めの引っ越し」が55歳から70歳の高齢者の間で行われています。自己決定できるうちに,自分の力で引っ越しできるうちに,自分の意思で引っ越しを,というわけです。

(4) 高齢者住宅とアクティビティハウスのコンプレックス「ソフィルン」
　2ヘクタールの敷地に127戸の高齢者住宅が広がる「ソフィルン」は高齢者住宅とアクティビティハウス,グループホームのコンプレックス(複合体)です。1991年にデイセンターと戸建て住宅が建てられ,1992年に3階建て住宅とグループホームができました。
　中央にはアクティビティハウスがあり,ソフィルンの住人はもちろん周りの地域からも趣味活動やエクササイズに参加するためにやってきます。ビリヤードが好きな人は毎日のようにやって来て,朝からビールを飲みながら玉をはじいています。また,多くのアクティビティが高齢者自身によって運営され,手芸作品などは売店でボランティアによって販売されています。手芸や陶芸,コンピュータや製本,ディスカッショングループなど実に様々なコースがあって,まさにここは「社会的交流」の場です。
　センターでの昼食は1食約800円で,食堂でもボランティアが活動しています。アクティビティに参加しなくても,お昼だけ食べにくる人もいます。デン

第6章　自立支援福祉サービスからのアプローチ

アクティビティセンターの様子

マークのお年寄りは，お昼に暖かい食事をしっかりとって，夜は軽くすませるスタイルが定着しています。夜用に，食堂でサンドイッチを買っていく人もいてとても便利にできています。

　敷地内にある在宅ケアステーションからは，各戸に在宅ケアが届けられます。市からこの地区に割り当てられた訪問看護師2人と16人のホームヘルパーがソフィルンの在宅ケアを受け持っています。夜11時以降の深夜巡回については，市内を統合してナイト・ケアが届けられています。

(5) プライエボーリ（介護型住宅）の登場

　現在デンマークでは，プライエムが新しく生まれ変わり，プライエボーリ（介護型住宅）が増えています。

　プライエムの建設が禁止されたとき，実際問題として各市（コムーネ）ではかなり混乱が見られたようです。施設でのケアを必要とする高齢者は増えるのに，プライエムの建設が禁止されたのですから無理もありません。政府はこれを解決するために，1993年に「介護職員付き住宅（Staffed Housing Units）」の構想をうちだして，1996年「改正高齢者住宅法」によってプライエボーリの建設を積極的に押し進めることにしました。

　それまでも，高齢者住宅に在宅ケアステーションを兼ねたサービス提供施設を隣接してつくることはできました。しかし，このサービス施設は社会支援法のもとに置かれており，市が独自に費用負担して設置しなければならなかった

プライエボーリ（介護型住宅）の居間

のです。そのために，この施策は前に進まなかったようです。そこで1993年，「介護職員付き住宅」の構想を出して，プライエムを改築する場合，または新しく高齢者住宅をつくって介護ステーションなどのサービス施設を併設する場合，補助金を出すことにしたのです。この結果増えていったのが，「プライエボーリ（介護型住宅）」です。「24時間介護付き高齢者住宅」と表現されることもあります。

　このことから，プライエボーリは高齢者住宅法に則って建てられた「住宅」に「ケア」をつけた住まいであるということがいえます。住人は1人ひとりが普通の住宅に住む高齢者と同じように個別にアセスメントを受けます。そして，必要なケアを過不足なく受けます。この様子は，在宅の高齢者と何ら変わりありません。

　次にプライエボーリの特徴について見てみましょう。プライエボーリには古いプライエムを改造してつくられる改造型と，まったく新しくつくられる新築型があります。改造型では，プライエムの2部屋から1戸のプライエボーリがつくられます。3部屋から2戸というものもあります。

　住環境という点では，次のような特徴があります。
・広さは約40㎡
・寝室が別で，2部屋タイプ
・簡易キッチン付き
・7㎡のバス・トイレ付き（2人介助を想定）

プライエボーリ（介護型住宅）の簡易キッチン

広さがプライエムの2倍あり，部屋の隅にベッドが置かれた下宿ではなく，自立して生活ができる立派な住まいであるということが理解していただけると思います。

共用部分は，食堂（キッチン付き），リビングルーム，ゲストルーム，洗濯室などがあります。食事は一緒に食べますが，生活単位は10人前後で構成されているので，家庭的な雰囲気が保たれています。こうした中で食事づくりに参加したり，テーブルセッティングをしたりして，小グループの中で自分の生活を再構築していくのです。

プライエボーリで生活する意義をまとめてみましょう。

① 「住宅」と「ケア」の分離

プライエボーリの1住戸は，町中の1住戸と何ら変わりないポジションにあります。

また住人は，普通の住宅に住む高齢者と同じように個別にアセスメントを受けて，必要なケアだけを受けます。スタッフは常駐していますが，常駐スタッフは食事，洗濯，そうじなどの家事支援をするだけで，専門的な介護（身体介護）・看護については市内を巡回する在宅ケアスタッフが外からケアを届ける形となります。施設と在宅の区別をなくして，地域を一括して巡回する「統合ケア」方式です（コペンハーゲン市，フレデリクスベア市では統合ケアは採用していません）。

② テナント

各住戸は，公営住宅法によって規定される公営住宅賃貸住宅（高齢者住宅）です。また，住む人は施設入所者ではなくて，家賃を払って住むテナントです。ですからドアには郵便受けやインタホンがあり，介護スタッフといえども入室するときはドアノックをし，住人はそれを拒否することもできるのです。
　③環境によるスパイラル・アップ
　プライエボーリの簡易キッチンは，その多くが一口の電気コンロですので食事をつくるには不十分であることは確かです。しかしポットやコーヒーメーカーが置いてあると，「コーヒーでも入れてみようかな？」という気持ちになります。一口コンロでも，キッチンがあるだけで炊事をしてみようかなという気持ちになるのです。「環境からの働きかけ」とでもいうような効果があり，炊事の次には掃除もしてみようかな？ということになって，生活行為のスパイラル・アップが始まります。
　また，キッチンがあると家族が材料を持ってきて，お父さんやお母さんの好きな料理をつくってあげるというようなシーンも見られるようになっているようです。子どもが親の家にやってきて料理をつくる。これは「住まい」ならではの風景ではないでしょうか。
　④小さなユニットを単位とした生活
　プライエムでの暮らしが大きな集団を単位にしたものであったのに対して，プライエボーリでは小さなユニットを意識した単位で生活が営まれています。家族のような生活の単位です。
　例えば食事はみんなで食べますが，10人前後が1つの単位です。やや大きめのテーブルを6人で囲んだり，4人がけのテーブルを2つ置いたりしています。キッチンをつけていますので，食事の用意や後片付けに自然な形で参加することができるようになっています。プライエボーリは「住まい」ですから，プライエムで見られたような大食堂然とした風景とはまったく違い，日本の「ユニットケア」に似たものを感じます。このモデルは「生活居住環境（LEVE-og BOMiljø）」モデルと呼ばれて，プライエボーリの標準となっています。
　⑤社会にオープンな「住宅」
　プライエボーリが「施設」ではなく「住宅」であるためには，社会に対してオープンであるかどうかという点が大きな課題となるでしょう。住人が自由に

プライエボーリでの食事は家庭のような風景で

外出できるか，家族や友人，地域の人が気軽に訪ねてこられるか，ということです。

　建物玄関にはプライエムのような名札はなく，普通の集合住宅と変わりがありません。事務室は目立たなくて，入りやすい雰囲気になっています。また，部屋が広いと訪問しやすいということが確実にいえるでしょう。こういう意味で，「プライエム」にはない開放感が確かにあります。しかし，住人が自由に外出できるかどうかという点については，どれくらい実現できているか不明な部分もあり，これからの課題ではないかと考えています。

4．まとめ

　これまで，デンマークでは1988年に「プライエム」の建設が中止され，現在どんどん住まい化が進んで「プライエボーリ」へと変わりつつあること。一方在宅では，「高齢者住宅」が建てられて，そこへの早めの引っ越しが増えているという話をしてきました。この動きから私たちは何を学びとれるでしょうか。「生活力」・「住まい力」・「地域力」ということで，まとめてみましょう。

(1) 生活力（自立力）

「施設に入ってもらわなければ，家族が倒れる」「もう施設に入ってもらおう」これが，日本の家族の間でつぶやかれる言葉です。「施設に入れてあげるだけで，一仕事」「施設に入れてあげることができれば，万々歳」これが，ケアマネージャーの間でささやかれる言葉です。

こうした表現に見られるように，日本の施設とは家族や他人の決定で「入れる（いれる）」「入れてあげる」ものであって，決して自己決定して「入る（はいる）」ものではありません。人生の最期の場面において，これではあまりにも寂しくはないでしょうか。自己決定をしない他人まかせの生き方です。

これに対して，デンマークの高齢者たちは「この福祉は私たちが勝ち取ったもの」という自負をもって生きています。その強さは，「自分のことは自分でしたい」「自分のことは自分で決めたい」という，とてもシンプルな自立感に根ざしています。

デンマークのお年寄りは，男性でも独り暮らしなら自分で洗濯をして，簡単な料理なら自分でつくり，1人でもしっかりと「自立」して生活しています。特に男性が1人になった場合，炊事や洗濯といった単純な生活行為をするかしないか，できるかどうかが生活の質を左右するように思います。

「自立する」といった場合，様々な捉え方があります。職業を持って経済的に自立して生きることと考える方もありますし，自分で決断してきちんと責任をとることを自立だという方もいるでしょう。しかし，「自炊や身の回りのことが自分でできる」というような生活行為の自立が高齢期の生活で重要な意味を持ってくるのではないでしょうか。

「自立力」につながる「生活力」は，高齢期の生活を輝きのあるものにする重要なキーワードだと考えます。そしてそれを支える自立支援のケアのあり方や地域の人々の助けが意味を持ってくるのです。

(2) 住まい力

まず第1に，デンマークでは施設を解体して住宅につくりかえているというのに，日本はまだまだ施設増設の時代にあるということです。特養ホームの待機者がどんどん増えているようですが，日本では本当に施設が不足しているの

表6-3 高齢者の住まいの供給量比較 —日本とデンマーク—

		日　本 (高齢者人口2,471万人＝2004年6月) 人口12,768万　高齢化率19.35％		デンマーク (高齢者人口80万) 人口538万　高齢化率14.7％	
高齢者施設	特別養護老人ホーム	36.5万 (36万)	24時間介護が 受けられる住宅		48,000
	老人保健施設	28.1万(29.7)			
	療養型病床群	13.8万 (19万)			
	認知症グループホーム	6.1万			
	ケアハウス	10.5万			
	有料老人ホーム (介護型)	5.5万			
	日本小計(施設)	100.5万 ＜4.1％＞	デンマーク小計 (住宅)		48,000 (6.1％)
高齢者住宅	養護老人ホーム	6.5万	在宅ケアを受けて 暮らす住宅		41,500
	高齢者生活福祉センター	3万			
	シルバーハウジング	1.7万			
	高齢者向け優良賃貸住宅	1万			
	シニア住宅	0.25万			
	有料老人ホーム (健康型, 住宅型)	0.6万			
	日本小計(住宅)	13.05万 (0.5％)	デンマーク小計		41,500 (5.2％)
合　計	日本合計	113.55万 (4.6％)	デンマーク合計		89,500 (11.3％)

(出典)下記の資料より, 松岡が作成。

＊日本の人口数値は2004年4月時点のもの。住宅・施設数は「平成12年版厚生白書」, 吉村直子「高齢者住宅事業の今後を読む」CRI No.311, 2004.6 によった。
＊日本の数値のうち, (　)内はゴールドプラン21の目標値。
＊デンマーク人口は2004年6月時点。その他は, デンマーク統計局資料(2003年)・社会省取材をもとに松岡が計算したものである。

でしょうか。

　欧米では, 高齢者のための特別住宅の目安を65歳以上の高齢者人口の10％としています。この数値は, 施設も含めたものです。表6-3をご覧ください。

施設については，日本では特養が36.5万人分，老健28.1万人分，療養型病床13.8万人分など，すでに4％の水準に達していて，内容はともかく数の面ではかなりな程度満たされているということができます。

施設については数だけではなく，居住環境やケアの質が問われるでしょう。特別養護老人ホームについては「ユニットケア・個室化」が制度化されて，施設を住まい化する努力が進められていますので期待したいところです。小規模多機能居宅介護の展開も，2006年4月以降の介護保険改正法の中で制度化されました。

住まい力についてもっとも注目したいのは，日本の高齢者住宅の整備率が1％にも満たない点についてです。1998年9月「高齢者居住安定確保法」が制定されて，高齢者向け優良賃貸住宅の建設が進められようとしています。しかし，自治体に補助金の予算がなく順調に進んでいないのが現状です。住宅がなく，在宅ケアも不十分だから施設志向が高まるのです。住宅があり，在宅24時間ケアが整っていれば，住み慣れた地域で最期まで暮らすことも不可能ではありません。

日本人は自立することが下手で，老後の生活に「安心」や「安全」の要素を重視しています。そんな日本人の心情にあった「日本式高齢者住宅」のビジョンを，高齢者自身の話し合いの中で描いていくことも必要なのかもしれません。また，在宅ケアの不足が，高齢者住宅を中途半端なものにしているということもいえます。「施設か在宅か」といった馬鹿馬鹿しい議論から抜け出し，本当の意味での「住まい力」を高めるためにも，在宅ケアの充実を図りながら「日本式高齢者住宅」を具体化していかなければならないでしょう。

(3) 地域力

最後に「地域力」ということについてですが，地域では人が中心にいて，施設や住宅に住んでいます。そして，その周りには地域が広がっています。住み慣れた街で暮らすというのは，この「地域」の人間交流の中で支えられたり支えたりして生き続けるということです。車いす生活になったとしても，どんどん外出して人とおしゃべりしたり，買い物ができるような環境づくり。これが本当のノーマライゼーションではないでしょうか。

そして真のノーマライゼーションを実現する福祉は，トップダウン式の制度だけで授けられるものではなく，ボトムアップのパワーで完成されるものであることを，デンマークは教えてくれています。上からでもなく下からでもなく，公共でもなく民間でもなく，その間にある地域に生きる人々からほとばしり出る自発的な参加型のパワーというのでしょうか。制度と制度の間を埋めていくボランティアパワー，インフォーマルパワーというのでしょうか。そういうものが，高齢者だけではなく地域に生きるみんなの生活を輝かせていくのではないでしょうか。そして，そういう姿を「地域力」と表現したいと思います。

デンマークは，施設が素晴しいとか，建物のデザインが優れているということだけではありません。中心に「人」がいます。決して依存的な存在ではなく，自立した存在としての人です。最後まで自分の人生を輝かせたいと願っている人です。自分の人生を自分で決定して，努力をし，責任もとる人間。そして，そうした自立した人々のために住まいや施設があり，フォーマルなサービスとしての在宅ケアがあって，そこにボランティアが安心のネットワークを張りめぐらして，高齢者の人生を豊かに支えながら，かつ税金を有効に活かせる社会の包括的なシステムが整っています。

施設に頼る古いやり方から，住まい力・生活力・地域力を高める方向へ。このベクトル修正のために，1人ひとりの人間が自分のこととしてこの問題に取り組んでいくことが，いまの私たちに求められていることだと思います。

【参考文献】

Andersen, B.R.　1999　*Ældrepolitik på afveje.*　Copenhagen : Fremad.
Danmark Statistisk　2004　*Statistisk Årbog 2004,* Copenhagen : Danmark Statistisk.
Hansen, E.B., & Plats, M.　1997　Factors Influencing the Well-being of Elderly people in Denmark. 9 Nordiske socialpolitiske forskerseminar in Køge. Copenhagen : AKF & THe Danish National Institute of Social Research.
Hansen, E.B.　1998　Social Protection for Dependecy in Old Age in Denmark. *Modernising and Improving EU Social Protection.* Londonø Conference on Long-Term Care of Elderly Dependent People in the EU and Norway.
Hansen, E.B., Eskelinen, L., & Frederiksen, M.　2004　*Free Choice-Experience with more Providers of Help with Personal Care and Housework.* Copenhagen : Amternes og Kom-

munernes Forskningsinstitut.
城 仁士　2001　地域一体型老人介護施設における自立支援介護サービスの開発と評価　人間科学研究　**9**（1），161-168.
城 仁士　2004　新世紀の地域一体型老人介護施設における自立支援介護サービスの開発とその評価　平成13-15年度科学研究費補助金　基盤研究（B）（1）研究成果報告書，225-251.
Kåhler, M.　1992　*Hjerete Rum*. Copenhagen : Ældre Sagen.
Lind, O. & Møller, J.　1994　*Folke Bolig Bolig Folke*. Copenhagen: Boligeselskabernes Landsforening.
松岡洋子　2005　デンマークの高齢者福祉と地域居住〜最期まで住み切る住宅力・ケア力・地域力〜　新評論
松岡洋子　2001　老人ホームを超えて〜21世紀・デンマーク高齢者福祉レポート〜　かわがわ出版
OECD　1999　*OECD Economic Surveys ; Denmark*. France : OECD Publications.

7

高齢者の主体的発達とこれからの自立支援サービスの方向

第1節　do for から do with へ

　本章では，今後の介護サービスの方向性やその評価について検討し，施設における集団ケアをグループホーム形態のユニットケアへ移行するとともに，個人の尊厳や生活スタイルに基づく新世紀型の施設介護のあり方を提言したいと思います。

　まず，第6章で述べたデンマークでの福祉システムや2002年9月に行ったデンマークのオーフスやコペンハーゲンでの研修の成果（城，2004）をまとめてみます。

　デンマークでは65歳以上が高齢者です。高齢者には十分な年金が出されるほか24時間のケア体制が完備されています。その福祉サービスの根底にあるものは1979年に設置された「高齢者政策委員会」が答申した，「介護から自立支援へ」を理念とし，1982年には高齢者福祉の三原則「自己決定，継続性の維持，残存能力の活性化」を策定しました。すなわち，住み慣れた家での生活を保障し，人に管理されず自分の意志で生活を送り，自分の持っている知識や技術を地域社会に還元しながら自分の生きがいにするというものです。

　この「施設ケア」から「在宅ケア」の流れを受けて，1987年には高齢者および障害者住宅法が策定され「脱施設」として日本の老人ホームにあたるプライエムの新規建設を禁止しました。そして自力で暮らせる高齢者のために質の良い「高齢者住宅」の建設を進めるとともに，従来のプライエムを自立支援型

住宅「プライエボーリ」へ転換したり，認知症の高齢者のためのグループホームを整備しています。

　デンマークやオーストラリアといった高齢者福祉の先進国から学んだことは以上のような住環境の整備の考え方にとどまりません。ケアそのものやケアサービスの考え方そのものが違うのです。すなわち，高齢者を「ケアの対象」ではなく「生きる主体」として捉え，だからこそケアはdo for（～に与える）なのではなく，do with（～とともに）であり，高齢者自身が生活の主体となって暮らしていけるよう裏から支えるものでなければならないと考えます。これがケアワーカーのプロとしての資質であるとも捉えられているのです。つまりすべてのケアサービスは高齢者自身の主体的な生きる意志に基づいて選択されたものでなくてはならないのです。また，そのような生きる意志ともいえる元気の素は地域の人々と共にくらす「社会的交流」の中にあることも教えてくれています。

第2節　生活の質とその評価

1. 生活の質

　高齢者自身が生活の主体となって暮らしていけるよう裏から支えるものでなければならないといいましたが，そのためには高齢者の生活の質（クオリティー・オブ・ライフ：QOL）というものを考えなければいけません。現在色々なところで生活の質という言葉が聞かれますが，これは一体どういうものなのでしょうか。何か質の高い生活といわれると，キャビアなどを食べている生活を連想しますが，本当の意味は全然違います。つまり普通に生活する環境のことなのです。

　日常生活がきちんとできるということが，その人の生活の質なのです。それができなくなっていくことが老化なので，その人の日常活動をいかに保障していくのかということです。日常生活の確保こそが生活の質なのです。

　生活の質に何が影響するのかというと，まず基本は家事です。「掃除ができる」「買い物ができる」「料理ができる」「洗濯ができる」などです。自分でできることが最善ですが，それができなくなれば家事の一部を仕切ることができ

る，それもできなくなると有能で信頼できるホームヘルパーに自分の意志を伝えられることです。

次に「おつきあいができる」，できれば「電話もできる」です。その他「レジャー活動ができる」ということです。基本は外出ができることですが，それができないときでもホームヘルパーに外出したいことを共感してもらえることが大切なのです。もうお気づきのことと思いますが，あくまでも生活の質の確保は，本人の主体的な意志の実現が基本にあるのです。

日々の生活基本の保障，すなわち料理や洗濯などの日常生活をきちんとできるということが大切なのです。そしてプラス人間関係，外へ出ていって，様々な人たちと交流することで生きていく意欲を共有することができます。これを保障しなくてはいけません。老人ホームなどの施設で生活している老人といえども生活の質を保証しなければならないのです。こういったことをやらなくてはいけないのに，現在のケアは高齢者をサービスを受け取るだけの存在にしてしまっているのです。日常的な生活をする主体として見守る介護の視点をケアスタッフはもっと尊重すべきだと思います。

2. 高齢者ケアの評価

発達する主体としての高齢者の視点から，高齢者ケアの質の評価は，受身的な活動評価から，主体的な活動評価へ変えていく必要性があります。

つまり日本流でいくとサービスを受けるというのは，「ありがとうございます」「何でも結構でございます」という話になってしまいますが，そうではなくて，私自身が選ぶサービス，これは必要だけれどこれはいらないといえる，そういう選択の問題として捉えていく必要があります。

また実施される高齢者ケアのサービスの内容を質的に高めていく必要があります。具体的には身体的機能をリハビリするサービスを導入し，精神面ではヘルパーさんとの人間関係を構築していくことが大切です。実はその意味でプロとしてのケアスタッフ養成が一番重要なのだといえます。

2002年9月に訪問したデンマーク高齢者研究所のハンセン氏（Hansen E.B.）の話を伺ったときに教えていただいたサービスの質の評価を紹介します。サービスの評価に欠かせないのは，サービス内容そのものに対する評価とそのサー

第7章 高齢者の主体的発達とこれからの自立支援サービスの方向

```
            内容に満足
              │
 ┌─────────┐  │  ┌─────────┐
 │サービスは以前より│  │サービスは以前より│
 │悪くなったが満足│  │良くなり満足  │
 │している    │  │している    │
 └─────────┘  │  └─────────┘
以前より悪い    │    以前より良い
────────────┼────────────
              │
 ┌─────────┐  │  ┌─────────┐
 │サービスは以前より│  │サービスは以前より│
 │悪くなり不満である│  │良くなったが不満│
 │        │  │である     │
 └─────────┘  │  └─────────┘
              │
            内容に不満
```

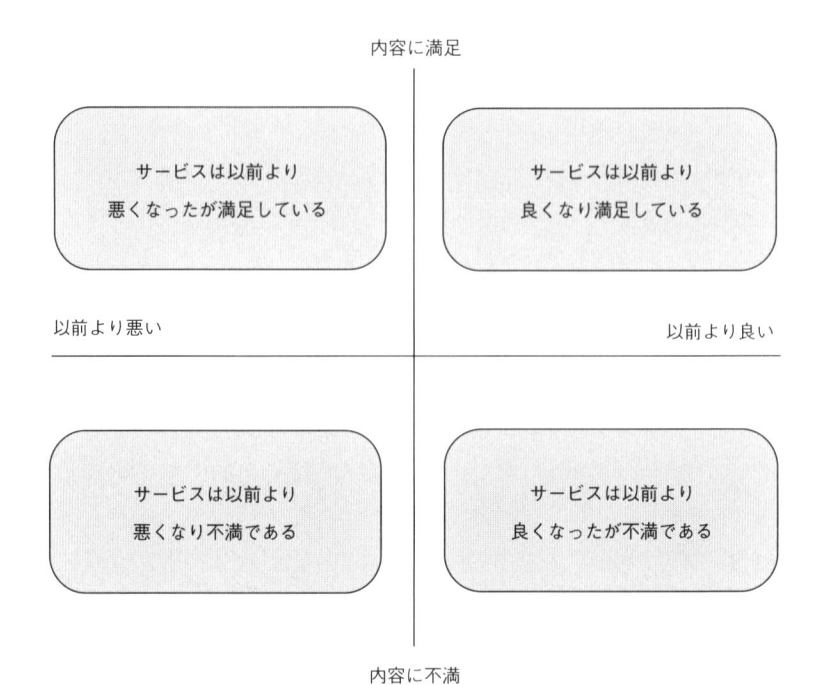

図7-1　サービスの質の評価（Hansen, 2002）

ビスを受けたときの心的満足度の2つです。またこの2つの評価は実施者ではなくサービスを受ける利用者側の問題です。例えば配達サービスから購入したものが届いたとします。「今日の魚は新鮮だったね」となると評価は高いし，「今日はちょっと鮮度が良くないね」となると以前よりサービス内容が悪くなっているわけです。そういう意味で絶えずサービス内容は変動しています。そして先ほどいいましたようにサービスそのものの中身が良くなったと同時に，それに対して満足度というのがあります。食べてみて満足である，不満である，という心的満足度のことです。サービス内容の評価と心的満足度の2つの軸を組み合わせると，図7-1のように4つの次元にわけることができます。

　つまり第1象限は，サービスは以前よりも良くなり満足している。第2象限は，サービスは以前より悪くなったが満足している。第3象限は，サービスは以前より悪くなり不満である。第4象限は，サービスは以前より良くなったが

不満である，となります．全てのサービスが第1象限にあればベストです．

それが基本ですが，それ以外でもサービスは以前より悪くなったけれども満足している（第2象限）というのも考えられます．つまり量が減ったり，サービス自体が以前よりシンプルになって内容的に薄くなったけれども，そのために自分の生活意欲があがって結構いいじゃないかと，こういうものでも十分じゃないかなということで満足度は高いということもありえます．例えば，何でもバリアフリー化したら人は機能的にどんどん後退していくわけですが，最近では多少のバリアは必要なのではないかといわれています．サービス自体は内容が薄くなったけれども，その結果自立を促し心的満足感を得られるようなサービスが今後必要となるかもしれません．それからサービスは良くなったけれども逆に不満がある場合もあります（第4象限）．過度なサービス，余分なサービスということです．デンマークの福祉サービスはこういった尺度でいつも評価されつつ，利用者側にたったサービスのあり方を検証しているわけです．

第3節　これからの福祉サービスのあり方

1．ケアワーカーの意識変革

生活の質に何が影響するか．これは何といっても家事など日常生活を支える行動ができることです．それも自分でできることです．あるいは身体的機能が一部不自由になっても家事の一部でもいいから主導権を握っていられることが大事です．ケアワーカーがいても，ケアワーカーが主導権を握るのではなくて，「お願いします．こうしてください」というような生活の主体としての主導権です．このように自分がしたいことを「仕切れる」，これを心理学では自己効力感といいますが，自分でやれるという自覚や自信のことです．つまりやらされているのではなくて，自分でしている，あるいはやってもらっているのではなくて，自分がやっているという主体的意識のことです．ですから，これからのヘルパーはそういった高齢者の主体性をひきだしたり支援するような働きかけの能力が必要になります．下手なヘルパーほど口や手を出したがるものですが，余計なお世話というのが結構あるように思います．

ケアスタッフの研修のときによく次のようなことをいいます．「ケアスタッ

フは絶対に表に出てはいけません。いわば黒子です。介護されているのではなく本人がしていると錯覚するくらい，陰でアシストできるプロの技が必要なのです。そのためには，ずっと待ち続ける忍耐力が必要だし，本人の意志をあうんで嗅ぎ分ける気配り力を身につけなければプロとはいえません。」

　次に社会的交流の場が保障されなければなりません。そのためには外出できることが大切です。そのとき大事なのがやはりヘルパーとの人間関係です。だからホームヘルパーには「外出したい」ということを共感してもらい，一緒に外出できるという環境づくりが大切です。福祉現場の視察をしたオーストラリアとかデンマークではそのことが実現していました。しかも老人協会が大部分ボランティアとしてサポートしています。老人が老人のためにそういった環境，機会をつくっています。サークルに出かけたり，スポーツをしたり，ありとあらゆる社会的交流を支援しています。それは施設がしているのではなくて，お年寄りが仲間たちとともにしています。そういう世界があることは本当に素晴らしいことです。

2．集団ケアからユニットケア，個別ケアへ

　ご存知のように平成12年の4月から介護保険制度が施行され，わが国の高齢者の自立支援ならびに在宅介護を支援していくために全国の高齢者福祉施設で様々な取り組みが行われています。その中でも最近ユニットケアが注目を集めています。ユニットケアは利用者の人数を大規模処遇よりもいくつかのグループにわけて小規模化して，流れ作業的な集団ケアから生活をともにするケアというものを目指しています。従来の施設ケアの概念を転換して具現化したものです。

　何のためにユニットケアを実施するのか，その目的については法制度で明確に定められているわけではありませんが，施設の中での生活単位をできるだけ小さくして，家庭における生活や暮らしに近づけていくようにする，ということに尽きます。第1章で述べましたが，心理学の立場からすると，高齢者にとって一番のダメージは環境の移行です。住み慣れた土地や家から離れるということが一番大きなダメージになります。なるべく自分の住んでいる地域や住居から離れないようにして，生涯を紡いでいくというのが一番いいと思います。

しかし，現実はなかなかそういうわけにはいきません。自宅から，病院施設や福祉施設に移さなければならない事態が当然起こります。その際の環境移行においても，なるべく自宅にいるような環境にして，ショックが少ないように配慮する必要があるのです。

　それから，施設サービスを利用する側の視点に立つと，利用する人たちの生きてきた道のりや人間としての尊厳を重視し，1人ひとりの自立した生活を目指すことがユニットケアを導入する動機でなければなりません。当然のことですが個々の人権がきちんと守られた生活でなければならないということです。個々人のプライバシーや尊厳が十分守られ，安心して施設で生活できることが基本にならないといけないのです。

　しかしながら，個人のプライバシーを尊重することは，個室への引きこもり傾向を助長し，社会的交流活動を希薄にする危険性も内包しています。そのリスクを回避する工夫として，施設の空間設計が重要になってきます。施設という大規模空間を安心できる自分の居室という個室に変える工夫と同時に，その個室からさらにリビングへの誘い出し（自己拡張）が大切です。リビングは，仲間たちと交流できる共有の空間です。居室でじっと安心して引きこもりができるようになった後，そこからリビングへ出て少人数の人たちと交流し，また居室に戻るという往復運動ができると成功です。施設という大規模空間をいくつかの個室に区分し，リビングの共有空間を配置しただけですが，環境移行のリスクを最小限にする工夫といえます。居室は自分の家です。部屋のように見えますが家として見るということです。ですから表札がかかります。絶対いやな人には会わなくてもすむ。鍵もかかります。そういう意味で施設から居宅へと大きく意味が転換されます。

3. 依存から自立へ

　依存から自立へ，これは難しい問題です。日本の文化だと思うのですが，いまの高齢者の姿はどうしても依存体質から抜けきれていないようです。子である息子，娘に依存していくということから始まって，病院や施設そしてそこのスタッフに依存していきます。しかしそろそろ自分で選びとっていく自立への道へ方向転換する必要があります。

そのためには，高齢者のケアのあり方を根本的に変えなくてはいけないのです。人が最後まで人間らしく生活していけるようケアをするという「生活ケア」の考え方に変えていく必要があります。しかし，その生活をどのように保障していくのか，ということはそう簡単ではありません。生活というのは居宅からリビングへという環境移行の基本であると同時に，個別ケアの基本でもあるからです。自立というのは生活から生まれてきます。つまり介護的なケアのあり方よりも，生活ケアに切り替えていく必要があります。そしてケアスタッフは，生活を支援する為のサポーターでなければならないということです。

われわれが一番強調したいことは，個人を個人として認めていく，あたりまえのことですが，個人の尊厳を基本とした生活ケアを基本にすえるということです。そのために，サポーターが黒子となってその生活の実現を支援していくという考え方を提案したいと思います。

4. おわりに

生活ケアの観点から介護サービスの基本は衣食住におけるQOLに絞っていけばいいと考えます。その他のサービスは個人が選びとれるオプションとすることを提案します。デイサービスでよく実施されているちぎり絵とかはオプションにしたらいいと思います。私はちぎり絵をするよりもパソコンをしたいと考えています。われわれの世代になると絶対に居宅にはインターネット環境が必要です。施設のリビングだけじゃなくて，インターネットの世界がリビングとなるでしょう。ただ個人の選択によるオプションとして考えればいいと思います。

しかし衣食住におけるQOLは国がきちんと保障すべきです。日本は社会主義的な国家主導の福祉社会を目指しているのでしょうか。それともアメリカ型の自由主義型福祉社会を目指しているのでしょうか。アメリカ型でもいいような気もしますが，そうすると貧富の差で受ける基本サービスの質が変わってくるでしょう。それがいやならばヨーロッパ型にして，基本的な生活の部分は国が保障し，それ以上の部分は民間サービスに任せていく。介護保険が出てきた背景はそういうものがあったわけですが，福祉社会のモデルがまだはっきり見えてきません。

最後に「高齢者の主体的な発達を支援する環境づくり」というこの本のコンセプトを念頭において，4つのアプローチを通じてわれわれが研究対象とした地域一体型の高齢者介護施設とそのサービスの今後のあり方について次のようにまとめました。

① 今後の福祉の流れは，「住宅」「生活」「自立支援」にあると考えられる。
② 施設の住宅化を促進するために，全室個室とし，個人の尊厳と生活を取り戻せるようにする。
③ ただし，個室閉じこもりを防ぐために，ユニットケアを導入し，他の居住者との社会的交流を大切にする。
④ また地域との交流を活性化し，施設を地域に開かれた福祉サービスの拠点（サテライト）とする。
⑤ これまでの集団ケアをユニットケアに転換するにあたり，ケアワーカーの研修を充実させ，ベッドの上で与えるケアから自ら生活することを支援するケアへの意識転換研修プログラムを整備する。

【参考文献】
城　仁士　2004　新世紀の地域一体型老人介護施設における自立支援介護サービスの開発とその評価　平成13-15年度科学研究費補助金　基盤研究（B）（1）研究成果報告書，153-164.

人名索引

あ
青木　務　　11, 101, 141
アナセン，ベント・ロル．　219, 224
池上晴夫　　183
井上昌次郎　　188
井上真理　　11, 103, 114
井上芳光　　184, 185, 187
入來正躬　　185, 186
岩崎　錦　　111
岡田修一　　151, 156
小川徳雄　　182, 186
奥野満子　　98
尾関周二　　24
折茂　肇　　165, 171

か
Kåhler, M.　　223
Guralnik, J. M.　　158
Kayacan, O.　　115
彼末一之　　179, 180, 187
川崎衿子　　102, 103
川島美勝　　186
河辺章子　　174
黒島晨汎　　179, 181, 183, 187
神戸善一　　76, 78
小松光代　　189
近藤徳彦　　152, 181

さ
斉藤貞夫　　98
酒井豊子　　109
Shibasaki, M.　　185

城　仁士　　2, 9, 10, 12, 191, 237
白杉直子　　11, 104
杉万俊夫　　4, 11
鈴木隆雄　　152, 153, 160
鈴木みずえ　　154, 160
セン，アマルティア　　17, 22, 23, 43, 44
外山　義　　8, 10

た
高橋鷹志　　9
竹澤徳敬　　73, 74, 75, 77, 78, 83, 85
立入正雄　　84
谷口政春　　81, 86, 98
田村照子　　108
ドール, R.　　119, 122, 128

な
中林幹治　　167
永原宏道　　87, 88, 90, 91, 93, 94, 95
新野直道　　152
西垣昭和　　98
西山利正　　156
二宮厚美　　11
丹羽雅子　　109
根津幸彦　　87, 88, 91, 93

は
Berger, B. G.　　155
ハーシュマン, A.　　42
ハーバーマス, J.　　32, 34, 44
橋本信三　　76
花咲武一　　84, 98

早石 修　*188*
早川一光　*67, 68, 69, 72, 75, 76, 78,*
　　　　　79, 83, 85, 86, 98
林 玉子　*133*
原田隆司　*107*
Hansen, E. B.　*213, 215, 239*
平田耕造　*182*
廣松 渉　*3*
福田博也　*172*
福永仁夫　*165*
Bulgun, E. Y.　*115*

ま
松岡洋子　*12, 209, 210, 215*
松田道雄　*69, 74, 75, 98*

村田成子　*185, 186*
Møller, J.　*209*

や
矢野澄雄　*151, 167, 172, 174*
山本麻衣　*8, 9, 10*
吉村直子　*232*
米長 粲　*115*

ら
Lind, O.　*209*

わ
ワップナー, S.　*8*

事項索引

あ

アクティビティメニュー　200
アクティブシニア　1
アクリルアミド　124
アフラトキシン　122
油の酸化　123
衣環境　106
　　──学　11
イグジット（exit）の選択　42
意識転換研修プログラム　245
意識の存立構造　3
遺書の書き方　196
依存から自立へ　243
一次的移行　9
医療機関との連携　202
医療システム論的アプローチ　11
医療の社会化　97
医療の民主化　97
医療を軸とする地域活性化　11
飲水量　189
埋め込まれている集合性　8
運動トレーニング　187
ADL　144
NPO　65
エレクトロニクステキスタイル　116
園芸療法　194
塩分　128
「老い」への準備　196
応益負担原則　56
応力　171
小野郷　66
　　──地区　11

か

おやつ　131
温熱環境　140
音楽教室　200
音楽療法　194
温受容器　180
温度環境　12, 178

外界　3
介護
　　──支援　193, 194
　　──者の疲労回復　194
　　──スタッフ　207
　　──チームの評価　207
　　──保険　66
　　──保険制度　11, 242
外出支援サービス　201
概日リズム　187
外部評価機関　206
化学物質　118
核家族化　65
家族との調整ごと　202
家族の介護力　70
活動　4
　　──の主体　192
カテキン　130
ガーデニングスペース　205
カビ毒（マイコトキシン）　122
紙オムツ　12, 113
カラオケ　200
環境移行　6, 8
　　──の型　9

環境
　——に対する意識　7
　——に対する働きかけ　7
　——の近似性・連続性　10
　——の喪失と獲得　8
関係更新（アップデート）　5
　——活動過程　6
間欠入院　83
汗腺（能動汗腺）　182
完態　5
寒冷利尿　182
危機的人間-環境移行　8
着心地　107
季節順化　185
規則の落差　9
機能障害　6
基本理念　192
QOL　12
教育用のショートステイ　194
橈骨　165
享受能力　16, 17, 44
行政サービス　195
共用空間　205
銀行や郵便サービス　195
空間の落差　9
空調環境　12
クリーニング店　202
グループケア（ユニットケア）　193
グループダイナミックス　11
グループホーム（小規模特別養護老人ホーム）　10
クレーム処理　195
ケア付き住宅　139
ケアハウス　136, 197
ケアマネジメント　54
ケアマネージャー　40
形状記憶素材　115
継続性の維持　237
軽費老人ホーム　197
契約型利用方式　53

研究パラダイム　3
現金給付　18
健康食品　117, 125
健康保険　75
現物給付　18
　——原則　49
口腔内ケア　131
恒常性　178
更新の場　7
行動性体温調節　181
交流プログラム　193
高齢者
　——医療制度　59
　——および障害者住宅法　237
　——緊急ショートステイ　200
　——政策委員会　237
　——像　1
　——の血圧　186
　——の発達　11
　——福祉の三原則　237
　——福祉住宅　12
国民栄養調査　120, 128
こころのありか　3
個室　10, 205
　——への引きこもり　243
孤食　132
個人情報　206
個人のプライバシーを尊重　243
コスメティックセラピー　113
個性　10
骨強度指標　12
骨粗鬆症　12, 165
骨密度　12
コーディネータ　195
個の尊厳　10
個別ケア　242
コミュニケーション　207
　——活動　4
　——的理性　32
　——労働　31

コミュニティ　65
ゴールデンエイジ　2
混合介護　58
混合診療　58
コンビニエンスストア　202

さ

災害　6
細菌性食中毒　127
財産保護　202
最大酸素摂取量　183
在宅医療　83
在宅介護　194
　　——支援センター機能　194
在宅ケア　237
砂糖　125
サードエイジ　2
サービス内容　239
サービスの体系性　12, 191
サービスを受ける対象　192
サプリメント　124, 125
サルモネラ菌　127
三次的移行　9
残存能力の活性化　237
産熱　106
残留基準　120, 121
残留農薬　118
身体運動科学　12
身体機能システムからのアプローチ
　　12
身体拘束　195
視覚環境　141
自己拡張　243
自己決定　237
市場原理　70
施設
　　——運営のノウハウ　195
　　——環境への適応　9
　　——介護　194
　　——ケア　237
　　——設備の評価　207
　　——における規則　10
　　——に対する愛着（Place Attachment）
　　9
　　——の福祉モデル　207
　　——病　205
舌下温　180
自治会　196
シビル・オプティマム　40
社会システム論的アプローチ　11
社会主義思想　74
社会的規範　4
社会的交流　238
社会的適応性　5
社会的入院　84
社会福祉事業法　48
社会文化的側面　8
住環境学　11
集合性　4
　　——理論　4
住宅　245
集団ケア　237
主体性　10
主体的な発達　6
生涯発達心理学　5
腸管出血性大腸菌 O-157　127
少子化　65
情報公開　207
ショートステイ　193
食環境学　11
食行動　12
食生活　12
食の安全　12, 117, 132
食のリスク　12
食品添加物　118
所得保障一元化　55
暑熱順化　183
自立支援　193, 245
　　——福祉サービスからのアプローチ
　　12

自立生活支援　202
自律性体温調節　181
新現役　1
人的環境（ヒューマンネットワーク）　4
心的満足度　240
心理的結びつき　7
水分補給　131
スケール　10
住みこなし　8
スマートテキスタイル　115
相撲と土俵の関係　4
生活　245
　――環境　4
　　――に対する関与行動　7
　　――のアメニティ　4
　　――論的アプローチ　11
　――規則　10
　――拠点移動　8
　――ケア　244
　――に対する不満　9
　――の質　238
　――のシナリオ　206
　――スタイル　206
精神代謝　26
　――労働　24
生理学的適応　178
セカンドエイジ　2
施設の空間設計　243
戦後福祉の三原則　46
潜在能力　22
洗濯サービス　201
専用庭　205
喪失体験　5
組織・集団の変化　9
措置制度　49, 52

た
ダイオキシン　123
体温調節システム　110
耐寒性　183

第3者評価　207
耐暑性　187
対象化　3
対人的側面　8
体内時計　187
代理受領方式　51
多元論的発達理論　5
脱水　182
建物・施設の変化　9
団塊世代　1, 90
短期のショートステイ　200
断面係数　171
地域活性化　66
地域医療システム　11
地域一体型老人施設　11
地域交流　193, 195
地域に対する貢献度　207
地域のNPOやNGO　196
地域連携の評価　207
ちぎり絵　200
知識共有　193, 195
聴覚環境　144
超分子集合体　115
終の棲家　9
通常現金給付　51
漬物　129
定額払い制度　59
デイサービス　193
テキスタイル　12, 107
転倒　12
デンマークでの福祉サービス　12
do for　238
do forからdo withへ　13
動物用医薬品　119
do with　238
毒性化学物質　123
特定療養費払い制度　58
特別養護老人ホーム　197
ドッグセラピー　194

な

内界　3
内部温度　178
仲間づくり支援　202
二階建ての福祉構造　56
西陣　67
　　──健康会　78
二次的移行　9
二世帯住宅　138
日常歩行量　187
ニトロソアミン　124
入居者の自由選択意志　204
認知症型通所看護　199
熱産生　181
ネットワーク　4
熱放散　181
脳のありか　3

は

バイオメカニクス　12
配食サービス　201
派遣・貸与サービス事業　201
箱ひげ図　167
場所・地理の変化　9
person-in-environment　8
発汗量　183
発ガン物質　122
発生要因　12
発達　5
　　──概念　5
　　──の源泉　8
　　──モデル　5
バリアフリー住宅　138
パワードエイジ　2
PCM（相変換物質）　115
皮質骨　172
被服圧　108
被服気候　106
皮膚血流量　183
評価とフィードバック　206

標準型通所介護　199
費用補償方式　50
表面摩擦特性　111
ファーストエイジ　2
フードファディズム　126
福祉
　　──サービス　12
　　　　──機能　191
　　　　──の拠点（サテライト）　245
　　──社会のモデル　244
　　──体験学習　195
　　──の二階建て化　60
　　──モデル　207
　　──用具の給付・貸与サービス　201
物理的側面　8
物質代謝　25
　　──労働　24
ペア住宅　138
ヘテロサイクリック系化合物　124
ベンズピレン　124
ボイス（voice）の選択　42
放熱　106
訪問
　　──介護　199
　　──看護　83, 199
　　──入浴介護　199
　　──リハビリテーション　199
保険原理　38
骨の強度　12
ホメオスタシス　178
ボランティア　65
堀川病院　78

ま

巻き込みによる地域活動　192
街づくり協議会　196
慢性疾患　65
味噌汁　129
民間による組合　196

無医地区　　11
無関心の中の連帯　　70
メラトニン　　187
モノ的環境　　4

や
ヤング率　　174
ユニットケア　　10, 237
養護老人ホーム　　197
予防原則　　126

ら
リスクコミュニケーション　　12, 117, 126
リノール酸　　125
リハビリテーション　　6
リフレッシュする空間　　205
旅行　　201
利用者による評価　　206
緑茶　　129
冷受容器　　180
老化過程　　6
老老介護　　5

わ
腋下温　　179

執筆者紹介 （章立て順，＊は編者）

城　仁士＊（じょう・ひとし）
現職：神戸大学大学院人間発達環境学研究科教授
最終学歴：九州大学大学院教育学研究科，教育学博士
専攻：生活環境心理学
主要著作：『人間・生活・環境　生活環境概論』1999 年，ナカニシヤ出版（編著）
　　　　　『高齢者の発達を支援する福祉サービスのこれから』2007 年，クォータリー生活福祉研究，第 16 巻第 1 号，4-19．
　　　　　『高齢者保健のための 2 つのパラダイムシフト』2007 年，保健師ジャーナル，第 63 巻第 8 号，666-670．
　　　　　『キャリア教育の本質に迫る』2008 年，雇用問題研究会（編著）
担当：刊行のことば，第 1 章，第 6 章はじめに・第 1 節，第 7 章

二宮厚美（にのみや・あつみ）
現職：神戸大学大学院人間発達環境学研究科教授
最終学歴：京都大学大学院経済学研究科，経済学修士
専攻：経済学
主要著作：『日本経済の危機と新福祉国家への道』2002 年，新日本出版社
　　　　　『憲法 25 条＋ 9 条の新福祉国家』2005 年，かもがわ出版
　　　　　『ジェンダー平等の経済学』2006 年，新日本出版社
　　　　　『格差社会の克服』2007 年，山吹書店
担当：第 2 章

杉万俊夫（すぎまん・としお）
現職：京都大学大学院人間・環境学研究科教授
最終学歴：九州大学大学院教育学研究科，学術博士
専攻：グループ・ダイナミックス
主要著作：『看護のための人間科学を求めて』2000 年，ナカニシヤ出版
　　　　　『地域からの挑戦―鳥取県・智頭町の「くに」おこし―』2000 年，岩波書店
　　　　　『よみがえるコミュニティ』2000 年，ミネルヴァ書房
　　　　　『コミュニティのグループ・ダイナミックス』2006 年．京都大学学術出版会
担当：第 3 章

青木　務（あおき・つとむ）
現職：神戸大学大学院人間発達環境学研究科教授
最終学歴：京都大学大学院農学研究科，農学博士
専攻：住環境材料学
主要著作：『木質環境の科学』1987 年，海青社（共著）
　　　　　『住まいと木材』1990 年，海青社（共著）

『福祉・住環境用語辞典』2003 年，保育社
『福祉・住環境受験重要ポイントハンドブック』2005 年，保育社
『木質材料の物理』2006 年，旭成社（共著）
担当：第 4 章はじめに・第 3 節

井上真理（いのうえ・まり）
現職：神戸大学大学院人間発達環境学研究科准教授
最終学歴：奈良女子大学大学院人間文化研究科，博士（学術）
専攻：衣環境，被服材料，繊維工学
主要著作：『アパレル科学　美しく快適な被服を科学する』1997 年，朝倉書店（共著）
『人間・生活・環境　生活環境概論』1999 年，ナカニシヤ出版（共著）
『レオロジーデータハンドブック』2006 年，丸善株式会社（共著）
『介護プラクティス　マニュアル』2007 年，ヘルス・システム研究所（共著）
『自動車樹脂材料の高機能化技術集』2008 年，㈱技術情報協会（共著）
担当：第 4 章・第 1 節

白杉直子（しらすぎ・なおこ）
現職：神戸大学大学院人間発達環境学研究科教授
最終学歴：大阪市立大学大学院生活科学研究科，学術博士
専攻：食環境学
主要著作：『フローチャートによる調理科学実験・実習　第 2 版』1999 年，医歯薬出版（共著）
『人間・生活・環境　生活環境概論』1999 年，ナカニシヤ出版（共著）
『栄養科学シリーズ NEXT 調理学』2000 年，講談社サイエンティフィク（共著）
『食べ物と健康　調理学』2004 年，医歯薬出版（共著）
担当：第 4 章・第 2 節

近藤徳彦（こんどう・なりひこ）
現職：神戸大学大学院人間発達環境学研究科教授
最終学歴：筑波大学大学院体育科学研究科，教育学博士
専攻：環境生理学，運動生理学，応用生理学
主要著作：Physiological bases of human performance during work and exercise. Taylor NAS, Groeller H ed., *The physiology of acute heat exposure, with implications for human performance in the heat.* 2008, pp.341-358, Elsevier.
非温熱性要因が運動時の熱放散反応に及ぼす影響．2005 年，日本生気象学会雑誌 **42**, pp.39-53（総説）
『体温-運動時の体温調節システムとそれを修飾する要因』2002 年，NAP（共編）
The modulation of non-thermoregulatory sweat rate in humans, 2002, *Exerc. Sport Sci. Rev.*, **31**, 34-39（総説）．
担当：第 5 章はじめに・第 3 節

岡田修一（おかだ・しゅういち）
現職：神戸大学大学院人間発達環境学研究科教授
最終学歴：筑波大学大学院体育研究科，博士（体育科学）
専攻：身体運動科学
主要著作：『フィットネス・インストラクターテキスト』1998 年，建帛社（共著）
　　　　　『キーワード　人間と発達』2005 年，大学教育出版（共著）
担当：第 5 章第 1 節

矢野澄雄（やの・すみお）
現職：神戸大学大学院人間発達環境学研究科教授
最終学歴：神戸大学大学院工学研究科，工学博士
専攻：機械力学，バイオメカニクス
主要著作：『演習で学ぶ機械力学』1994 年，森北出版（共著）
　　　　　『人間・生活・環境　生活環境概論』1999 年，ナカニシヤ出版（共著）
　　　　　『例題で学ぶ機械振動学』2009 年，森北出版（共著）
担当：第 5 章第 2 節

松岡洋子（まつおか・ようこ）
現職：関西学院大学社会学部非常勤講師，松岡事務所代表
最終学歴：関西学院大学大学院人間福祉研究科，博士（社会福祉学）
専攻：高齢者福祉，高齢者福祉の国際比較，高齢者居住，デンマーク高齢者福祉
主要著作：『老人ホーム（プライエム）を超えて：21 世紀デンマーク高齢者福祉レポート』　2001 年，クリエイツかもがわ
　　　　　『デンマークの高齢者福祉と地域居住：最期まで住み切る住宅力・ケア力・地域力』2005 年，新評論
　　　　　『地域居住（Ageing in Place）と高齢者住宅：幸福感に関する国際比較実証アプローチ（仮題）』2009 年，新評論
担当：第 6 章第 2 節

do for から do with へ
高齢者の発達と支援

2009年2月20日　　初版第 1 刷発行　　　　　　定価はカヴァーに
　　　　　　　　　　　　　　　　　　　　　　　表示してあります

　　　　　　編著者　　城　仁士
　　　　　　発行者　　中西健夫
　　　　　　発行所　　株式会社ナカニシヤ出版
　　　　　　〒606-8161　京都市左京区一乗寺木ノ本町15番地
　　　　　　　　　　　　　　　　Telephone　075-723-0111
　　　　　　　　　　　　　　　　Facsimile　075-723-0095
　　　　　　　　　　　　Website　http://www.nakanishiya.co.jp/
　　　　　　　　　　　　Email　iihon-ippai@nakanishiya.co.jp
　　　　　　　　　　　　　　　　郵便振替　01030-0-13128

装丁＝白沢　正／印刷・製本＝ファインワークス
Printed in Japan
Copyright © 2009 by H. Joh
ISBN978-4-7795-0338-2